Die Auskunftspflicht der Verwaltungsbehörden im Zusammenhang mit Verwaltungsverfahren

Europäische Hochschulschriften

Publications Universitaires Européennes
European University Studies

Reihe II

Rechtswissenschaft

Série II   Series II

Droit
Law

Bd./Vol. 253

PETER D. LANG
Frankfurt am Main · Bern · Cirencester/U.K.

Gerhard Müller-Waack

Die Auskunftspflicht der Verwaltungsbehörden im Zusammenhang mit Verwaltungsverfahren

PETER D. LANG
Frankfurt am Main · Bern · Cirencester/U.K.

CIP-Kurztitelaufnahme der Deutschen Bibliothek

Müller-Waack, Gerhard:

Die Auskunftspflicht der Verwaltungsbehörden im Zusammenhang mit Verwaltungsverfahren / Gerhard Müller-Waack. - Frankfurt am Main, Bern, Cirencester/U.K. : Lang, 1980.
(Europäische Hochschulschriften : Reihe 2, Rechtswiss. , Bd. 253)
ISBN 3-8204-6082-9

ISBN 3-8204-6082-9

Druck: fotokop Wilhelm Weihert KG, Darmstadt

Meinen Eltern

VORWORT

Die vorliegende Schrift ist Anfang 1979 abgeschlossen und im Januar 1980 von der Fakultät für Rechtswissenschaft der Universität Bielefeld als Dissertation angenommen worden.

Mein Dank gilt bei dieser Gelegenheit Herrn Prof.Dr.Willi Blümel, Speyer, für seine geduldige und tatkräftige Betreuung der Arbeit.

Bad Nenndorf, im März 1980 G. M.-W.

INHALTSÜBERSICHT

Seite

Seite

Dritter Teil

I N H A L T S V E R Z E I C H N I S

Seite

Seite

Seite

Seite

Seite

Seite

Seite

Seite

Seite

Dritter Teil

Seite

L I T E R A T U R V E R Z E I C H N I S

ABENDROTH	Wolfgang Abendroth, Zum Begriff des demokratischen und sozialen Rechtsstaates im Grundgesetz der Bundesrepublik Deutschland, in: Ernst Forsthoff (Hrsg.), Rechtsstaatlichkeit und Sozialstaatlichkeit, Darmstadt 1968, S. 114-144.
ACHTERBERG, DÖV	Norbert Achterberg, Der Verwaltungsvorakt, DÖV 1971, 397-408.
ACHTERBERG, NJW	Derselbe, Die Parlamentarische Demokratie als Entfaltungsraum für Bürgerinitiativen, NJW 1978, 1993-1997.
ADAM	Klaus Adam, Auskunftspflicht der Behörde, RiA 1963, 229 f.
ADAMOVICH, VerfassungsR	Ludwig Adamovich, Handbuch des österreichischen Verfassungsrechts, 6. Auflage, Wien - New York 1971.
ADAMOVICH, VerwR	Derselbe, Handbuch des österreichischen Verwaltungsrechts, Band I, 5. Auflage, Wien 1945.
ANCKER	Bernt Ancker, Auskünfte durch die Verwaltung, Diss. Hamburg 1970.
ANTONIOLLI	Walter Antoniolli, Allgemeines Verwaltungsrecht, Wien 1954.
ARNDT	Adolf Arndt, Das rechtliche Gehör, NJW 1959, 6-8.
AUERNHAMMER	Herbert Auernhammer, Kommentar zum Bundesdatenschutzgesetz, Köln u.a. 1977.
BACHOF, JZ	Otto Bachof, Neue Tendenzen in der Rechtsprechung zum Ermessen und zum Beurteilungsspielraum, JZ 1972, 641-646.
BACHOF, Rechtsstaat	Derselbe, Begriff und Wesen des sozialen Rechtsstaates, in: Ernst Forsthoff (Hrsg.), Rechtsstaatlichkeit und Sozialstaatlichkeit, Darmstadt 1968, S. 201-258.

BACHOF, VVDStRL	Derselbe, Die Dogmatik des Verwaltungsrechts vor den Gegenwartsaufgaben der Verwaltung (Bericht auf der Tagung der Vereinigung der Deutschen Staatsrechtslehrer 1971), VVDStRL 30 (1972), 193-244.
BACHOF, VVDStRL	Derselbe, Diskussionsbeiträge, VVDStRL 30 (1972), 321 f., 357-363.
BARSKE, NWB	Kurt Barske, Ermittlungs- und Fürsorgepflicht des Finanzamts, NWB Fach 2, 2451-2460.
BARSKE, StWa	Derselbe, Die Rechtsauskunft im Steuerrecht, StWa 1958, Beilage 9, S. 37 f.
BAUMANN	Marcel Baumann, Der Begriff von Treu und Glauben im öffentlichen Recht, Diss., Zürich 1952.
BAUMGÄRTEL	Gottfried Baumgärtel, Ist die Rechtsberatung Minderbemittelter eine Aufgabe staatlicher Behörden? ZRP 1975, 65-69.
BECHINIE/FRITSCH	Robert Bechinie, Ernst Fritsch, Bundesabgabenordnung, Wien 1961.
BECKER, F.	Franz Becker, Das allgemeine Verwaltungsverfahren in Theorie und Gesetzgebung, Stuttgart - Brüssel 1960.
BECKER, H.J.	Hans-Joachim Becker, Aus der neueren Rechtsprechung des Bundesverwaltungsgerichts zu den Grundrechten, DÖV 1978, 573-581.
BECKMANN	Ulrich Beckmann, Ärztliche Schweigepflicht und Einsichtnahme in ärztliche Gutachten des Rentenversicherungsträgers, SozVers. 1973, 88-94.
BEHRENDS	Behrend Behrends, Informationen an die Presse, DOK 1977, 169-180.
BEINHARDT	Gerd Beinhardt, Die Verpflichtung der Behörde zur Erteilung von Auskünften, DÖV 1965, 480-487.
BENDER, Funktion	Bernd Bender, Funktion und Ausgestaltung der Öffentlichkeitsbeteiligung im atomrechtlichen Genehmigungsverfahren, in: Fünftes Deutsches Atomrechts-Symposium 8. bis 10. Dezember 1976 in Münster, Referate und Diskussionsberichte, Köln u.a. 1977, S. 237-253.

BENDER, NJW	Derselbe, Der Verwaltungsrichter im Spannungsfeld zwischen Rechtsschutzauftrag und technischem Fortschritt, NJW 1978, 1945-1953.
BENDER, Staatshaftungsrecht	Derselbe, Staatshaftungsrecht, 2. Auflage, Karlsruhe 1974.
BENKENDORFF	Benkendorff, Besteht eine Amtspflicht zur Rechtsmittelbelehrung bei Verwaltungsakten? DVBl. 1952, 13 f.
BERG	Wilfried Berg, Zur Untersuchungsmaxime im Verwaltungsverfahren, Die Verwaltung 1976, 161-189.
BERGER, NWB	Emil Berger, Fürsorgepflicht des Finanzamtes gegenüber dem Steuerpflichtigen, NWB Fach 2, 943-952.
BETTERMANN, DVBl.	Karl-August Bettermann, Anmerkung zum Urteil des BVerwG vom 25.02.1969, DVBl. 1969, 703-705.
BETTERMANN, VVDStRL	Derselbe, Das Verwaltungsverfahren (Bericht auf der Tagung der Vereinigung der Deutschen Staatsrechtslehrer 1958), VVDStRL 17 (1959), 118-182.
BETTERMANN, VVDStRL	Derselbe, Diskussionsbeitrag, VVDStRL 17 (1959), 242-245.
BEYER	Helmut Beyer, Die Rechtsprechung des Reichsgerichts und des Bundesgerichtshofes zur Amtshaftung für behördliche Auskunft, DVBl. 1962, 613-622.
BIEBL	Peter Biebl, Das Verhältnis der Presse zu den Behörden unter besonderer Berücksichtigung der Informationsmöglichkeiten der Presse, Diss., Würzburg 1967.
BIRKENFELD	Wolfram Birkenfeld, Für die unbeschränkte Überprüfung von Prüfungsentscheidungen durch die Finanzgerichte, DStR 1972, 173-177.
BISCHOFBERGER	Pius Bischofberger, Die Pflege der Beziehungen zwischen Verwaltung und Bürger, Verwaltungspraxis 1967, 131-135, 163-166.

BISMARK	Hans Bismark, Amtsverschwiegenheit und Informationsweitergabe zugunsten von Koalitionen, PersV 1978, 145-153.
BK	Kommentar zum Bonner Grundgesetz, bearbeitet von ABRAHAM u.a., Hamburg, seit 1950.
BLENCKE	Hans Blencke, Auskünfte der Finanzbehörden, NWB Fach 2, 2267-2270.
BLÜMEL, Demokratisierung	Willi Blümel, "Demokratisierung der Planung" oder rechtsstaatliche Planung? in: Festschrift für Ernst Forsthoff zum 70. Geburtstag, München 1972, S. 9-36.
BLÜMEL, Die Verwaltung	Derselbe, Raumplanung und Vermessungswesen, Die Verwaltung 1974, 305-334.
BLÜMEL, DVBl. 1973	Derselbe, Anmerkung zu OVG Lüneburg vom 3.6.1971, DVBl. 1973, 507 f.
BLÜMEL, DVBl. 1975	Derselbe, Planung und Verwaltungsgerichtsbarkeit, DVBl. 1975, 695-709.
BLÜMEL, DVBl. 1977	Derselbe, Die Standortvorsorgeplanung für Kernkraftwerke und andere umweltrelevante Großvorhaben in der Bundesrepublik Deutschland, DVBl. 1977, 301-322.
BLÜMEL, Funktion	Derselbe, Funktion und Ausgestaltung der Öffentlichkeitsbeteiligung im atomrechtlichen Genehmigungsverfahren, in: Fünftes Deutsches Atomrechts-Symposium 8. bis 10. Dezember 1976 in Münster, Referate und Diskussionsberichte, Köln u.a. 1977, S. 223-236.
BLÜMEL, Masseneinwendungen	Derselbe, Masseneinwendungen im Verwaltungsverfahren, in: Im Dienst an Recht und Staat, Festschrift für Werner Weber zum 70. Geburtstag, Berlin 1974, S. 539-565.
BLÜMEL, Raumplanung	Derselbe, Raumplanung, vollendete Tatsachen und Rechtsschutz, in: Festgabe für Ernst Forsthoff zum 65. Geburtstag, München 1967, S. 133-161.
BLÜMEL, VVDStRL	Derselbe, Diskussionsbeitrag, VVDStRL 30 (1972), 345-347.

BLÜMEL/ RONELLENFITSCH	Willi Blümel und Michael Ronellenfitsch, Die Planfeststellung in der Flurbereinigung, Hiltrup 1975.
BLUMENSTEIN	Ernst Blumenstein, Das Recht der Verwaltungstätigkeit im Grundriß, Bern 1969.
BÖCKENFÖRDE	Ernst-Wolfgang Böckenförde, Grundrechtstheorie und Grundrechtsinterpretation, NJW 1974, 1529-1538.
BOETTCHER	Ruth Boettcher, Abgabenrecht als Teil des Verwaltungsrechts, StuW 1962, Sp. 1-14.
BOISSERÉE/OELS/ HANSMANN/SCHMITT	Klaus Boisserée, Franz Oels, Klaus Hansmann, Alfred Schmitt; Immissionsschutzrecht, 3. Auflage, Stand Juni 1978, Siegburg.
BRANGSCH	H. Brangsch, Rechtsberatung und Rechtshilfe durch Verbände, NJW 1953, 732-734.
BRAUNSCHWEIGER/ CAFLISCH/JUNG	Werner Braunschweiger, Gilli Caflisch, Beat Jung, Die neuen Vorschriften für das Verwaltungsverfahren und die Verwaltungsrechtspflege im Bund, ASA 39 (1970/71), 353-378.
BREUER, Der Staat	Rüdiger Breuer, Legislative und administrative Prognoseentscheidungen, Der Staat 1977, 21-54.
BREUER, Die Verwaltung	Derselbe, Selbstverwaltung und Mitverwaltung Beteiligter im Widerstreit verfassungsrechtlicher Postulate, Die Verwaltung 1977, 1-29.
BREUER, Grundrechte	Derselbe, Grundrechte als Anspruchsnormen; in: Verwaltungsrecht zwischen Freiheit, Teilhabe und Bindung. Festgabe aus Anlaß des 25-jährigen Bestehens des Bundesverwaltungsgerichts; München 1978; S. 89-119.
BREUER, NJW	Derselbe, Die Entwicklung des Atomrechts 1974-1976, NJW 1977, 1121-1129.
BRINKMANN	Karl Brinkmann, Grundrechts-Kommentar zum Grundgesetz, Loseblattwerk, Bonn 1967.

BROHM, VVDStRL	Winfried Brohm, Die Dogmatik des Verwaltungsrechts vor den Gegenwartsaufgaben der Verwaltung (Mitbericht auf der Tagung der Vereinigung der Deutschen Staatsrechtslehrer 1971), VVDStRL 30 (1972), 245-312.
BROHM, VVDStRL	Derselbe, Diskussionsbeiträge, VVDStRL 30 (1972), 320 f., 353-357.
BUHREN	Gert D. Buhren, Der Auskunftsanspruch des Bürgers gegenüber Verwaltungsbehörden, SKV 1976, 199-201.
BULLINGER	Martin Bullinger, Ermessen und Beurteilungsspielraum - Versuche einer Therapie, NJW 1974, 769-773.
BURDENSKI/ v. MAYDELL/ SCHELLHORN	Wolfhart Burdenski, Bernd v. Maydell, Walter Schellhorn, Kommentar zum Sozialgesetzbuch Allgemeiner Teil, Kassel u.a. 1976.
BUSER, Verwaltung und Bürger	Walter Buser, Verwaltung und Bürger, Leitfaden, ausgearbeitet von einer Studiengruppe unter dem Vorsitz von Walter Buser. Bern 1972.
CASSELMANN	Karl-Heinz Casselmann, Das Rechtsberatungsgesetz und der Rentenberater, SGb. 1969, 166-170.
CLASEN	Heinrich Clasen, Welchen Umfang und welches Ausmaß haben die Pflichten eines Gemeindebeamten bei der Erteilung einer Auskunft über die beabsichtigte Änderung eines Bebauungsplanes, BlGBW 1978, 134.
CORDTS	Cordts, Rechtsauskünfte durch Zollstellen (ausgenommen verbindliche Zollauskünfte und Rechtsmittelbelehrungen), ZfZV 1960, 324-329.
CZYLWIK	Czylwik, Die Erteilung von Rechtsauskünften durch die Finanzämter, DStRdsch. 1960, 99-106.
DAGTOGLOU, DVBl.	Prodromos Dagtoglou, Partizipation Privater an Verwaltungsentscheidungen, DVBl. 1972, 712-719.

DAGTOGLOU, JZ	Derselbe, Anmerkung zum Urteil des Hess. VGH vom 23.07.1964 (JZ 1965, 319 f.), JZ 1965, 320 f.
DAMKOWSKI	Wulf Damkowski, Verwaltungsrechtsschutz unter den Aspekten von Planung und Partizipation, RiA 1977, 171-173. Zur Effizienz von Partizipation an öffentlichen Planungsprozessen, RiA 1977, 188-192.
DAX	Günter Dax, Das Gleichbehandlungsgebot als Grundlage positiver subjektiv-öffentlicher Rechte, Bonn 1969.
DEHMAL/DRESSLER	Heinrich Dehmal und Oskar Dreßler, Handbuch des Polizei- und Verwaltungsrechts, II. Band, Graz 1926/27.
DIENEL	Peter Dienel, Partizipation an Planungsprozessen als Aufgabe der Verwaltung, Die Verwaltung 1971, 151-176.
DIETZ	Karl-Dieter Dietz, Fürsorgepflicht des Finanzamtes gegenüber dem Steuerpflichtigen im Besteuerungsverfahren, Diss. Köln 1968.
DÜRIG	Günter Dürig, Die Personalakten und das Recht auf Akteneinsicht im Bundesbeamtengesetz, ZBR 1956, 403-407.
DÜWEL	Peter Düwel, Das Amtsgeheimnis, Berlin 1965.
EICHLER	Friedrich Eichler, Verwaltungsverfahrensgesetz, Loseblattkommentar, Percha 1977.
ERDSIEK	Erdsiek, Persönlichkeitsrecht und behördliche Auskunftspflicht, NJW 1960, 616-618.
ERICHSEN, JZ	Hans-Uwe Erichsen, Anmerkung zu OVG Münster vom 12.9.1972, JZ 1973, 244 f.
ERICHSEN/MARTENS	Hans-Uwe Erichsen, Wolfgang Martens (Hrsg.), Allgemeines Verwaltungsrecht, 3. Auflage, Berlin - New York 1978.
ERMACORA, Grundfreiheiten	Felix Ermacora, Handbuch der Grundfreiheiten und der Menschenrechte, Wien 1963.

EVERS, Auskunftsrecht	Hans-Ulrich Evers, Auskunftsrecht der Presse gegenüber Behörden und allgemeines Persönlichkeitsrecht, in: Persönlichkeit in der Demokratie. Festschrift für Erich Schwinge zum 70. Geburtstag, Köln - Bonn 1973, S. 237-246.
EVERS, Das besondere Gewaltverhältnis	Derselbe, Das besondere Gewaltverhältnis, Frankfurt a. M. 1972.
EVERS, Privatsphäre	Derselbe, Privatsphäre und Ämter für Verfassungsschutz, Berlin 1960.
EVERS, Rechtsschutz	Derselbe, Zur Unantastbarkeit des Prinzips möglichst lückenlosen Rechtsschutzes, Art. 19 IV, 79 III Grundgesetz, (Rechtsgutachten), in: Günter Dürig und Hans-Ulrich Evers, Zur verfassungsändernden Beschränkung des Post-, Telefon- und Fernmeldegeheimnisses, Bad Homburg v.d.H. 1969, S. 29-120.
EYERMANN/FRÖHLER	Erich Eyermann und Ludwig Fröhler, Verwaltungsgerichtsordnung, Kommentar, 7. Auflage, München 1977.
FELDHAUS	Gerhard Feldhaus, Bundesimmissionsschutzrecht, 2. Auflage Wiesbaden 1970/78.
FICKERT	Hans Carl Fickert, Planfeststellung für den Straßenbau (Kommentar der Planfeststellungsrichtlinien nach dem Bundesfernstraßengesetz - PlafeR - vom 8.12.1975), Köln 1978.
FIEDLER	Wilfried Fiedler, Funktion und Bedeutung öffentlich-rechtlicher Zusagen im Verwaltungsrecht, Karlsruhe 1977.
FINKELNBURG, Effektivität	Klaus Finkelnburg; Das Gebot der Effektivität des Rechtsschutzes in der Rechtsprechung des Bundesverwaltungsgerichts; in: Verwaltungsrecht zwischen Freiheit, Teilhabe und Bindung. Festgabe aus Anlaß des 25-jährigen Bestehens des Bundesverwaltungsgerichts; München 1978; S. 169-181.
FINKELNBURG, Vorläufiger Rechtsschutz	Derselbe, Vorläufiger Rechtsschutz im Verwaltungsstreitverfahren, München 1974.

FISCHBACH	Oskar Georg Fischbach, Bundesbeamtengesetz, Kommentar, 1. Halbband, 3. Auflage, Köln 1964.
FISCHERHOF I	Hans Fischerhof, Deutsches Atomgesetz und Strahlenschutzrecht, Kommentar, 2. Auflage, Band I, Baden-Baden 1978.
FLEINER	Thomas Fleiner, Grundzüge des allgemeinen und schweizerischen Verwaltungsrechts, Zürich 1977.
FLICK	Hans Flick, Verpflichtung des FA zur Auskunftserteilung? FR 1959, 502.
FOERSTER, SKV 1970	German Foerster, Wann darf die Behörde Akteneinsicht verweigern? SKV 1970, 10 f.
FOERSTER, SKV 1974	Derselbe, Beratungs- und Auskunftspflichten der Behörden gegenüber dem Bürger, SKV 1974, 321-324.
FORSTHOFF, Lehrbuch	Ernst Forsthoff, Lehrbuch des Verwaltungsrechts, 10. Auflage, München 1973.
FORSTHOFF, Rechtsstaat	Derselbe, Begriff und Wesen des sozialen Rechtsstaates, in: Ernst Forsthoff (Hrsg.), Rechtsstaatlichkeit und Sozialstaatlichkeit, Darmstadt 1968, S. 165-200.
FRANK	Werner Frank; Aufklärung, Auskunft und Beratung nach dem Sozialgesetzbuch - Allgemeiner Teil -; NDV 1977, 124-128.
FRIAUF	Karl-Heinrich Friauf, Zur Rolle der Grundrechte im Interventions- und Leistungsstaat, DVBl. 1971, 674-682.
FRIESENHAHN	Ernst Friesenhahn, Der Wandel des Grundrechtsverständnisses, Festvortrag in: Verhandlungen des 50. Deutschen Juristentages, Bd. II, S. G 1 - G 37, München 1974.
FRITSCH	Fritsch, Die verbindliche Rechtsauskunft im Steuerrecht, StuW 1951, Sp. 469-476.
FRÖBA/THOMAS	Karlheinz Fröba, Ludwig Thomas; Das neue Bundes-Immissionsschutzgesetz, Kissing 1977.
FROMM	H. Fromm, Die Verwaltungsverfahrensgesetze des Bundes und der Länder, JA 1977, 182.

FRÜHWALD	Karl Frühwald, Rechte und Pflichten des Steuerzahlers, Wien 1970.
FUSS	Ernst-Werner Fuss, Personale Kontaktverhältnisse zwischen Verwaltung und Bürger, DÖV 1972, 765-774.
GAISBAUER, SKV	Georg Gaisbauer, Arbeitsüberlastung des Beamten und Amtspflichtverletzung, SKV 1972, 301 f.
GAISBAUER, ZBR	Derselbe, Aus der Rechtsprechung zum Amtshaftungsrecht 1970, ZBR 1972, 180-185.
GAISBAUER, NDBZ	Derselbe, Zur Aufklärungspflicht des Beamten und Amtshaftung, NDBZ 1968, 41-42.
GANSCHEZIAN-FINCK	Gurgen Ganschezian-Finck, Schweigepflicht der Behörden, NJW 1961, 1652-1654.
GASSNER	Gassner, Diskussionsbeitrag, in: Das Schuldverhältnis, Bericht über die dritte Tagung der Gesellschaft zum Studium und zur Erneuerung der Struktur der Rechtsordnung, Wien 1972, S. 124.
GEERING	Walter Geering, Von Treu und Glauben im Steuerrecht, in: Von der Steuer in der Demokratie, Festschrift zum 70. Geburtstag von Ernst Blumenstein, Zürich 1946, S. 125-139.
GEIGER, Demokratieverständnis	Willi Geiger, Das Demokratieverständnis des Grundgesetzes, in: Demokratie und Verwaltung, 25 Jahre Hochschule für Verwaltungswissenschaften Speyer, Berlin 1972, S. 229-245.
GEIGER, Informationsfreiheit	Derselbe, Die Grundrechte der Informationsfreiheit, in: Festschrift für Adolf Arndt zum 65. Geburtstag, Frankfurt a. M. 1968, S. 119-144.
GEISLER	Rolf Geisler, Das Steuergeheimnis im ausländischen Recht, insbesondere in den übrigen Mitgliedstaaten der EWG, AwD BB 1970, 67-77.
GEITMANN	Roland Geitmann, Bundesverfassungsgericht und offene Normen, Berlin 1971.

GIACOMETTI, Bundesstaatsrecht — Zaccaria Giacometti, Schweizerisches Bundesstaatsrecht, Zürich 1949 (Nachdruck 1965).

GIACOMETTI, Verwaltungsrecht — Derselbe, Allgemeine Lehren des rechtsstaatlichen Verwaltungsrechts, I. Band, Zürich 1960.

GIERTH — Karl Gierth, Der Bescheidungsanspruch im verwaltungsbehördlichen Verfahren, DÖV 1977, 761-767.

GIESE — Dieter Giese, Rechtsfragen der Beratung, in: Dieter Giese und Gerhard Melzer, Die Beratung in der sozialen Arbeit, Frankfurt 1974, S. 13-55.

GÖTZ, DVBl. — Volkmar Götz, Das Grundrecht auf Rechtsanwendungsgleichheit und der verwaltungsgerichtliche Rechtsschutz, DVBl. 1968, 93-97.

GÖTZ, Gleichheit im Unrecht — Derselbe; Über die "Gleichheit im Unrecht"; in: Verwaltungsrecht zwischen Freiheit, Teilhabe und Bindung. Festgabe aus Anlaß des 25-jährigen Bestehens des Bundesverwaltungsgerichts; München 1978; S. 245-259.

GÖTZ, NJW — Derselbe, Das neue Verwaltungsverfahrensgesetz, NJW 1976, 1425-1430.

GRABITZ — Eberhard Grabitz, Vertrauensschutz als Freiheitsschutz, DVBl. 1973, 675-684.

GRÜNINGER/STUDER — Emanuel Grüninger, Walter Studer, Kommentar zum Basler Steuergesetz, Basel 1970.

GUENG — Urs Gueng, Zur Verbindlichkeit verwaltungsbehördlicher Auskünfte und Zusagen, SZBl. 1970, 449-465, 473-489, 497-512.

GÜNTHER — Hellmuth Günther, Zur Korrektur dienstlicher Beurteilungen, ZBR 1976, 144-148.

GYGAX — Eduard Gygax, Schweizerisches Steuerlexikon, Band 1, 8. Auflage, Zürich 1971.

GYGI — Fritz Gygi, Verwaltungsrechtspflege und Verwaltungsverfahren im Bund, 2. Auflage, Bern 1974.

HACKL	Viktor Hackl, Die Dienstpragmatik, 7. Auflage, Wien 1974.
HÄBERLE, DÖV	Peter Häberle, Das Bundesverfassungsgericht im Leistungsstaat, Die Numerus-clausus-Entscheidung vom 18.7.1972, DÖV 1972, 729-740.
HÄBERLE, Grundrechte	Derselbe, Grundrechte im Leistungsstaat (Mitbericht auf der Tagung der Vereinigung der Deutschen Staatsrechtslehrer 1971), VVDStRL 30 (1972), 43-141.
HÄBERLE Verfassungsprinzipien	Derselbe, Verfassungsprinzipien im Verwaltungsverfahrensgesetz, in: Walter Schmitt Glaeser (Hrsg.), Verwaltungsverfahren, Festschrift zum 50-jährigen Bestehen des Richard Boorberg Verlages, Stuttgart u.a. 1977, S. 47-93.
HÄMMERLEIN DÖV	Hans Hämmerlein, Die Verwaltungsinformation als Mittel der Verwaltungsführung, DÖV 1964, 119-126.
HÄMMERLEIN, Informationstätigkeit	Derselbe, Gestaltung der behördlichen Informationstätigkeit in Nordrhein-Westfalen, in: Fritz Morstein Marx (Hrsg.),Gegenwartsaufgaben der öffentlichen Verwaltung, Köln (u.a.) 1968, S. 381-407.
HÄMMERLEIN Öffentlichkeit	Derselbe, Öffentlichkeit und Verwaltung, Göttingen 1966.
HAINES	Hartmut Haines, Soziale Rechte - ein Beitrag zur Konkretisierung des Sozialstaatsgrundsatzes, in: Ernst Gessler (u.a.), (Hrsg.), Das neue Sozialgesetzbuch, Frankfurt a. M. 1972, S. 51-67.
HALL	Karl-Heinrich Hall, Das Numerus-clausus-Urteil und seine Folgen, JuS 1974, 87-93.
HAMANN/LENZ	Andreas Hamann und Helmut Lenz, Das Grundgesetz für die Bundesrepublik Deutschland, Kommentar, 3. Auflage, Neuwied-Berlin 1970.
HAMMERBACHER	Hans Hammerbacher, Zur Frage des Datenschutzes am Beispiel der Geheimhaltung von Einzelangaben für Bundesstatistiken, DVBl. 1972, 410-415.

HARDEN	Hans-Joachim Harden, Die Anwendung der Grundsätze von Treu und Glauben im Verwaltungsrecht, insbesondere im Steuerrecht, Diss., Graz 1961.
HARTZ, Referat	Wilhelm Hartz, Referat auf dem 44. DJT 1962, Verhandlungen des 44. DJT 1962, Band II, Tübingen 1964, 2. Abteilung, S. D 3 - D 35.
HARTZ, StbJb.	Derselbe, Die kollidierenden Interessen des Steuerfiskus und der Steuerpflichtigen im Licht der Rechtsprechung des Bundesfinanzhofs, StbJb. 1955/56, 85-121.
HAUCK/HAINES	Karl Hauck, Hartmut Haines, Sozialgesetzbuch, Allgemeiner Teil, Loseblatt-Kommentar, Berlin 1976.
HAUEISEN, DVBl.	Fritz Haueisen, Verwaltungsverfahren und verwaltungsgerichtliches Verfahren, DVBl. 1962, 881-888.
HAUEISEN, NJW 1961	Derselbe, Die Bedeutung von Zusagen im Verwaltungsrecht, NJW 1961, 1901-1905.
HAUEISEN, NJW 1967	Derselbe, Akteneinsicht im Verwaltungsverfahren,NJW 1967, 2291-2294.
v.d.HEIDE	J.-J. von der Heide, Die Fürsorgepflicht im Beamtenrecht, ZBR 1955, 321-323 und ZBR 1955, 364-368.
HEIGL	Ludwig Heigl, Das Planfeststellungsverfahren, in: Walter Schmitt Glaeser (Hrsg.), Verwaltungsverfahren, Festschrift zum 50-jährigen Bestehen des Richard Boorberg Verlages, Stuttgart u.a. 1977, S. 257-278.
HEINL/LOEBENSTEIN/ VEROSTA	Alfred Heinl, Edwin Loebenstein, Stephan Verosta (Hrsg.), Das Österreichische Recht (erläuternde Textausgabe der österreichischen Gesetze in Loseblattform), Wien 1948, ff.
HEINLEIN	Heinlein, Ist das Finanzamt vor Durchführung der Veranlagung zur Auskunft verpflichtet? DStRdsch. 1956, 341-343.
HELLBLING	Ernst Hellbling, Kommentar zu den Verwaltungsverfahrensgesetzen, 2 Bände, Wien 1953/54.

HELLWIG	Peter Hellwig, Abgabenordnung (AO 1977), Finanzgerichtsordnung, 9. Auflage, Stuttgart 1977.
HENKE	Norbert Henke, Grundzüge des Sozialrechts, Berlin - New York 1977.
HERBST	Gerhard Herbst, Die Rechtsberatung Minderbemittelter in der Praxis, ZRP 1975, 219-222.
HERRNRITT	Rudolf Herrnritt, Das Verwaltungsverfahren, Wien 1932.
HERZOG, BayVBl.	Roman Herzog, Zur Auslegung des Sozialstaatsprinzips, BayVBl. 1976, 161-165.
HERZOG, Demokratieprinzip	Derselbe, Das Demokratieprinzip in der öffentlichen Verwaltung, 25 Jahre Hochschule für Verwaltungswissenschaften Speyer, Berlin 1972, S. 485-496.
HESSE	Konrad Hesse, Grundzüge des Verfassungsrechts der Bundesrepublik Deutschland, 10. Auflage, Karlsruhe 1977.
HEYMANN, BayBgm.	Oskar Heymann, Die Beratungs- und Aufklärungspflicht der Behörden der kommunalen Körperschaften, BayBgm. 1964, 95-99.
HEYMANN, BayVBl.	Derselbe, Die Beratungs- und Aufklärungspflicht der Verwaltungsbehörden, BayVBl. 1961, 70-74.
HOFFMANN BECKING	Michael Hoffmann Becking, Zum Stande der Lehre vom Recht auf fehlerfreie Ermessensentscheidung, DVBl. 1970, 850-857.
HOLLIHN	Frank Hollihn, Partizipation und Demokratie, Baden-Baden 1978.
HOLLMANN	Angela Hollmann, Auskunftsanspruch des Patienten im Datenschutzrecht, NJW 1977, 2110 f.
HOPPE	Werner Hoppe; Gerichtliche Kontrolldichte bei komplexen Verwaltungsentscheidungen; in: Verwaltungsrecht zwischen Freiheit, Teilhabe und Bindung. Festgabe aus Anlaß des 25-jährigen Bestehens des Bundesverwaltungsgerichts; München 1978, S. 295-312.

HUBER — Hans Huber; Vertrauensschutz; in: Verwaltungsrecht zwischen Freiheit, Teilhabe und Bindung. Festgabe aus Anlaß des 25-jährigen Bestehens des Bundesverwaltungsgerichts; München 1978; S. 313-336.

HUBMANN — Heinrich Hubmann, Grundsätze der Interessenabwägung, AcP 155 (1956), 85-134.

HÜBSCHMANN/HEPP/SPITALER — Kommentar zur Abgabenordnung und Finanzgerichtsordnung, bearbeitet von Heinz Paulick, Hugo v. Wallis u.a., 7. Auflage, Köln 1951/76.

IMBODEN/RHINOW — Max Imboden, René A. Rhinow, Schweizerische Verwaltungsrechtsprechung, Band I, 5. Auflage, Basel - Stuttgart 1976.

IMMESBERGER — Helmut Immesberger, Problematik von Zusage und Auskunft im Steuerrecht, NJW 1970, 1116-1118.

IPSEN — Hans Peter Ipsen, Über das Grundgesetz, in: Ernst Forsthoff (Hrsg.), Rechtsstaatlichkeit und Sozialstaatlichkeit, Darmstadt 1968, S. 16-41.

ISENSEE — Josef Isensee, Dienst nach Vorschrift als vorschriftswidriger Dienst, JZ 1971, 73-80.

JAHN — Hans Edgar Jahn, Gesellschaft und Demokratie in der Zeitwende, Köln 1955.

JAKUMEIT/WILDE — W. Jakumeit und K. Wilde, Die behördliche Betreuungspflicht in der Rechtsprechung des Bundessozialgerichts, insbesondere die damit verbundenen Rechtswegfragen, SGb. 1971, 375-379.

JAUMANN — Anton Jaumann, Moderne Verwaltung - moderne Beamte, Die Personalvertretung 1970, 193-197.

JERSCHKE, Öffentlichkeitspflicht — Hans-Ulrich Jerschke, Öffentlichkeitspflicht der Exekutive und Informationsrecht der Presse, Berlin 1971.

JERSCHKE, ZfP — Derselbe, Rechtliche Verpflichtungen zur Öffentlichkeit der Regierungsarbeit, ZfP 1972, 516-528.

JOERGER — Gernot Joerger, Bürger und Verwaltung. Anmerkungen zu einem spannungsgeladenen Verhältnis, BaWüBl. 1972, 33-36.

JOERGER/GEPPERT — Gernot Joerger, Manfred Geppert, Grundzüge der Verwaltungslehre, 2. Auflage, Köln 1976.

JUNG — Hans Jung, Akteneinsichts- und Informationsrechte des Bürgers, Diss. Berlin 1970.

KAMPMANN — Manfred Kampmann, Die Erteilung von Rechtsauskünften durch die Finanzämter, Stuttgart 1963.

KAREHNKE — Helmut Karehnke, Amtshilfe und sonstige Auskünfte durch Rechnungshöfe, Zeugenaussagen und Sachverständigentätigkeiten durch Rechnungshofbeamte, DÖV 1972, 809-815.

KARRER — Hans Karrer, Die Parteirechte des Gesuchstellers im Verwaltungsverfahren erster Instanz, SJZ 1944, 369-374.

KARWATZKI/LEISE — J. Karwatzki und Horst Leise, Das Steuergeheimnis in der Praxis, Tabelle für die Auskunftserteilung durch die Finanzbehörden, NWB Fach 2, 1819-1830.

KATHOLNIGG — Oskar Katholnigg, Der Haftungsausschluß der Post und die Haftung des Postbediensteten, DVBl. 1960, 471-474.

KELLNER, HUBERT — Hubert Kellner, Auskünfte und Zusagen über künftige Verwaltungsakte, Diss. Münster 1966.

KELLNER, HUGO — Hugo Kellner, Referat, Verhandlungen des 44. DJT 1962, Band II, Tübingen 1964, 2. Abteilung, S. D 47 - D 73.

KERN — Ernst A. Kern, Gibt es allgemeingültige Grundsätze des praktischen Verwaltungshandelns? DÖV 1973, 188-192.

KEWENIG — Wilhelm Kewenig, Buchbesprechung, Die Verwaltung 1973, 379 f.

KHOL — Andreas Khol, Ein Ombudsmann für Österreich? JBl. 1971, 57-76.

KIMMEL — Josef Kimmel, Österreichisches Verwaltungsverfahrensrecht, Wien 1961.

KIMMINICH	Otto Kimminich, Die Verbindlichkeit mündlicher Zusagen im Verwaltungsrecht, JuS 1963, 268-273.
KISKER	Gunter Kisker, Gruppenmitbestimmung in der öffentlichen Verwaltung, DÖV 1972, 520-529.
KLECATSKY	Hans R. Klecatsky, Das österreichische Bundesverfassungsrecht, Kommentar, 2. Auflage, Wien 1973.
KLEIN, Grundrechte	Hans H. Klein, Die Grundrechte im demokratischen Staat, Stuttgart (u.a.) 1972.
KLEIN, Verwaltungsnormen	Derselbe, Rechtsqualität und Rechtswirkung von Verwaltungsnormen, in: Festgabe für Ernst Forsthoff zum 65. Geburtstag, München 1967, S. 163-187.
KLEIN/ORLOPP	Franz Klein und Gerd Orlopp, Abgabenordnung 1977, Kommentar, München 1977.
KLINGE	Erich Klinge, Außergerichtliche Rechtshilfe - Anwaltsarbeit oder Sozialarbeit? AnwBl. 1977, 350-355.
KLINGLER	Eberhard Klingler, Rat und Beratung in der deutschen öffentlichen Verwaltung, Diss. Würzburg 1965.
KNACK	Hans-Joachim Knack, Verwaltungsverfahrensgesetz, Kommentar, Köln-Berlin-Bonn-München 1976.
KNÖPFLE	Franz Knöpfle, Organisierte Einwirkungen auf die Verwaltung, DVBl. 1974, 707-716.
KNOPPKE-WETZEL	Volker Knoppke-Wetzel, Rechtsfürsorge durch private Anwälte oder durch Anwälte in öffentlichen Rechtsfürsorgebüros? JZ 1976, 145-150.
KOCH/KOHLRUST	C. Koch und R. Kohlrust, Verbindliche Auskünfte im Steuerrecht, BB 1962, 649-655.
KOCIAN/SCHUBERT	Herbert Kocian, Günther Schubert, Dienstpragmatik, Wien 1971.
KODAL	Kurt Kodal, Straßenrecht, 3. Auflage, München 1978.

KÖNIG, H.-G.	Hans-Günther König, Der Grundsatz des rechtlichen Gehörs im verwaltungsbehördlichen Verfahren, DVBl. 1959, 189-196.
KÖNIG, K.	Klaus König, Der Begriff des Rechtsschutzes in der öffentlichen Verwaltung, in: Studien über Recht und Verwaltung, Carl Hermann Ule zum 60. Geburtstag, Köln (u.a.) 1967, S. 59-80.
KÖNIG, P.	Peter König, Rechtsschutz gegen dienstliche Beurteilungen, BayVBl. 1971, 44-48.
KÖRNER	Gerhard Körner, Zehn Jahre Erschließungsbeiträge, BayVBl. 1971, 361-366.
KONOW	Karl-Otto Konow, Fehlerhafte dienstliche Beurteilung als Fürsorgepflichtverletzungen, ZBR 1972, 329-334.
KOPP, Beteiligung	Ferdinand Kopp; Beteiligung, Rechts- und Rechtsschutzpositionen im Verwaltungsverfahren; in: Verwaltungsrecht zwischen Freiheit, Teilhabe und Bindung. Festgabe aus Anlaß des 25-jährigen Bestehens des Bundesverwaltungsgerichts; München 1978; S. 387-403.
KOPP, Der Beteiligtenbegriff	Derselbe, Der Beteiligtenbegriff des Verwaltungsverfahrensrechts, in: Walter Schmitt Glaeser (Hrsg.), Verwaltungsverfahren, Festschrift zum 50-jährigen Bestehen des Richard Boorberg Verlags, Stuttgart u.a. 1977, S. 159-183.
KOPP, VerwaltungsverfahrensR	Derselbe, Verfassungsrecht und Verwaltungsverfahrensrecht, München 1971.
KOPP, VwGO	Derselbe, Verwaltungsgerichtsordnung, 3. Auflage, München 1977.
KOPP, VwVfG	Derselbe, Verwaltungsverfahrensgesetz, Kommentar, München 1976.
KOROPATNICKI	Demeter Koropatnicki, Kommentar zum Allgemeinen Verwaltungsverfahrensgesetz, Wien 1927.
KRATZER	Jakob Kratzer, Nochmals zum Musterentwurf eines Verwaltungsverfahrensgesetzes, BayVBl. 1965, 15-17.

KRAUSE, Verwaltungshandeln — Peter Krause, Rechtsformen des Verwaltungshandelns, Berlin 1974.

KRAUSE, VerwA — Derselbe, Die Willenserklärungen des Bürgers im Bereich des öffentlichen Rechts, VerwA 61 (1970), 297-341.

KREBS — Walter Krebs, Zur Anwendbarkeit des Verwaltungsverfahrensgesetzes auf verwaltungsbehördliche Zusagen, VerwA 69 (1978), 85-91.

KREJCI — Heinz Krejci, Das sozialversicherungsrechtliche Schuldverhältnis, in: Das Schuldverhältnis, Bericht über die dritte Tagung der Gesellschaft zum Studium und zur Erneuerung der Struktur der Rechtsordnung, Wien 1972, S. 38-93.

KRIEGER — Kai Krieger, Das Recht des Bürgers auf behördliche Auskunft, Berlin 1972.

KRÖGER — Klaus Kröger, Der Datenschutz im Bereich der öffentlichen Verwaltung nach dem Bundesdatenschutzgesetz, DÖV 1977, 301-305.

KRÖNINGER — Alois Kröninger, Auskunfts- und Beratungspflicht im Bereich der sozialen Sicherung, SozVers. 1973, 86-88.

KRÜGER — Hildegard Krüger, Anmerkung zur Entscheidung des BayVerfGH vom 2.2.1962, DÖV 1962, 744-746.

KRUSE — Heinrich Wilhelm Kruse, Steuerrecht I, Allgemeiner Teil, 3. Auflage, München 1973.

KUBE — Edwin Kube, Planung zusammen mit den Planungsbetroffenen? BaWüVBl. 1973, 17-23.

KÜHN/KUTTER — Rolf Kühn, Heinz Kutter, Abgabenordnung (1977) und Nebengesetze, Kommentar, 12. Auflage, München 1977.

LANDWEHRMANN — Friedrich Landwehrmann, Informierende Verwaltung, Der Landkreis 1972, 398-400.

LANGE — Klaus Lange, Zur Anhörung in verwaltungsrechtlichen Genehmigungsverfahren, DVBl. 1975, 130-137.

LAUBINGER, Betreuungspflicht	Hans-Werner Laubinger, Die Verwaltung als Helfer des Bürgers. Gedanken zur behördlichen Betreuungspflicht, in: Demokratie und Verwaltung, 25 Jahre Hochschule für Verwaltungswissenschaften Speyer, Berlin 1972, S. 439-461.
LAUBINGER, DVBl.	Derselbe, Buchbesprechung, DVBl. 1972, 750 f.
LAUBINGER, JA 1975	Derselbe, Der EVerwVerfG 1973 - Inhaltsübersicht und Kritik, JA 1975, 809-816 (= ÖR, 241-248).
LAUFS	Adolf Laufs, Krankenpapiere und Persönlichkeitsschutz, NJW 1975, 1433-1437.
LEDL	Edmund Ledl, Verwaltungsverfahrensrecht, Wien 1941.
LEIBHOLZ/RINCK	Gerhard Leibholz, Hans Justus Rinck, Grundgesetz für die Bundesrepublik Deutschland, Kommentar an Hand der Rechtsprechung des Bundesverfassungsgerichts, 5. Auflage, Köln-Marienburg 1975.
LEIPOLD	Dieter Leipold, Grundlagen des einstweiligen Rechtsschutzes im Zivil-, Verfassungs- und verwaltungsgerichtlichen Verfahren, München 1971.
LEISE, Steuergeheimnis	Horst Leise, Das Steuergeheimnis, Neuwied - Berlin 1965.
LEISS	Ludwig Leiß, Die Verletzung der Auskunfts- und Bearbeitungspflicht als Grundlage von Amtshaftung, JR 1960, 50 f.
LEPPER	Manfred Lepper, Die staatlichen Archive und ihre Benutzung, DVBl. 1963, 315-320.
LERCHE, JZ	Peter Lerche, Anmerkung zu OVG Münster vom 17.2.1959, JZ 1959, 674-676.
LERCHE, ZZP	Derselbe, Zum "Anspruch auf rechtliches Gehör", ZZP 78 (1965), 1-31.
LESSNER	Sylvia Leßner, Aufklärungs-, Beratungs- und Auskunftspflicht der Behörden gegenüber dem Bürger, SGb 1974, 492-496.

LIESEGANG	Helmuth C. F. Liesegang, Zentralfragen eines verfassungsgemäßen Grundrechtsverständnisses, JuS 1976, 420-424.
LÖFFLER, Presserecht	Martin Löffler, Presserecht, Band II, Landespressegesetze der Bundesrepublik Deutschland, 2. Auflage, München 1968.
LOHMEYER	Heinz Lohmeyer, Rechtsverbindliche Auskünfte und Zusagen im Besteuerungsverfahren, DGStZ 1972, 81-84.
LORENZ	Dieter Lorenz, Der Rechtsschutz des Bürgers und die Rechtsweggarantie, München 1973.
LÜCKE	Jörg Lücke, Die Grundsätze der Verhältnismäßigkeit und der Zumutbarkeit, DÖV 1974, 769-771.
MAASSEN, BB	Kurt Maaßen, Die Falschauskunft des Finanzamtes in der Rechtsprechung, BB 1960, 775-778.
MAASSEN, Regelungen	Derselbe, Regelungen mit dem Finanzamt, Köln 1959.
MAETZEL, DÖV 1972	Wolf Bogumil Maetzel, Anmerkung zum Beschluß des BVerfG vom 14.3.1972, DÖV 1972, 563.
MAETZEL, DÖV 1976	Derselbe, Demokratisierung - Möglichkeiten und Grenzen, DÖV 1976, 234.
MAIER/HANNEMANN	Kurt Maier, Klaus Hannemann u.a., SGB, Text und Erläuterungen, herausgegeben im Auftrag der Bundesversicherungsanstalt für Angestellte, Berlin 1976.
MAIWALD	Joachim Maiwald, Die verwaltungsbehördliche Zusicherung im Verwaltungsverfahrensgesetz, BayVBl. 1977, 449-452.
MALORNY	Michael Malorny, Der Folgenbeseitigungsanspruch, JA 1975, 181-186 (= ÖR, S. 45-50).
v. MANGOLDT/KLEIN	Hermann v. Mangoldt und Friedrich Klein, Das Bonner Grundgesetz, Kommentar, Band I, 2. Auflage, Berlin - Frankfurt a. M. 1966.
MANNLICHER/QUELL	Egbert Mannlicher, Heimgar Quell, Das Verwaltungsverfahren, Kommentar der österreichischen Verwaltungsverfahrensgesetze, Erster Halbband, 8. Auflage, Wien 1975.

MARSCHALL/ SCHROETER/KASTNER	Ernst A. Marschall, H. Wolfgang Schroeter, Fritz Kastner; Bundesfernstraßengesetz, 4. Auflage, Köln u.a. 1977.
MARTENS, J.	Joachim Martens, Die Funktion des Verwaltungsverfahrens, JuS 1977, 664-669.
MARTENS, W. JR	Wolfgang Martens, Urteilsanmerkung, JR 1974, 126-128.
MARTENS, W. Öffentlich	Derselbe, Öffentlich als Rechtsbegriff, Bad Homburg 1969.
MARTENS, W. VVDStRL	Derselbe, Grundrechte im Leistungsstaat (Bericht auf der Tagung der Vereinigung der Deutschen Staatsrechtslehrer 1971), VVDStRL 30 (1972), 7-42.
MATTERN, G., Küchenhoff-Festgabe	Gerhard Mattern, Grundsätzliches zu Treu und Glauben im Steuerrecht, in: Staat und Gesellschaft, Festgabe für Günther Küchenhoff zum 60. Geburtstag, Göttingen 1967, S. 39-57.
MATTERN, K.-H.	Karl-Heinz Mattern, Petitionsrecht, in: Neumann/Nipperdey/Scheuner (Hrsg.), Die Grundrechte, Band 2, 2. Auflage, Berlin 1968, S. 623-639.
MAULTASCHL/ SCHUPPICH/STAGEL	F. Maultaschl, W. Schuppich, F. Stagel (Hrsg.), Rechtslexikon (Loseblattwerk), Wien, Stand 1973.
MAUNZ	Theodor Maunz, Deutsches Staatsrecht, 21. Auflage, München 1977.
MAUNZ/DÜRIG/ HERZOG/SCHOLZ	Theodor Maunz, Günter Dürig, Roman Herzog, Rupert Scholz, Grundgesetz, Loseblatt-Kommentar, 4. Auflage, München 1977.
MAURER, JuS	Hartmut Maurer, Das Verwaltungsverfahrensgesetz des Bundes, JuS 1976, 485-495.
MAURER, Vertrauensschutz-prinzip	Derselbe, Das Vertrauensschutzprinzip bei Rücknahme und Widerruf von Verwaltungsakten, in: Walter Schmitt Glaeser (Hrsg.), Verwaltungsverfahren, Festschrift zum 50-jährigen Bestehen des Richard Boorberg Verlags, Stuttgart u.a. 1977, S. 223-255.

v. MAYDELL	Bernd v. Maydell; Das Sozialrecht in der Rechtsprechung des Bundesverwaltungsgerichts; in: Verwaltungsrecht zwischen Freiheit, Teilhabe und Bindung. Festgabe aus Anlaß des 25-jährigen Bestehens des Bundesverwaltungsgerichts; München 1978; S. 405-416.
MAYER, Allg.VerwR	Franz Mayer, Allgemeines Verwaltungsrecht, 4. Auflage, Stuttgart u.a. 1977.
MAYER, BayVBl.	Derselbe, Verfahrensgrundsätze der Verwaltung, BayVBl. 1960, 332-339.
MAYER, JZ	Derselbe, Zur Frage der Verbindlichkeit behördlicher Zusagen, JZ 1964, 677-680.
MELICHAR, Treu und Glauben	Erwin Melichar, Zur Frage von Treu und Glauben im Steuerrecht, in: Wirtschaftspraxis und Rechtswissenschaft, Festschrift für Walther Kastner zum 70. Geburtstag, Wien 1972, S. 309-331.
MELICHAR, VVDStRL	Derselbe, Das Verwaltungsverfahren (Mitbericht auf der Tagung der Vereinigung der Deutschen Staatsrechtslehrer 1958), VVDStRL 17 (1959), 183-212.
MENGER, VerwA 54	Christian Friedrich Menger, Höchstrichterliche Rechtsprechung zum Verwaltungsrecht, VerwA 54 (1964), 286-298.
MENGER, VerwA 55	Derselbe, Höchstrichterliche Rechtsprechung zum Verwaltungsrecht, VerwA 55 (1964), 275-287.
MENZEL	Eberhard Menzel, Die Sozialstaatlichkeit als Verfassungsprinzip der Bundesrepublik, DÖV 1972, 537-546.
MERKEL	Willi Merkel, Das Recht auf Akteneinsicht bei Verwaltungsbehörden, Diss. Heidelberg 1972.
MERTEN	Detlef Merten, Auskunftsanspruch und Auskunftsbescheid im Sozialrecht, VSSR 1973, 66-85.
METZ	Metz, Die Auskunftserteilung seitens der Steuerbehörden und Steuerbeamten, StWa 1935, 137 f.

MEYER	Hans Meyer, Das neue öffentliche Vertragsrecht und die Leistungsstörungen, NJW 1977, 1705-1713.
MEYER/BORGS	Hans Meyer und Hermann Borgs-Maciejewski, Kommentar zum Verwaltungsverfahrensgesetz, Frankfurt a. M. 1976.
MEYER-HENTSCHEL	Karl Meyer-Hentschel, Das Auskunftsrecht des Bürgers und seine Durchsetzbarkeit im Prozeß, SKV 1970, 8-10.
MITTELSTEINER/ SCHAUMBURG	Karl-Heinz Mittelsteiner und Harald Schaumburg, AO 1977, Materialien, Köln 1976.
MOLKENTIN	Hans-Henning Molkentin, Schadensersatzansprüche wegen Vernachlässigung behördlicher Beratungs- und Betreuungspflichten, SHAnz. 1975, 108 f.
MONREAL	Alfred Monreal, Auskünfte und Zusagen von Finanzbehörden, Berlin 1967.
MORSCHER, Schuldverhältnis	Siegbert Morscher, Diskussionsbeitrag, in: Das Schuldverhältnis, Bericht über die dritte Tagung der Gesellschaft zum Studium und zur Erneuerung der Struktur der Rechtsordnung, Wien 1972, S. 123 f.
MORSTEIN MARX	Fritz Morstein Marx, Verwaltung im öffentlichen Bewußtsein, in: Fritz Morstein Marx (Hrsg.), Gegenwartsaufgaben der öffentlichen Verwaltung, Köln (u.a.) 1968, S. 411-423.
MÜLLER, GEORG	Georg Müller, Interessenabwägung im Verwaltungsbereich, SZBl. 1972, 337-352.
MÜLLER, H.	Helmut Müller, Bindung an Auskünfte und Zusagen der Verwaltungsbehörden, Diss. Frankfurt/M. 1973.
v. MÜNCH, Bes.VerwR, Öff. Dienst	Ingo v. Münch, Öffentlicher Dienst, in: Ingo v. Münch (Hrsg.), Besonderes Verwaltungsrecht, 4. Auflage, Berlin 1976, S. 1-76.
v. MÜNCH Grundgesetz	Derselbe, Grundgesetz, Kommentar, Bad Homburg - Berlin - Zürich 1974.
v. MUTIUS, DÖV	Albert von Mutius, 52. Deutscher Juristentag in Wiesbaden, DÖV 1978, 758-762.

v. MUTIUS DVBl.	Derselbe, Akteneinsicht im atom- und immissionsschutzrechtlichen Genehmigungsverfahren, DVBl. 1978, 665-676.
NAKE	Klaus Nake, Voraussetzungen für die Verbindlichkeit einer Finanzamts-Auskunft, Der Betrieb 1960, 1193-1195.
NEUMANN-DUESBURG	Neumann-Duesburg, Urteilsanmerkung, SGb 1973, 114.
NOVAK	Richard Novak, Rechtsfragen der Akteneinsicht im Verwaltungsverfahren, ÖJZ 1973, 253-258.
OBERMAYER, Dogmatische Probleme	Klaus Obermayer, Dogmatische Probleme des Verwaltungsverfahrens, in: Walter Schmitt Glaeser (Hrsg.), Verwaltungsverfahren, Festschrift zum 50-jährigen Bestehen des Richard Boorberg Verlags, Stuttgart u.a. 1977, S. 111-134.
OBERMAYER, Erläuterungen	Derselbe, Verwaltungsverfahrensgesetz, Einführung und Erläuterungen mit Gesetzestext, Neuwied 1976.
OBERMAYER, Grundzüge	Derselbe, Grundzüge des Verwaltungsrechts und Verwaltungsprozeßrechts, 2. Auflage, Neuwied 1975.
OBERMAYER, NJW	Derselbe, Der Verwaltungsakt als Gegenstand von Zusagen und Rechtsauskünften, NJW 1962, 1465-1472.
OBERNDORFER	Peter Oberndorfer, Partizipation an Verwaltungsentscheidungen in Österreich, DÖV 1972, 529-536.
OLDIGES, JurA	Martin Oldiges, Die Kontrolle von Schul- und Prüfungsentscheidungen durch die Verwaltungsgerichte, JurA 1970, 611-634.
OSSENBÜHL, DÖV 1970	Fritz Ossenbühl, Ermessen, Verwaltungspolitik und unbestimmter Rechtsbegriff, DÖV 1970, 84-90.
OSSENBÜHL, DÖV 1972	Derselbe, Vertrauensschutz im sozialen Rechtsstaat, DÖV 1972, 25-35.
OSSENBÜHL, DVBl.	Derselbe, Die gerichtliche Überprüfung der Beurteilung technischer und wirtschaftlicher Fragen in Genehmigungen des Baus von Kraftwerken, DVBl. 1978, 1-9.

OSSENBÜHL, Gutachten	Derselbe, Welche normativen Anforderungen stellt der Verfassungsgrundsatz des demokratischen Rechtsstaates an die planende staatliche Tätigkeit? Gutachten zum 50. Deutschen Juristentag, Verhandlungen des 50. Deutschen Juristentages, Band I, Gutachten, München 1974, S. B 1 - B 205.
OSSENBÜHL, NJW	Derselbe, Die Interpretation der Grundrechte in der Rechtsprechung des Bundesverfassungsgerichts, NJW 1976, 2100-2107.
OSSENBÜHL, Verwaltungsvorschriften	Derselbe; Zur Außenwirkung von Verwaltungsvorschriften; in: Verwaltungsrecht zwischen Freiheit, Teilhabe und Bindung. Festgabe aus Anlaß des 25-jährigen Bestehens des Bundesverwaltungsgerichts; München 1978, S. 433-450.
PAGENDARM	Kurt Pagendarm, Anmerkung zum Urteil des BGH vom 26.09.1957 (NJW 1957, 1873 f.), LM § 839 (Fe) BGB, Nr. 9.
PALLIN	Franz Pallin, Amtsgeheimnis und Redaktionsgeheimnis, ÖJZ 1973, 141-146.
PAPIER	Hans-Jürgen Papier, Rechtliche Bindung und gerichtliche Kontrolle planender Verwaltung im Bereich des Bodenrechts, NJW 1977, 1714-1720.
PAPPAI	Friedrich Pappai, Die Wahrung des ärztlichen Berufsgeheimnisses bei der Amtshilfe, BArbBl. 1962, 1021-1026.
PERSCHEL	Wolfgang Perschel, Der geheime Behördeninformant, JuS 1966, 231-237.
PETERS	Horst Peters, Sozialgesetzbuch, Allgemeiner Teil, Kommentar, Stuttgart u.a. 1976.
PETRIN	Leodegar Petrin, Österreichisches Verwaltungsrecht, Wien 1951.
PFANDER	Nikolaus Pfander, Die Zusage im öffentlichen Recht, Diss. Hamburg 1968.
PFEIFER	Helfried Pfeifer, Verwaltungsrecht, Allgemeiner Teil, Wien 1942.
PIEPER	Goswin Pieper, Zur öffentlich-rechtlichen Zusage, VerwA 59 (1968), 217-251.

PIEROTH/SCHLINK	Bodo Pieroth,Bernhard Schlink,Personalauskünfte im Hochschulbereich, WissR 1978, 115-144.
PIETZNER	Rainer Pietzner,Fernmelderechnung und Rechtsbehelfsbelehrung, DÖV 1978, 873-876.
PIPKORN, Diss.	Jörn Pipkorn,Auskunftspflichten der daseinsvorsorgenden Verwaltungsbehörden, Diss.München 1968.
PIPKORN, DÖV 1970	Derselbe,Auskunftsansprüche gegenüber Verwaltungsbehörden, DÖV 1970, 171-177.
PIPKORN, DÖV 1976	Derselbe,Transnationale Perspektiven Behördlicher Informationspflichten,DÖV 1976, 340-343.
PISTOTNIK	Karl Pistotnik,Das Petitionsrecht und seine Bedeutung im Wandel der österreichischen Staatsform, Diss.Wien 1969.
PLAGEMANN,H.	Hermann Plagemann, Urteilsanmerkung, NJW 1978, 2261 f.
PLAGEMANN,J.	Jochen Plagemann,Das neue Sozialgesetzbuch und seine Bedeutung für die Anwaltschaft, AnwBl. 1974, 237-241.
PLÖSSL	Hans Plößl, Zusicherungen von Verwaltungsbehörden,Diss. München 1964.
PLONKA	Helmut Plonka, Zum Rechtsschutz für Vertrauenspersonen, Die Polizei 1975, 80-86.
PRAUNEGGER	Egon Praunegger,Das österreichische Verwaltungsverfahren, Graz 1925.
PÜTTNER, JA	Günter Püttner, Zusagen im öffentlichen Recht, JA 1975, 389-393 (= ÖR, 109-113).
PÜTTNER, VVDStRL	Derselbe, Vertrauensschutz im Verwaltungsrecht (Mitbericht auf der Tagung der Vereinigung der Deutschen Staatsrechtslehrer 1973), VVDStRL 32 (1974), 200-227.
RAATZ	Raatz, Bindung der Verwaltung nach Treu und Glauben, insbesondere durch Auskünfte, StWa 1959, 126-130.

RANDELZHOFER	Albrecht Randelzhofer, Der Anspruch auf fehlerfreie Ermessensentscheidung in Rechtslehre und Rechtsprechung, BayVBl. 1975, 573-578 und 607-612.
RASCH/PATZIG	E. Rasch und W. Patzig, Verwaltungsorganisation und Verwaltungsverfahren, Köln (u.a.) 1962.
RAUCH	Hans Rauch, Die Anwendung des Demokratieprinzips auf die öffentliche Verwaltung, Diss. Regensburg 1978.
RAUCK	Robert Rauck, Der Beamte und das Publikum, BayVBl. 1929, 257-264.
REAL	Walter Real, Das Amts- und Berufsgeheimnis, ZfÖF 1972, 145-154.
REDEKER, Die Beamten	Konrad Redeker, Die Beamten und der Staatsbürger (Referat auf der 10. beamtenpolitischen Tagung des DBB 1968), in: Die Beamten und die Öffentlichkeit, Schriftenreihe des Deutschen Beamtenbundes Heft 45, Bad Godesberg 1968, S. 73-84.
REDEKER, DVBl.	Derselbe, Zum neuen Entwurf eines Verwaltungsverfahrensgesetzes, DVBl. 1973, 744-748.
REDEKER, NJW	Derselbe, Bürger und Anwalt im Spannungsfeld von Sozialstaat und Rechtsstaat, NJW 1973, 1153-1162.
REDEKER, Teilhaberrechte	Derselbe; Zur Ausgleichsfunktion von Teilhaberechten zwischen Freiheit und Bindung; in: Verwaltungsrecht zwischen Freiheit, Teilhabe und Bindung. Festgabe aus Anlaß des 25-jährigen Bestehens des Bundesverwaltungsgerichts; München 1978; S. 511-525.
REDEKER/v. OERTZEN	Konrad Redeker, Hans-Joachim v. Oertzen, Kommentar zur Verwaltungsgerichtsordnung, 6. Auflage, Stuttgart u.a. 1978.
REEGER/STOLL, Kommentar	Franz Reeger, Gerold Stoll, Kommentar zur Bundesabgabenordnung, Wien 1966.
REEGER/STOLL, Textausgabe	Dieselben, Die Bundesabgabenordnung. Textausgabe mit erläuternden Anmerkungen, 4. Auflage, Wien 1969.

REICHLIN	Paul Reichlin, Die Schweigepflicht des Verwaltungsbeamten, SZBl. 1952, 473-488, 505-517.
REIFENRATH	Gerhard Reifenrath, Auskünfte und Zusagen im System des Verwaltungshandelns, Diss. Köln 1967.
REIMANN/ZUPPINGER/ SCHÄRRER	August Reimann, Ferdinand Zuppinger, Erwin Schärrer, Kommentar zum Zürcher Steuergesetz, Dritter Band, Bern 1969.
REINHARDT	Klaus Reinhardt, Das rechtliche Gehör in Verwaltungssachen, Diss. Zürich 1968.
RENGELING	Hans-Werner Rengeling, Aktuelle verwaltungsrechtliche und verwaltungsgerichtliche Fragen bei der Errichtung von Kernkraftwerken, JZ 1977, 542-549.
RENKL	Günter Renkl, Der Anspruch auf rechtliches Gehör im Verwaltungsverfahren, Diss. Mannheim 1971.
REUSS	Hermann Reuß, Anmerkung zum Urteil des BVerwG vom 25.2.1969, JR 1969, 274 f.
RIDDER	Helmut K.J.Ridder, Meinungsfreiheit, in: Neumann/Nipperdey/Scheuner (Hrsg.), Die Grundrechte, Band 2, 2. Auflage, Berlin 1968, S. 243-290.
RINGHOFER	Kurt Ringhofer, Die österreichischen Verwaltungsverfahrensgesetze, 7. Auflage, Wien 1972.
RITTER,	Ritter, Die Erteilung von Rechtsauskünften in Steuersachen, NJW 1957, 1822-1824.
RÖTTGER	Röttger, Sind die Finanzämter auskunftspflichtig über erst zukünftige Steuerfragen? StZl 1930, 62-64.
ROHWER-KAHLMANN	Harry Rohwer-Kahlmann, Behördliche Zusagen und Vertrauensschutz, DVBl. 1962, 622, 626.
ROMBACH	Hans-Wolfgang Rombach, Bürger und Behörde, DÖV 1963, 372-375.
ROTH	Georg Roth, Das Auskunftsrecht der Wirtschaftsverwaltung, VerwA 57 (1966), 225-239.

RÜEGG — Ernst Rüegg, Auskunftspflicht und -recht der Behörden, SZBl. 1963, 169-177.

RUPP, Grundfragen — Hans Heinrich Rupp, Grundfragen der heutigen Verwaltungsrechtslehre, Tübingen 1965.

RUPP, NJW — Derselbe, Freiheit und Partizipation, NJW 1972, 1537-1543.

RUPP, VVDStRL — Derselbe, Diskussionsbeitrag, VVDStRL 30 (1972), 339 f.

SAMELI — Katharina Sameli, Treu und Glauben im öffentlichen Recht, ZSR 96 II (1977), 289-390.

SCHACHTSCHNEIDER — Karl Albrecht Schachtschneider, Anspruch auf Demokratie, JR 1970, 401-409.

SCHACK — F. Schack, Anmerkung zum Urteil des OVG Lüneburg vom 21.12.1957, DVBl. 1958, 325-327.

SCHÄFER — Hans Schäfer, Moderne Verwaltung im sozialen Rechtsstaat, DVBl. 1972, 405-410.

SCHEERBARTH — Walter Scheerbarth, Das allgemeine Bauordnungsrecht, 2. Auflage, Köln 1966.

SCHEERBARTH/HÖFFKEN — Hans Walter Scheerbarth und Heinz Höffken, Beamtenrecht, 2. Auflage, Siegburg 1976.

SCHEFFLER — Hans-Hermann Scheffler, Die allgemeine Pflicht zur Begründung von Verwaltungsakten, DÖV 1977, 767-774.

SCHELLHORN — Walter Schellhorn, Aufklärung, Beratung und Auskunft nach dem Sozialgesetzbuch, BlStSozArbR 1975, 362-365.

SCHEUNER, DÖV — Ulrich Scheuner, Die Funktion der Grundrechte im Sozialstaat. Die Grundrechte als Richtlinie und Rahmen der Staatstätigkeit, DÖV 1971, 505-513.

SCHEUNER, VVDStRL — Derselbe, Diskussionsbeitrag, VVDStRL 17 (1959), 237 f.

SCHICK — Walter Schick, Notwendigkeit und Funktion der Begründung bei Verwaltungsakten, JuS 1971, 1-9.

SCHMELZ, Verwaltungsverfahren	Arthur Schmelz, Handbuch des österreichischen Verwaltungsverfahrens, Eisenstadt 1975.
SCHMELZ, Der Staatsbürger	Derselbe, Die Behörde als Rechtsbeistand, in: Der Staatsbürger (Beilage der Salzburger Nachrichten 1967, Heft 11), Seite 4.
SCHMIDT, J.	Johann Schmidt, Die Amtshilfe nach dem Verwaltungsverfahrensgesetz, in: Walter Schmitt Glaeser (Hrsg.), Verwaltungsverfahren, Festschrift zum 50-jährigen Bestehen des Richard Boorberg Verlags, Stuttgart u.a. 1977, S. 135-157.
SCHMIDT, R.	Reimer Schmidt, Sind die Rentenversicherungsträger zur Erteilung von Auskunft über die sogenannte Halbdeckung verpflichtet? BB 1954, 290 f.
SCHMIDT, W., JuS	Walter Schmidt, "Vertrauensschutz" im öffentlichen Recht, JuS 1973, 529-537.
SCHMIDT, W., NJW 1975	Derselbe, Abschied vom "unbestimmten Rechtsbegriff", NJW 1975, 1753-1758.
SCHMIDT, W., NJW 1978	Derselbe, Die Verwaltungsgerichtsbarkeit an den Grenzen des Verwaltungsrechtsschutzes, NJW 1978, 1769-1776.
SCHMIDT, W., VVDStRL	Derselbe, Organisierte Einwirkungen auf die Verwaltung, VVDStRL 33 (1975), 183-215.
SCHMIDT-ASSMANN, Vorbescheid	Eberhard Schmidt-Aßmann; Institute gestufter Verwaltungsverfahren: Vorbescheid und Teilgenehmigung; in: Verwaltungsrecht zwischen Freiheit, Teilhabe und Bindung. Festgabe aus Anlaß des 25-jährigen Bestehens des Bundesverwaltungsgerichts; München 1978; S. 569-584.
SCHMIDT-ASSMANN, VVDStRL	Derselbe, Verwaltungsverantwortung und Verwaltungsgerichtsbarkeit, VVDStRL 34 (1976), 221-274.
SCHMIDT-BLEIBTREU/ KLEIN	Bruno Schmidt-Bleibtreu, Franz Klein, Kommentar zum Grundgesetz, 3. Auflage, Neuwied 1971.
SCHMIDT-EICHSTÄDT	Gerd Schmidt-Eichstädt, Ermessen, Beurteilungsspielraum und eigenverantwortliches Handeln der Verwaltung, AöR 98 (1973), 173-195.

SCHMITT GLAESER, AöR	Walter Schmitt Glaeser, Die Meinungsfreiheit in der Rechtsprechung des Bundesverfassungsgerichts, AöR 97 (1972), 60-123, 276-298.
SCHMITT GLAESER, Verwaltungsverfahren	Derselbe; Anspruch, Hoffnung und Erfüllung. Das Verwaltungsverfahren und sein Gesetz - eine einleitende Bemerkung; in: Walter Schmitt Glaeser (Hrsg.); Verwaltungsverfahren, Festschrift zum 50-jährigen Bestehen des Richard Boorberg Verlags; Stuttgart u.a. 1977; S. 1-45.
SCHMITT GLAESER, VVDStRL	Derselbe, Partizipation an Verwaltungsentscheidungen, VVDStRL 31 (1973), 179-265.
SCHNAPP	Friedrich E. Schnapp, Die Aufklärungs-, Beratungs- und Auskunftspflichten nach dem Sozialgesetzbuch, DOK 1977, 889-895.
SCHNITZERLING	M. Schnitzerling, Rechtsprechung zur fehlerhaften Auskunft eines Beamten oder Angestellten des öffentlichen Dienstes, Das Standesamt 1970, 352.
SCHOBESBERGER, ÖJZ	Otto Schobesberger, Das Steuergeheimnis im österreichischen Steuerrecht, ÖJZ 1968, 39-43.
SCHOLZ	Rupert Scholz, Verwaltungsverantwortung und Verwaltungsgerichtsbarkeit, VVDStRL 34 (1976), 145-220.
SCHOREIT	Armin Schoreit, Rechtsberatung Minderbemittelter durch öffentliche Rechtsauskunftsstellen oder durch Armenanwälte? ZRP 1975, 62-65.
SCHOTTHÖFER	Kurt Schotthöfer, Die Planfeststellung im Meinungsstreit, BayVBl. 1968, 300-306, 342-347.
SCHREIBER	Werner Schreiber, Das Sozialstaatsprinzip des Grundgesetzes in der Praxis der Rechtsprechung, Berlin 1972.
SCHRÖDER	Meinhard Schröder, Staatstheoretische Aspekte einer Aktenöffentlichkeit im Verwaltungsbereich, Die Verwaltung 1971, 301-324.

SCHÜLE — Adolf Schüle, Treu und Glauben im deutschen Verwaltungsrecht, VerwA 38 (1933), 399-436, 39 (1934), 1-39.

SCHÜTZ — Erwin Schütz, Erteilen von Auskünften zur Unterrichtung der Öffentlichkeit, Die Personalvertretung 1971, 30-33.

SCHULZ — Axel Schulz, Neue Atomrechtliche Verfahrensverordnung, DVBl. 1977, 326-331.

SCHURZ — Gerhard Schurz, Die Grundsätze des rechtlichen Gehörs im Verwaltungsverfahren, Diss. Graz 1972.

SCHWARZENBACH — Hans Rudolf Schwarzenbach, Grundriß des allgemeinen Verwaltungsrechts, 4. Auflage, Bern 1970.

SCHWARZER — Herbert Schwarzer, Buchbesprechung, BayVBl. 1973, 140.

SCHWERDTFEGER — Gunther Schwerdtfeger, Öffentliches Recht in der Fallbearbeitung, 4. Auflage, München 1977.

SEIBERT — Wolfgang G. Seibert, Anmerkung zum Urteil des BGH vom 26.9.1957 (NJW 1957, 1873 f.), NJW 1958, 377 f.

SEIDEL — Harald Seidel, Das Petitionsrecht, Frankfurt a. M. 1972.

SELLNER — Dieter Sellner, Immissionsschutzrecht und Industrieanlagen, München 1978.

SEMLER — Jutta Semler, Gerichtliche Kontrolle von Prüfungsentscheidungen, NJW 1973, 1774-1777.

SENDLER — Horst Sendler, Teilhaberechte in der Rechtsprechung des Bundesverwaltungsgerichts, DÖV 1978, 581-589.

SIEGERS — Josef Siegers, Die Kodifizierung des Sozialrechts als Aufgabe der heutigen Gesetzgebung, in: Ernst Gessler (u.a.), (Hrsg.), Das neue Sozialgesetzbuch, Frankfurt a. M. 1972, 30-50.

SIMITIS — Spiros Simitis, Bundesdatenschutzgesetz - Ende der Diskussion oder Neubeginn? NJW 1977, 729-737.

SIMITIS/DAMMANN/ MALLMANN/REH	Spiros Simitis, Ulrich Dammann, Otto Mallmann, Hans-Joachim Reh, Kommentar zum Bundesdatenschutzgesetz, Baden-Baden 1978.
SOLTE	E.-L. Solte, Der Rechtsschutz des unterlegenen Bewerbers bei beamtenrechtlichen Ernennungen, ZBR 1972, 109-115.
SOZIALENQUÊTE	Soziale Sicherung in der Bundesrepublik Deutschland, Bericht der Sozialenquête - Kommission, Stuttgart 1966.
SPANNER, DÖV	Hans Spanner, Grundsätzliches zum Verwaltungsverfahren, DÖV 1958, 651-656.
SPANNER, JZ	Derselbe, Der Regierungsentwurf eines Bundes-Verwaltungsverfahrensgesetzes, JZ 1970, 671-675.
SPIEGEL-REPORT	Ohne Verfasserangabe; Das ist Betrug am Normalbürger, Spiegel-Report über die Bonner Gesetzesflut und ihre Folgen; Der Spiegel 1978, 67-74.
SPITALER, BB	Armin Spitaler, Verbindliche Zusicherungen im Steuerrecht, BB 1961, 1333-1336.
STEIN	Walter Stein, Das Recht des Bürgers auf Akteneinsicht und die gerichtliche Durchsetzung seines Anspruches, Gemeindetag 1973, 260-264.
STELKENS/BONK/ LEONHARDT	Paul Stelkens, Heinz J. Bonk, Klaus Leonhardt; Verwaltungsverfahrensgesetz, Kommentar, München 1978.
STELKENS/PAGENKOPF	Stelkens, Pagenkopf, Rechtliche Bindung und gerichtliche Kontrolle planender Verwaltung im Bereich des Bodenrechts, DVBl. 1977, 668-672.
STICH, BImSchG	Rudolf Stich, Immissionsschutzrecht des Bundes und der Länder, Kommentar zum Bundes-Immissionsschutzgesetz, Stuttgart u.a. 1974 ff.
STICH, Mitwirkung	Derselbe, Die Mitwirkung des Bürgers und der Öffentlichkeit an der Raumplanung, in: Demokratie und Verwaltung, 25 Jahre Hochschule für Verwaltungswissenschaften Speyer, Berlin 1972, S. 355-373.

STOBER, BayVBl. — Rolf Stober, Rechtsbehelfsbelehrungspflicht bei Anordnung der sofortigen Vollziehung? BayVBl. 1976, 169-173.

STOBER, VR — Derselbe; Die besondere Gerichtsentscheidung: Folgen einer Falschauskunft, BGH NJW 1978, 1522; VR 1978, 425-427.

STUDER — Walter Studer, Vorbescheide im Steuerrecht, SZBl. 1962, 417-426, 449-454.

STÜER — Bernhard Stüer, Die gerichtliche Kontrolle von Prüfungsentscheidungen, DÖV 1974, 257-264.

TANNEN — Karl-Heinz Tannen, Urteilsanmerkung zu BSGE 32, 60 vom 17.11.1970 in DRVers 1971, 168-174.

TEKÜLVE — Ewald Tekülve, Das österreichische Beamtenrecht, Bad Godesberg 1964.

THIEME, Handbuch der Verwaltung — Werner Thieme, Handbuch der Verwaltung, Heft 1.1, Köln u.a. 1974.

THIEME, Das neue Sozialgesetzbuch — Derselbe, Das Verfahren in der Sozialverwaltung, in: Ernst Gessler (u.a.), (Hrsg.), Das neue Sozialgesetzbuch, Frankfurt a. M. 1972, S. 68-74.

THIEME, Mängel im Verhältnis Bürger - Staat — Derselbe, (Hrsg.), Mängel im Verhältnis von Bürger und Staat, Studie einer Arbeitsgruppe der Deutschen Sektion des internationalen Instituts für Verwaltungswissenschaften, Köln 1970.

THIEME, Verwaltungslehre — Derselbe, Verwaltungslehre, 3. Auflage, Köln u.a.1977.

TINNER — Rolf Tinner, Das rechtliche Gehör, ZSR 1964 II, 295-418.

TIPKE/KRUSE — Klaus Tipke und Heinrich Wilhelm Kruse, Kommentar in Loseblattform zur AO 1977 und FGO, 8. Auflage, Köln 1976.

TIPKE, Steuerrecht — Klaus Tipke, Steuerrecht, 4. Auflage, Köln 1977.

TIPKE, StuW — Derselbe, Bindung an Zusagen und Auskünfte, StuW 1962, Sp. 697-716.

TITTEL	Hans-Joachim Tittel, Zum öffentlich-rechtlichen Thema des 44. Deutschen Juristentages, DRiZ 1962, 307-310.
TSCHIRA/SCHMITT GLAESER	Oskar Tschira, Walter Schmitt Glaeser, Verwaltungsverfahrensgesetz des Bundes und des Freistaates Bayern, München 1976.
UFFHAUSEN	Horst Uffhausen, Die behördliche Betreuungspflicht in der Rechtsprechung des Bundesgerichtshofs und des Bundesverwaltungsgerichts, JJb. 4 (1963/64), 192-213.
ULE, BImSchG	Carl Hermann Ule, Kommentar zum Bundes-Immissionsschutzgesetz, Heidelberg 1974.
ULE, DVBl. 1957	Derselbe, Verwaltungsverfahren und Verwaltungsgerichtsbarkeit, DVBl. 1957, 597-603.
ULE, DVBl. 1963	Derselbe, Zur Bedeutung des Rechtsstaatsbegriffs in der Rechtsprechung des Bundesverwaltungsgerichts, DVBl. 1963, 475-482.
ULE, DVBl. 1976	Derselbe, Das Verwaltungsverfahrensgesetz, DVBl. 1976, 421-429.
ULE, Studienbuch	Derselbe, Verwaltungsprozeßrecht, Studienbuch, 7. Auflage 1978.
ULE, VerwA	Derselbe, Verwaltungsverfahren und Verwaltungsprozeß, VerwA 62 (1971), 114-134.
ULE, Verwaltungsreform	Derselbe, Verwaltungsreform als Verfassungsvollzug, in: Recht im Wandel, Festschrift Hundertfünfzig Jahre Carl Heymanns Verlag KG, Köln 1965, S. 53-89.
ULE/BECKER	Carl Hermann Ule und Franz Becker, Verwaltungsverfahren im Rechtsstaat, Köln - Berlin 1964.
ULE/LAUBINGER	Carl Hermann Ule und Hans-Werner Laubinger, Verwaltungsverfahrensrecht, Köln 1977.
ULE/LAUBINGER, Gutachten	Dieselben, Empfehlen sich unter dem Gesichtspunkt der Gewährleistung notwendigen Umweltschutzes ergänzende Regelungen im Verwaltungsverfahrens- und Verwaltungsprozeßrecht? Gutachten B für den 52. Deutschen Juristentag, Verhandlungen des 52. Deutschen Juristentages Wiesbaden 1978, Band I (Gutachten), München 1978, S. B 1 - B 108.

VOGEL, H.	H. Vogel, Treu und Glauben im Steuer- und Zollrecht, Freiburg 1962, (Sonderdruck der Steuer- und Wirtschafts-Kurzpost, Heft Nr. 88).
VOGEL, K.	Klaus Vogel, Gesetzgeber und Verwaltung (Bericht auf der Tagung der Vereinigung der Deutschen Staatsrechtslehrer 1965), VVDStRL 24 (1966), 125-182.
v. VOIGT	Klaus v. Voigt, Auskünfte, Zusagen und Vereinbarungen im Steuerrecht, Diss. Mainz 1968.
WAHL	Rainer Wahl, Der Regelungsgehalt von Teilentscheidungen in mehrstufigen Planungsverfahren, DÖV 1975, 373-380.
v. WALCKE-WULFFEN	Dirk-Joachim von Walcke-Wulffen, Begründungszwang bei Verwaltungsakten, Diss. München 1974.
WALTER, Schuldverhältnis	Robert Walter, Diskussionsbeitrag, in: Das Schuldverhältnis, Bericht über die dritte Tagung der Gesellschaft zum Studium und zur Erneuerung der Struktur der Rechtsordnung, Wien 1972, S. 123.
WALTER, VVDStRL	Derselbe, Partizipation an Verwaltungsentscheidungen, VVDStRL 31 (1973), 147-178.
WALTER/MAYER	Robert Walter, Heinz Mayer, Grundriß des österreichischen Verwaltungsverfahrensrechts, Wien 1978.
WANNAGAT	Georg Wannagat, Sozialgesetzbuch, Allgemeiner Teil, Kommentar, bearbeitet von Wolfgang Rüfner und Werner Thieme, Karlsruhe 1977.
WEBER, G.	Gustav Weber, Rechtsfragen zum Fernmeldegeheimnis, Film und Recht 1971, 261-267.
WEBER, R.	Richard Weber, Das Recht auf Antwort im Verkehr des Staatsbürgers mit den Verwaltungsbehörden, Diss. Heidelberg 1953.
WEBER, W.	Werner Weber, Die verfassungsrechtlichen Grenzen sozialstaatlicher Forderungen, Der Staat 4 (1965), 409-439.

WEIDMANN — Heinz Weidmann, Die Rechtsstellung des Pflichtigen im schweizerischen Steuerveranlagungsverfahren, Diss. St. Gallen 1952.

WEISENSEE — Karl Weisensee, Auskunft, Zusage und Vereinbarung im Steuerrecht, DStZ/A 1964, 179-186.

v. WELCK — Stephan v. Welck, Die Begründung von Ermessensentscheidungen nach dem Entwurf eines Verwaltungsverfahrensgesetzes des Bundes, ZRP 1971, 124-126.

WELP — Jürgen Welp, Nachrichtendienstliche und strafprozessuale Eingriffe in das Post- und Fernmeldegeheimnis, DÖV 1970, 267-272.

WERNER — Fritz Werner, Anmerkung zum Urteil des BFH vom 1.12.1954 (BStBl.1955 III, 26-28 = JZ 1955, 347-349), JZ 1955, 349.

WERNICKE — Konrad Wernicke, Der Vorbescheid im Wasserrecht, DVBl. 1977, 914-916.

WEYREUTHER — Felix Weyreuther, Rechtliche Bindung und gerichtliche Kontrolle planender Verwaltung im Bereich des Bodenrechts, BauR 1977, 293-309.

WIEGAND — Dietrich Wiegand, Sozialstaatsklausel und soziale Teilhaberechte, DVBl. 1974, 657-663.

WIETHAUP — H. Wiethaup, Einsichtnahme in Behördenakten außerhalb eines Verwaltungsverfahrens, MDR 1958, 474-476.

WILHELM — Bernhard Wilhelm, Der Beamte als Helfer des Staatsbürgers, Verwaltungs-Praxis 1965, 71-80.

WIMMER, N. — Norbert Wimmer, Verwaltungsreform in Österreich, Die Verwaltung 1974, 465-495.

WINDSHEIMER — Hans Windsheimer, Die "Information" als Interpretationsgrundlage für die subjektiven öffentlichen Rechte des Art. 5 Abs. 1 GG, Diss. Berlin 1967.

WINTERS — Karl-Peter Winters, Atom- und Strahlenschutzrecht, München 1978.

de WITT	S. de Witt, Funktion und Ausgestaltung der Öffentlichkeitsbeteiligung im atomrechtlichen Genehmigungsverfahren, in: Fünftes Deutsches Atomrechts-Symposium, 8. bis 10. Dezember 1976 in Münster, Referate und Diskussionsberichte, Köln u.a. 1977, S. 271-277.
WOLFF, VerwR III, 3. Aufl.	Hans-Julius Wolff, Verwaltungsrecht III, 3. Auflage, München 1973.
WOLFF/BACHOF, VerwR I	Hans Julius Wolff, Otto Bachof, Verwaltungsrecht I, 9. Auflage, München 1974.
WOLFF/BACHOF, VerwR II	Dieselben, Verwaltungsrecht II, 4. Auflage, München 1976.
WOLFF/BACHOF VerwR III	Dieselben, Verwaltungsrecht III, 4. Auflage, München 1978.
ZEIDLER	Karl Zeidler, Empfiehlt es sich, die bestehenden Grundsätze über Auskünfte und Zusagen in der öffentlichen Verwaltung beizubehalten? (Gutachten für den 44. DJT), Verhandlungen des 44. DJT 1962, Band I, Tübingen 1962, 2. Teil, S. 1-94.
ZEIZINGER	Herbert Zeizinger, "öffentliche Aufgabe der Presse" und Pressefreiheit, JBl. 1972, 408-415.
ZÖLLER	Artur Zöller, Die Bindung des Finanzamtes an Treu und Glauben, Wpg. 1961, 210-215, 238-241.
ZUCK, NJW 1971	Rüdiger Zuck, Bundeskartellamt und Öffentlichkeit, NJW 1971, 1105-1109.
ZUCK, NJW 1972	Derselbe, Bundeskartellamt, Dienstaufsicht und Regreß, NJW 1972, 468-472.

A B K Ü R Z U N G S V E R Z E I C H N I S

(vgl. auch WOLFF/BACHOF,
VerwR III, S. XIII - LII)

aA	anderer Ansicht
aaO	am angegebenen Ort
AbfG	Gesetz über die Beseitigung von Abfällen
AcP	Archiv für die civilistische Praxis
aM	anderer Meinung
Anm.	Anmerkung
AnwBl.	Anwaltsblatt
AöR	Archiv des öffentlichen Rechts
AO 1977	Abgabenordnung 1977
Art.	Artikel
ASA	Archiv für schweizerisches Abgabenrecht
AtG	Atomgesetz
AtVfV	Atomrechtliche Verfahrensverordnung
Aufl.	Auflage
AwD BB	Außenwirtschaftsdienst, Beilage der Zeitschrift Der Betriebsberater
BArbBl.	Bundesarbeitsblatt
BAT	Bundes-Angestelltentarif
BauR	Baurecht, Zeitschrift für das gesamte öffentliche und zivile Baurecht
BaWüVBl.	Baden-Württembergisches Verwaltungsblatt
BayBgm	Der Bayerische Bürgermeister
BayBZ	Bayerische Beamtenzeitung
BayVBl.	Bayerische Verwaltungsblätter
BayVerfGH	Verfassungsgerichtshof für den Freistaat Bayern
BayVGH	Bayerischer Verwaltungsgerichtshof
BB	Der Betriebsberater
BBahnG	Bundesbahngesetz

BBauG	Bundesbaugesetz
BBG	Bundesbeamtengesetz
BDSG	Gesetz zum Schutz vor Mißbrauch personenbezogener Daten bei der Datenverarbeitung (Bundesdatenschutzgesetz)
Betrieb	Der Betrieb
BFH	Bundesfinanzhof
BGB	Bürgerliches Gesetzbuch
BGH	Bundesgerichtshof
BGHZ	Entscheidungen des Bundesgerichtshofes in Zivilsachen
BImSchG	Bundes-Immissionsschutzgesetz
9. BImSchV	Neunte Verordnung zur Durchführung des Bundes-Immissionsschutzgesetzes (abgedruckt etwa bei SELLNER, S. 214-220)
BlGBW	Blätter für Grundstücks-, Bau- und Wohnungsrecht
BlStSozArbR	Blätter für Steuer-, Sozial- und Arbeitsrecht
BSG	Bundessozialgericht
BSGE	Entscheidungen des Bundessozialgerichts
BSKRK	Bericht der Solothurnischen Kantonalen Rekurskommission an den hohen Kantonsrat von Solothurn
BStBl.	Bundessteuerblatt
BT-Drucksache	Drucksachen des Deutschen Bundestages
Buchholz	Nachschlagewerk der Rechtsprechung des Bundesverwaltungsgerichts, herausgegeben von Karl Buchholz
BVerfG	Bundesverfassungsgericht
BVerfGE	Amtliche Sammlung von Entscheidungen des Bundesverfassungsgerichts
BVerwG	Bundesverwaltungsgericht
BVerwGE	Amtliche Sammlung von Entscheidungen des Bundesverwaltungsgerichts
bwVGH	Verwaltungsgerichtshof Baden-Württemberg
BWVPr.	Baden-Württembergische Verwaltungspraxis
DAngV	Die Angestelltenversicherung

DGStZ	Deutsche Gemeinde-Steuerzeitung
Diss.	Dissertation
DJT	Deutscher Juristentag
DÖD/A	Der öffentliche Dienst/Ausgabe A
DÖV	Die öffentliche Verwaltung
DOK	Die Ortskrankenkasse
DRiZ	Deutsche Richterzeitung
DRVers.	Deutsche Rentenversicherung
DStR	Deutsches Steuerrecht
DStRdsch.	Deutsche Steuer-Rundschau
DStZ/A	Deutsche Steuer-Zeitung/Ausgabe A
DVBl.	Deutsches Verwaltungsblatt
EFG	Entscheidungen der Finanzgerichte
EGStGB	Einführungsgesetz zum Strafgesetzbuch vom 2.3.1974
EStG	Einkommensteuergesetz
f.	und folgende
ff.	und folgenden
FG	Finanzgericht
Fn.	Fußnote
FR	Finanzrundschau
FStrG	Bundesfernstraßengesetz
GewA	Gewerbearchiv
GewO	Gewerbeordnung für das Deutsche Reich
GG	Grundgesetz für die Bundesrepublik Deutschland
GWB	Gesetz gegen Wettbewerbsbeschränkungen
Hess. VGH	Hessischer Verwaltungsgerichtshof
HFR	Höchstrichterliche Finanzrechtsprechung
hM	herrschende Meinung
Hrsg.	Herausgeber
idFv	in der Fassung vom
idR	in der Regel
JA	Juristische Arbeitsblätter
JBl.	Juristische Blätter (österr. Zeitschrift)
JJb.	Juristenjahrbuch

JöR N.F.	Jahrbuch des öffentlichen Rechts der Gegenwart. Neue Folge
JR	Juristische Rundschau
JurA	Juristische Analysen
JuS	Juristische Schulung
JW	Juristische Wochenschrift
JWG	Gesetz für Jugendwohlfahrt
JZ	Juristenzeitung
KRK	Kantonale Rekurskommission
KStZ	Kommunale Steuer-Zeitung
KWG	Ausführungsgesetz zu Artikel 26 Absatz 2 des Grundgesetzes (Gesetz über die Kontrolle von Kriegswaffen)
LG	Landgericht
LM	Nachschlagewerk des Bundesgerichtshofs, herausgegeben von Lindenmaier-Möhring
LSG	Landessozialgericht
LuftVG	Luftverkehrsgesetz
MDR	Monatsschrift für deutsches Recht
mN	mit Nachweisen
mwN	mit weiteren Nachweisen
NDBZ	Neue deutsche Beamtenzeitung
NDV	Nachrichtendienst des Deutschen Vereins für öffentliche und private Fürsorge
NJW	Neue Juristische Wochenschrift
NWB	Neue Wirtschaftsbriefe für Steuer und Wirtschaft
ÖAVG	(Österreichisches) Allgemeines Verwaltungsgesetz
ÖDP	(Österreichische) Dienstpragmatik
ÖGZ	Österreichische Gemeinde-Zeitung
ÖJZ	Österreichische Juristenzeitung
ÖStGG	(Österreichisches) Staatsgrundgesetz
OLG	Oberlandesgericht
ORK	Oberrekurskommission
OVG	Oberverwaltungsgericht

OVGE	Amtliche Sammlung der Entscheidungen der Oberverwaltungsgerichte für das Land Nordrhein-Westfalen in Münster sowie für die Länder Niedersachsen und Schleswig-Holstein in Lüneburg
PersV	Die Personalvertretung
PlafeR	Planfeststellungsrichtlinien nach dem Bundesfernstraßengesetz vom 8.12.1975 (VkBl. 1976, 564)
RG	Reichsgericht
RGZ	Entscheidungen des Reichsgerichts in Zivilsachen
RiA	Das Recht im Amt
Rn.	Randnummer
RVO	Reichsversicherungsordnung
Rz.	Randziffer
S.	Seite
s.	siehe
Schw. BG	Schweizerisches Bundesgericht
SG	Sozialgericht
SGB	Sozialgesetzbuch
SGb	Die Sozialgerichtsbarkeit
SHAnz	Schleswig-Holsteinischer Anzeiger
SJZ	Schweizerische Juristen-Zeitung
SKV	Staats- und Kommunalverwaltung
s.o.	siehe oben
SozVers.	Die Sozialversicherung
Sp.	Spalte
StatG	Gesetz über die Statistik für Bundeszwecke
StbJb.	Steuerberater-Jahrbuch
StG	(Schweizerisches) Steuergesetz
StGB	Strafgesetzbuch
StuW	Steuer und Wirtschaft
StWa	Steuerwarte
SZBl.	Schweizerisches Zentralblatt für Staats- und Gemeindeverwaltung
StZL	Die Steuerzeitung des Landwirts

Verh.	Verhandlungen
VersR	Versicherungsrecht, Juristische Rundschau für die Individualversicherung
VerwA	Verwaltungsarchiv
VerwRspr.	Verwaltungsrechtsprechung in Deutschland
VG	Verwaltungsgericht
VGH	Verwaltungsgerichtshof
vgl.	vergleiche
VkBl.	Verkehrsblatt, Amtsblatt des Bundesministers für Verkehr
VR	Verwaltungs-Rundschau (vormals Staats- und Kommunal-Verwaltung, SKV)
VSSR	Vierteljahresschrift für Sozialrecht
VVDStRL	Veröffentlichungen der Vereinigung der Deutschen Staatsrechtslehrer
VwGH	Verwaltungsgerichtshof
VwGO	Verwaltungsgerichtsordnung
VwVfG	Verwaltungsverfahrensgesetz
WDO	Wehrdisziplinarordnung
WissR	Wissenschaftsrecht-Wissenschaftsverwaltung-Wissenschaftsförderung
Wpg.	Die Wirtschaftsprüfung
WuR	Wirtschaft und Recht (schweizerische Zeitschrift)
ZAS	Zeitschrift für Arbeitsrecht und Sozialrecht, Wien
zB	zum Beispiel
ZBJV	Zeitschrift des Bernischen Juristenvereins
ZBR	Zeitschrift für Beamtenrecht
ZföF	Zeitschrift für öffentliche Fürsorge (schweizerische Zeitschrift)
ZfP	Zeitschrift für Parlamentsfragen
ZfZV	Zeitschrift für Zölle und Verbrauchsteuern
ZLA	Zeitschrift für Lastenausgleich
ZRP	Zeitschrift für Rechtspolitik
ZSR	Zeitschrift für Sozialreform
ZZP	Zeitschrift für Zivilprozeß

ERSTER TEIL

EINFÜHRUNG UND BESTANDSAUFNAHME

1. ABSCHNITT

EINFÜHRUNG

§ 1 Bedeutung und Eingrenzung des Themas, Gang der Untersuchung

I Bedeutung des Themas

Die Bedeutung behördlicher Auskünfte im Verhältnis Bürger - Verwaltung [1] ist spätestens seit dem 44. Deutschen Juristentag 1962 [2] allgemein anerkannt [3].

Die damaligen Feststellungen Zeidlers, daß der Bürger in zunehmender Abhängigkeit von der Verwaltung steht und darüber-

1) Vgl. allgemein hierzu THIEME, Verwaltungslehre, S. 110-115, 349; derselbe, Handbuch der Verwaltung, S. 10-17; JOERGER/GEPPERT, S. 52-69; REDEKER, Die Beamten; JOERGER, BaWüVBl. 1972, 33-36; MORSTEIN MARX, S. 418-423; ROMBACH, DÖV 1963, 372-375. Aus österreichischer Sicht KHOL, JBl. 1971, 59-64. Aus schweizer Sicht BISCHOFBERGER, Verwaltungs-Praxis 1967, 131-135 und 163-166; BUSER, Verwaltung und Bürger.

2) Vgl. den Bericht NJW 1962, 1855 f.

3) Vgl. etwa KOPP, VwVfG, 1 zu § 25; BORGS in MEYER/BORGS, 1 zu § 25; BUHREN, SKV 1976, 199; FOERSTER, SKV 1974, 321; GIESE, S. 20-26; KRIEGER, S. 23-27; LAUBINGER, Betreuungspflicht, S. 439-441; PIPKORN, Diss., S. 1-6; JAUMANN, Die Personalvertretung 1970, 196; THIEME, Mängel im Verhältnis Bürger-Staat, S. 58-61; REDEKER, Die Beamten, S. 78-82; BEINHARDT, DÖV 1965, 480 f.; HÄMMERLEIN, DÖV 1964, 121 f.

hinaus die Rechtsordnung auch nicht mehr annähernd überschauen kann [4], haben bis heute an Aktualität nichts eingebüßt. Dieser Tatbestand hat zur Folge, daß der Einzelne bei der Wahrnehmung seiner Rechte vielfach auf Auskünfte der Behörden angewiesen ist, um - wie es Zeidler formulierte - "das für ihn passende Schräubchen in einer riesigen Apparatur" zu finden [5].

Ein anderer Aspekt ist erst später in den Mittelpunkt des Interesses gerückt. Im Rahmen von Verwaltungsverfahren sind Auskünfte weiterhin notwendige Mittel einer rechtsstaatlichen Gestaltung des Verfahrens [6]. Dies gilt für die einfachen Verwaltungsverfahren, in besonderem Maße aber für Planfeststellungsverfahren und umweltrelevante Genehmigungsverfahren [7]. In derartigen Verfahren, die einerseits durch ihre außergewöhnliche Tragweite für einen meist großen Kreis von Betroffenen und andererseits einen nur begrenzten gerichtlichen Rechtsschutz [8] gekennzeichnet sind, ist die Einhaltung der rechtsstaatlichen Verfahrensregeln eine zentrale Frage [9]. Dazu gehört namentlich auch die rechtzeitige und ausreichende Offenlegung der für die Entscheidung maßgeblichen Umstände [10].

---

4) ZEIDLER, S. 11 f. Vgl. dazu auch unten § 10 II; § 24 I bei 4).
5) ZEIDLER, S. 11; vgl. auch LAUBINGER, Betreuungspflicht, S.441.
6) Vgl. dazu näher unten § 11 II; § 18 II; § 20 I; § 21 I und § 22.
7) Allgemein zu diesen Verfahrensarten unten § 6 II bei 84) und bei 94) bis 97).
8) Vgl. dazu näher unten § 6 II bei 110) und 111).
9) Vgl. dazu etwa BADURA in ERICHSEN/MARTENS, S. 284; WINTERS, S. 3; BLÜMEL, Funktion, S. 230-233; BENDER, Funktion, S. 239 f.; de WITT, S. 271-274; ferner unten § 11 II bei 14) mit weiteren Nachweisen.
10) Vgl. im einzelnen unten § 6 II bei 112) bis 144); § 11 III bei 50) bis 58); § 20 II bei 66) bis 73).

II Eingrenzung des Themas

Mit Rücksicht auf die herausragende Bedeutung von Auskünften im Zusammenhang mit Verwaltungsverfahren beschränkt sich die nachfolgende Untersuchung auf diesen Bereich. Nicht zum Thema der Arbeit gehören also vor allem Auskünfte im allgemeinen Bürger - Verwaltung - Verhältnis [11] und im Rahmen von verwaltungsrechtlichen Schuld- oder Benutzungsverhältnissen [12].

Ausgespart bleiben sollen weiterhin Verwaltungsverfahren auf Abschluß eines öffentlich-rechtlichen Vertrages (§§ 54 - 62 VwVfG) und solche im Rahmen sogenannter "besonderer Gewaltverhältnisse" [13]. Auskünfte in diesen Verfahren sind insofern atypisch, als sie sich mehr nach den eigenständigen Regeln des Rechtsinstituts öffentlich-rechtlicher Vertrag bzw. des jeweiligen Sonderrechts, wie Beamtenrecht, Schulrecht usw., richten und weniger nach den in dieser Untersuchung zu erörternden allgemeinen Verfassungs- und Verwaltungsrechtssätzen.

---

11) ZB Auskünfte über geschäftliche Verhältnisse eines Dritten; vgl. KRIEGER, S. 155; BVerwG vom 12.10.1971, MDR 1972, 265 f.; Hess. VGH vom 24.8.1961, DÖV 1962, 757 f.
Auskünfte aus Melderegistern zur Ermittlung von Schuldneranschriften; vgl. OVG Münster vom 20.5.1975, GewA 1976, 70-72; vom 28.6.1972, NJW 1973, 110 f. und vom 27.1.1971, OVGE 26, 176-178. Aus schweizer Sicht: RÜEGG, SZBl. 1963, 169-177.
Auskünfte über familiengeschichtliche Daten aus Kirchenbüchern oder Standesamtsakten; vgl. BayVerwGH vom 28.3.1968, BayVBl. 1968, 213.

12) Eingehend behandelt von KRIEGER, S. 148-153. Vgl. ferner FOERSTER, SKV 1974, 322; ANCKER, S. 33 f.; BEINHARDT, DÖV 1965, 486; BVerwG vom 29.11.1974, NJW 1975, 1333 f.; BGH vom 9.5.1955, NJW 1955, 1105 f.

13) Zur Problematik dieses Begriffes vgl. v. MÜNCH in ERICHSEN/MARTENS, S. 47-49; WOLFF/BACHOF, VerwR I, § 32 IV c 3 (S. 212 f.); LORENZ, S. 28-37 (36); FUSS, DÖV 1972, 765-774; MAETZEL, DÖV 1972, 563; EVERS, Das besondere Gewaltverhältnis, S. 1.

Bei den Verfahren auf Abschluß eines öffentlich-rechtlichen Vertrages wird man Auskunftspflichten vornehmlich in entsprechender Anwendung des bürgerlichen Rechts - etwa des Instituts der "culpa in contrahendo" [14] - zu entwickeln haben (vgl. § 62 VwVfG), während Auskünfte in besonderen Gewaltverhältnissen der gesteigerten Fürsorgepflicht des Staates gegenüber den gewaltunterworfenen Personen zu entnehmen sind [15].

Behandelt werden Auskünfte der Verwaltungsbehörden an die Verfahrensbeteiligten [16], zu denen in Planfeststellungsverfahren auch die sogenannten Betroffenen [17] und Personen, die Einwen-

---

14) Vgl. dazu ERICHSEN/MARTENS, S. 248; BONK in STELKENS/BONK/LEONHARDT, 17 zu § 62; WOLFF/BACHOF, VerwR I, § 44 III c (S. 353).

15) Für das Beamtenverhältnis so WOLFF/BACHOF, VerwR II, § 116 II (S. 546-548); SCHEERBARTH/HÖFFKEN, S. 263; v. MÜNCH, Bes. VerwR, Öff. Dienst, S. 44; FOERSTER, SKV 1974, 322; KRIEGER, S. 145-148; ANCKER, S. 55; KLINGLER, S. 101; FISCHBACH, S. 684 f.; v.d.HEIDE, ZBR 1955, 366; BGH vom 13.2.1958, NJW 1958, 2107 f.; vom 7.7.1956, RiA 1956, 223; vom 5.7.1954, DVBl. 1955, 26-28; vom 21.9.1953, NJW 1953, 1669 f.; vom 14.7.1952, NJW 1952, 1373 f.; BVerwG vom 21.12.1963, Buchholz 232, § 87 BBG Nr. 13; vom 31.10.1963, Buchholz 234, § 24 c G 131 Nr. 2; VGH Baden-Württemberg vom 27.3.1963, ZBR 1964, 83 f.; OVG Lüneburg vom 6.12.1963, ZBR 1964, 50 f.; OVG Münster vom 18.9.1958, DVBl. 1961, 638; RG vom 20.10.1936, JW 1937, 1156 f.; vom 13.11.1934, RGZ 146, 35-42.
Für das Strafgefangenenverhältnis vgl. ANCKER, S. 54; OVG Berlin vom 29.6.1961, 2082 f.
Vgl. ferner BEINHARDT, DÖV 1965, 485; zu diesem auch unten § 5 II bei 15).

16) Zum Beteiligtenbegriff vgl. WOLFF/BACHOF, VerwR III, S. 156 Rn. 16 f. (S. 327); LEONHARDT in STELKENS/BONK/LEONHARDT, 3-23 zu § 13; KOPP, Beteiligung, S. 392-398; derselbe, Der Beteiligtenbegriff, S. 162-172; ULE/LAUBINGER, S. 70-74. Vgl. ferner unten § 10 III bei 47); § 27 I 2. Zu Differenzierungen der Auskunftspflicht nach dem Grad der Betroffenheit der Beteiligten vgl. unten § 33 III bei 33) bis 38).

17) Zum Begriff des Betroffenen vgl. BONK in STELKENS/BONK/LEONHARDT, 31 zu § 72, 50 zu § 73; KOPP, Der Beteiligtenbegriff, S. 169-172; ULE/LAUBINGER, S. 158; BLÜMEL, Masseneinwendungen, S. 557-562; OSSENBÜHL, Gutachten, S. B 175-B177. Vgl. im übrigen die Verweisungen oben in 16).

dungen erhoben haben - Einwender [18] -, zählen. Nicht unter das Thema fallen demnach also des weiteren: Auskünfte privater Organisationen [19], der Justiz und der Gesetzgebungsorgane; ferner Auskünfte an Dritte und von Behörde zu Behörde [20].

Von den gesetzlich normierten Auskünften werden nur die allgemein-verfahrensrechtlichen Regelungen im VwVfG, der AO 1977 und dem SGB dargestellt [21], während die vereinzelten spezialgesetzlichen Auskunftsbestimmungen [22] wegen ihrer geringen Bedeutung außer Betracht bleiben können.

---

18) Zum Begriff des Einwenders vgl. BONK in STELKENS/BONK/LEONHARDT, 31 zu § 72, 36-44 zu § 73; ULE/LAUBINGER, Gutachten S. B 36-B 38; FICKERT, 22-24 zu Nr. 15 (S. 295-297); BLÜMEL, Masseneinwendungen, S. 558 f. Vgl. im übrigen die Verweisungen oben in 16); ferner unten § 20 II bei 39); § 33 III bei 37) und 38). Zur Präklusion von Einwendungen unten § 6 II bei 120) bis 123) und bei 127) bis 130); § 6 I in 9).

19) Zur Informationstätigkeit von Verbänden vgl. KRIEGER, S. 23; MARTENS, Öffentlich, S. 167 f.; HÄMMERLEIN, DÖV 1964, 123; ZEIDLER, S. 13; BRANGSCH, NJW 1953, 732-734.

20) Zur Amtshilfe vgl. Art. 35 Absatz 1 GG; §§ 4-8 VwVfG und aus dem Schrifttum: SCHMIDT, J.; MAUNZ/DÜRIG/HERZOG/SCHOLZ, 1-11 zu Art. 35; WOLFF/BACHOF, VerwR II, § 77 VI (S. 123-127); FORSTHOFF, Lehrbuch, § 6.1 (S. 103 f.) sowie die Kommentierungen zu §§ 4-8 bei STELKENS/BONK/LEONHARDT; KNACK; KOPP, VwVfG; MEYER/BORGS.

21) Unten § 6.

22) ZB § 42 e EStG (Lohnsteueranrufungsauskunft); §§ 5 Absatz 1 Satz 1 Ziffer 1; 51, 51 a, 51 b, 52 Absatz 1 JWG (Beratung in Jugendwohlfahrtsfragen); § 1586 RVO (Sachstandsauskunft der Versicherungsträger bei Verzögerung); § 143 b Absatz 5 BBauG (Auskunft über die Daten, die über den Betroffenen gespeichert sind).

Zusammenstellungen von Auskunftsnormierungen bei: MAIWALD, BayVBl. 1977, 449 Fn. 8; KRIEGER, S. 43-47; ANCKER, S. 7-10, 36-39; PIPKORN, Diss., S. 19-36; BEINHARDT, DÖV 1965, 482 Fn. 18; KLINGLER, S. 91-93; ZEIDLER, S. 22-24.

Nur aus dem Sozialrecht: SCHELLHORN in BURDENSKI/v. MAYDELL/SCHELLHORN, 32-36 zu § 13 und 46-61 zu § 14; MERTEN, VSSR 1973, 68-70 und 82 f.; LAUBINGER, Betreuungspflicht, S. 445-449.

III Gang der Untersuchung

Hauptanliegen der nachfolgenden Untersuchung ist es, auf die Bedeutung der ungeschriebenen Auskunftspflichten neben den allgemeinen verfahrensgesetzlichen Regelungen hinzuweisen und ihre Voraussetzungen, ihre Grenzen und ihren Inhalt möglichst genau darzustellen. Damit wird sich der 2. Teil der Arbeit befassen [23)].

Im vorbereitenden 1. Teil [24)] ist nach der Begriffsbestimmung [25)] und einer Einteilung der verschiedenen Auskunftsarten [26)] vor allem der Meinungsstand der Rechtsprechung [27)] und Literatur [28)] sowie der Inhalt der einschlägigen Regelungen im VwVfG, der AO 1977 und dem SGB [29)] zu referieren. Dabei wird insbesondere auch zu prüfen sein, inwieweit diese verfahrensgesetzlichen Normierungen noch durch die ungeschriebenen Auskunftspflichten zu ergänzen sind [30)].

---

23) Unten §§ 7-36.
24) §§ 1-6.
25) § 2.
26) § 3.
27) § 4.
28) § 5.
29) § 6.
30) Vgl. unten § 6 I bei 6); § 6 I 3 und § 6 IV.

§ 2 Begriffsbestimmung [1]

Eine Auskunft ist eine individuelle Wissensmitteilung (einer Verwaltungsbehörde an einen Verfahrensbeteiligten) ohne Versprechenscharakter. Die in Klammern gesetzten Merkmale "einer Verwaltungsbehörde" und "an einen Verfahrensbeteiligten" sind hierbei nicht als begriffliche, sondern als thematische Eingrenzungen zu verstehen [2]. Als Begriffsmerkmale sind also nachfolgend zu behandeln:

- Mitteilung,
- Wissensmitteilung,
- individuelle Mitteilung,
- Mitteilung ohne Versprechenscharakter.

I Mitteilung

1. Abgrenzung zur Akteneinsicht

Eine Auskunft besteht in einer schriftlichen oder mündlichen Äußerung. Sie unterscheidet sich dadurch von einer sonst ähnlichen [3] Form behördlicher Informationsgewährung, der

---

1) Vgl. zum folgenden insbesondere ULE/LAUBINGER, S. 111 f.; BORGS in MEYER/BORGS, 6 zu § 25; SCHELLHORN in BURDENSKI/ v. MAYDELL/SCHELLHORN, 6 zu § 13, 11-14 zu § 14, 15 zu § 15; KRIEGER, S. 28-31; ANCKER, S. 5-26; PIPKORN, Diss., S. 9-15; REIFENRATH, S. 2-15.
2) Vgl. oben § 1 II bei 16) bis 20).
3) Zu den Unterschieden und Gemeinsamkeiten von Auskunft und Akteneinsicht vgl. KRIEGER, S. 31; MERKEL, S. 78, 118; JUNG, S. 27 f.; PIPKORN, Diss., S. 14 f.; WINDSHEIMER, S. 143 f. Vgl. auch unten § 33 III bei 20) und § 34 II in 21).

Akteneinsicht [4], bei welcher der Bürger sich anhand der Akte selbst unterrichtet.

2. Verhältnis zu Beratung und Belehrung

Begrifflich keinen Unterschied macht es, ob die Mitteilung auf eine Anfrage des Bürgers hin erfolgt oder von Amts wegen (spontan) [5]. Die neuerdings anzutreffende terminologische Unterscheidung zwischen Auskünften (auf Antrag) und Beratung (spontan) [6], die auch in der Überschrift zu § 25

---

4) Gesetzlich geregelt in § 29 VwVfG für einfache Verwaltungsverfahren (Anspruch mit bestimmten Ausnahmen) und in § 72 Absatz 1 VwVfG für Planfeststellungsverfahren (Ermessen). Vgl. dazu die Kommentierungen bei STELKENS/BONK/LEONHARDT; KNACK; KOPP, VwVfG; MEYER/BORGS; ferner WOLFF/BACHOF, VerwR III, § 156 Rn. 43-45 (S. 338 f.). Zur Akteneinsicht in Planfeststellungsverfahren und umweltrelevanten Genehmigungsverfahren näher unten § 6 II bei 108) und § 20 II bei 67) und 71).

Nach bisher herrschender Auffassung stand die Akteneinsicht, von gesetzlich geregelten Fällen abgesehen, im pflichtgemäßen Ermessen der Behörde. So BVerwG vom 23.8.1968, BVerwGE 30, 154-161 (160); OVG Münster vom 22.6.1965, JZ 1966, 77; Hess. VGH vom 23.7.1964 in JZ 1965, 319; WOLFF, VerwR III, 3. Aufl., § 156 IV e (S. 287 f.); STEIN, Gemeindetag 1973, 262-264; SCHRÖDER, Die Verwaltung 1971, 324; HAUEISEN, NJW 1967, 2294; KRATZER, BayVBl. 1965, 16; FELLNER, S. 354 f.; WIETHAUP, MDR 1958, 474 f.

Für ein Recht auf Akteneinsicht dagegen ULE, VerwA 62 (1971), 129; derselbe, Verwaltungsreform, S. 67-69; MERKEL, S. 88; KOPP, VerwaltungsverfahrensR, S. 83-87; SPANNER, JZ 1970, 672; JUNG, S. 292 f.; FOERSTER, SKV 1970, 10 f.; PIPKORN, Diss., S. 113 f.; PERSCHEL, JuS 1966, 235; DAGTOGLOU, JZ 1965, 320; ULE/BECKER, S. 41-43; RASCH/PATZIG, S. 24; MAYER, BayVBl. 1960, 336.

Zur Rechtslage in Österreich vgl. die Nachweise unten § 37 I in 2); zur Rechtslage in der Schweiz vgl. IMBODEN/RHINOW, S. 519-523.

5) Vgl. auch unten § 6 I bei 42).

6) So KNACK, 4.6 zu § 25; SCHELLHORN in BURDENSKI/v. MAYDELL/SCHELLHORN, 11 und 12 zu § 14, 15 zu § 15; RÜFNER in WANNAGAT, 4 zu § 14; GIESE, S. 27.

VwVfG vorgenommen wird [7], ist abzulehnen, weil in der Praxis beides ineinander übergeht und nicht zu trennen ist. Auch die rechtliche Beurteilung spontaner Mitteilungen und solcher auf Anfrage weist derart viele Gemeinsamkeiten auf [8], daß die Verwendung zweier Begriffe nicht tunlich ist.

Als weiteres Unterscheidungsmerkmal von Auskünften und Beratungen wird vereinzelt auch angesehen, ob nur ein Hinweis zu einer bestimmten Frage gegeben wird (Auskunft) oder ob ein ausführliches Erörterungsgespräch zur umfassenden Klärung der Rechtslage stattfindet (Beratung) [9]. Diese Unterscheidung betrifft jedoch nur die Intensität und den Umfang der Mitteilung und rechtfertigt keine begriffliche Trennung. Der Auskunftsbegriff würde bei einem solchen Sprachgebrauch ohne sachliche Notwendigkeit stark eingeengt.

Noch enger faßt Laubinger den Auskunftsbegriff, indem er die Auskunft definiert als individuelle Tatsachenmitteilung oder unverbindliche Rechtsmitteilung auf Ersuchen eines Bürgers [10]. Im Gegensatz zur Auskunft stünden Aufklärungen über die Sach- und Rechtslage im konkreten Fall, die als Beratung oder Belehrung zu bezeichnen seien. Beratung sei dabei die auf Ansuchen gewährte, Belehrung die aus eigener Initiative der Behörde vorgenommene Aufklärung. Diese Terminologie ist allerdings wenig einleuchtend. Insbesondere ist kein Grund dafür zu sehen, die Aufklärung in einem konkreten Fall aus dem Auskunftsbegriff herauszunehmen.

---

7) Vgl. auch BT-Drucksache 7/910, S. 49.
8) Vgl. etwa unten § 33 zum Inhalt der zu erteilenden Auskünfte. Zu den unterschiedlichen Voraussetzungen von Antragsauskünften und spontanen Auskünften vgl. dagegen unten § 3 IV.
9) So RÜFNER in WANNAGAT, vor §§ 14, 15; SCHELLHORN in BURDENSKI/v. MAYDELL/SCHELLHORN, 11-14 zu § 14, 15 zu § 15; GIESE, S. 27.
10) ULE/LAUBINGER, S. 111 f.; LAUBINGER, Betreuungspflicht, S. 445. Vgl. auch unten § 5 VIII.

Im Gegensatz zu den vorstehend geschilderten Eingrenzungen wird der Auskunftsbegriff hier also weit verstanden. Er umfaßt auch spontane Mitteilungen und ausführliche Erörterungen (Beratungen) sowie Aufklärungen zum konkreten Fall.

II Wissensmitteilung

Nach Inhalt und Zweck muß es sich bei einer Auskunft um eine Wissensmitteilung handeln. Keine Auskünfte sind daher:

- Verwaltungsakte,
- Bescheinigungen, Zeugnisse und ähnliche Beweisurkunden,
- Warnungen und Ratschläge.

1. Abgrenzung zu Verwaltungsakten

Verwaltungsakte sind keine Auskünfte, da ihr Zweck darin besteht, über Lebenssachverhalte verbindlich zu entscheiden, und nicht, den Bürger zu informieren [11)]. Umgekehrt sind Auskünfte mangels Regelungsgehalt auch keine Verwaltungsakte [12)]. Es gibt allerdings Berührungspunkte zwischen Verwaltungsakten und Auskünften, die Abgrenzungsprobleme aufwerfen.

Eine gewisse Ähnlichkeit zu belehrenden Rechtsauskünften besteht bei Vorab- oder Teilverwaltungsakten [13)], die deshalb auch vereinzelt als Auskünfte qualifiziert werden [14)]. Diese

---

11) Vgl. etwa RÜFNER in WANNAGAT, 8 zu § 14: Die Beratung ist von der verbindlichen Entscheidung scharf zu trennen.
12) Dazu näher unten § 34 II bei 6) bis 21).
13) Vgl. hierzu SCHMIDT-ASSMANN, Vorbescheid, S. 574-584; WOLFF/BACHOF, VerwR I, § 45 II b 2 (S. 367); WERNICKE, DVBl. 1977, 914-916; ACHTERBERG, DÖV 1971, 397-408.

14) KRIEGER, S. 46; PIPKORN, Diss., S. 33; KLINGLER, S. 93; ZEIDLER, S. 23; HARTZ, Referat, S. D 6.

Einordnung ist aber verfehlt [15], weil auch derartige Verwaltungsvorakte nicht lediglich über eine Rechtslage unterrichten, sondern bereits eine Regelung treffen.

Zu unterscheiden von Auskünften sind weiterhin Begründungen von Verwaltungsakten [16]. Diese sind Bestandteil des Verwaltungsaktes [17] und unterliegen besonderen Grundsätzen (vgl. § 39 VwVfG) [18]. Etwas anderes gilt dagegen für selbständige Erläuterungen von Verwaltungsentscheidungen. Diese sind Auskünfte [19]. Als Abgrenzungskriterium ist zu werten, ob die Mitteilung zur Beurteilung des Verwaltungsaktes und damit für eine Rechtsverteidigung wesentlich ist (Begründung) oder nur dienlich zum besseren Verständnis des Bescheides (erläuternde Auskunft).

Ebenso wie erläuternde Auskünfte haben auch Rechtsbehelfsbelehrungen keinen unmittelbaren Einfluß auf Wirksamkeit und Rechtmäßigkeit des Verwaltungsaktes, dem sie beigefügt sind (vgl. § 58 VwGO). Sie sind damit ebenfalls kein wesentlicher Bestandteil des Verwaltungsaktes, sondern Auskünfte [20].

2. Abgrenzung zu Beweisurkunden

Keine Wissensmitteilungen sind des weiteren die verschieden-

---

15) So auch WOLFF/BACHOF, VerwR I, § 45 II b 2 (S. 367); REIFENRATH, S. 29; PLÖSSL, S. 10 f.; die Vorbescheide sogar von Zusagen trennen. Im Ergebnis ebenso MERTEN, VSSR 1973, 75-79; der die beiden Begriffe "schlichte Auskunft" und "Auskunftsbescheid" prägt; vgl. unten § 5 IX bei 114).

16) Anderer Ansicht offenbar KRIEGER, S. 197; vgl. auch unten § 5 VII bei 97); sowie PIPKORN, Diss., S. 92, 100; vgl. auch unten § 5 III bei 38); beide allerdings ohne auf dieses begriffliche Problem einzugehen.

17) Vgl. KOPP, VwVfG, 2 zu § 39; MEYER/BORGS, 3 zu § 39; ferner unten § 21 bei 2).

18) Vgl. unten § 21 I.

19) Zur Auskunftspflicht in Form selbständiger Erläuterungen unten § 21 I.

20) Ebenso KRIEGER, S. 200; ANCKER, S. 37; PIPKORN, Diss., S. 110; BEINHARDT, DÖV 1965, 482 Fn. 18; KLINGLER, S. 90. Zur Auskunftspflicht über Rechtsbehelfe vgl. unten § 22.

artigen Bescheinigungen, Zeugnisse, Ausweise und ähnlichen Erklärungen, die dem Bürger von Behörden zu Feststellungs- und Nachweiszwecken ausgestellt werden, wie zB Unbedenklichkeitsbescheinigungen, Armutszeugnisse, Heimatscheine, Flüchtlingsausweise u. ä. [21].

3. Abgrenzung zu Warnungen und Ratschlägen

Schließlich sind von Wissensmitteilungen noch Warnungen und Ratschläge [22] abzugrenzen. Soweit sich diese Erklärungen auf Beeinflussungsversuche beschränken, also keine eigentliche Sachinformation enthalten, sind sie keine Auskünfte. In der Praxis dürfte das jedoch sehr selten der Fall sein. Zumeist wird die Behörde, wenn ihr an einem bestimmten Verhalten eines Beteiligten liegt, diesen durch eine Information, zB über die rechtlichen Folgen seines Handelns, zu dem gewünschten Entschluß zu bringen suchen. Dann liegt trotz der Beeinflussungstendenz eine - beratende - Auskunft vor. Es ist also nicht Merkmal der Auskunft, daß die Behörde uninteressiert ist, welchen Entschluß der Empfänger aufgrund der Mitteilung faßt [23].

III Individuelle Mitteilung

Um eine Auskunft handelt es sich nur bei einer Einzelmitteilung an einen bestimmten Empfänger oder einen bestimmbaren Kreis von Empfängern.

---

21) Gegenteiliger Ansicht WOLFF/BACHOF, VerwR I, § 45 II a 3 (S. 365); KRIEGER, S. 45, 156, 217; ANCKER, S. 38 f.; PIPKORN, Diss., S. 120; REIFENRATH, S. 6; ZEIDLER, S. 28. Vgl. auch unten § 34 II bei 7).

22) Sogenannte verhaltensbestimmende Erklärungen. Vgl. näher KRAUSE, Verwaltungshandeln, S. 361-379.

23) Anderer Ansicht ANCKER, S. 19, 24 f.; KLINGLER, S. 8.

Im Gegensatz dazu stehen Mitteilungen an einen unbestimmbaren Personenkreis, wie Merkblätter, Broschüren, Bekanntmachungen durch Anschlag oder - in Eilfällen - durch Lautsprecherwagen und die öffentlichen Medien. Trotz der offenkundigen Unterschiede zu Einzelmitteilungen werden vereinzelt auch diese öffentlichen Mitteilungen als Auskünfte bezeichnet [24)]. Ein derart ausgeweiteter Auskunftsbegriff ist jedoch unzweckmäßig, weil er eine differenzierte Behandlung des Rechtsinstituts Auskunft unnötig erschwert. Die Verpflichtung der staatlichen Organe zu öffentlicher Information [25)] hat mit dem Problem der Auskunftspflicht gegenüber Verfahrensbeteiligten nur wenig gemein und sollte daher mit diesem nicht vermengt werden.

Nicht erforderlich ist es, daß die Mitteilung nur einen einzelnen Empfänger hat. Auch Sammelmitteilungen an eine Mehrzahl von Beteiligten eines Verfahrens oder Hinweise im Rahmen einer mündlichen Verhandlung an einen größeren Zuhörerkreis können Auskünfte beinhalten, wenn das Merkmal der Bestimmbarkeit der Empfänger gewahrt ist.

---

24) So ausdrücklich REIFENRATH, S. 7; ZEIDLER, S. 17; nur beiläufig SCHÜTZ, Die Personalvertretung 1971, 30; HÄMMERLEIN, DÖV 1964, 122.
Wie hier für eine terminologische Trennung KRIEGER, S. 19; LAUBINGER, Betreuungspflicht, S. 443-445; TITTEL, DRiZ 1962, 308 und wohl auch PIPKORN, Diss., S. 7.

25) Zur staatlichen Öffentlichkeitsarbeit vgl. RÜFNER in WANNAGAT, 10-12 zu § 13; SCHELLHORN in BURDENSKI/v. MAYDELL/SCHELLHORN, 10-28 zu § 13; THIEME, Verwaltungslehre, S. 444-448; KRIEGER, S. 19 f.; LAUBINGER, Betreuungspflicht, S. 443 f.; JERSCHKE, ZfP 1972, 524-526; LANDWEHRMANN, Der Landkreis 1972, 398-400; HÄMMERLEIN, Informationstätigkeit; derselbe, Öffentlichkeit, S. 81-112 und DÖV 1964, 119-126; JAHN, S. 372-374. Vgl. ferner unten § 10 II in 16).

IV Mitteilung ohne Versprechenscharakter (Abgrenzung von Zusagen und Zusicherungen)

Das Problem der Abgrenzung zwischen Auskünften einerseits und Zusagen bzw. Zusicherungen [26] andererseits taucht auf bei konkreten Mitteilungen einer Behörde über ihr zukünftiges Verwaltungshandeln. Allgemeine [27] Erklärungen ohne Bezug zu einem bestimmten Sachverhalt und solche zu abgeschlossenen Vorgängen [28] können keine Zusagen beinhalten. Im übrigen ist der Sprachgebrauch jedoch nicht einheitlich.

1. Meinungsstand

Nach herrschender Auffassung ist das entscheidende Abgrenzungskriterium der Bindungswille der Behörde. Mitteilungen, die ihrem Erklärungswert nach ein Versprechen beinhalten, sind danach Zusagen; reine Wissensmitteilungen ohne Ver-

---

26) Die Zusicherung ist im Vergleich zur Zusage ein Unterfall, nämlich eine Zusage, die auf den Erlaß oder das Unterlassen eines Verwaltungsaktes gerichtet ist. Vgl. den Wortlaut von § 38 Absatz 1 Satz 1 VwVfG und die Erläuterungen bei STELKENS in STELKENS/BONK/LEONHARDT, 2 und 5 zu § 38; KNACK, 3.1 zu § 38.

27) Hierin ist jedoch nicht das entscheidende Kriterium zu sehen. So aber OBERMAYER, NJW 1962, 1467 (Auskünfte teilten ohne konkrete Sachverhaltssubsumtion lediglich allgemein die Rechtsgrundlagen mit). Ein solcher Auskunftsbegriff ist zu eng. Auch konkrete Rechtsmitteilungen können Auskünfte sein.

28) Dies wird vereinzelt als Begriffsmerkmal bezeichnet. So TITTEL, DRiZ 1962, 307 und HAUEISEN, NJW 1961, 1901 (Auskünfte seien Mitteilungen vergangener Verwaltungsentscheidungen). Diese Definition ist aber zu eng. Auskünfte können sich sehr wohl auch mit künftigen Verwaltungsmaßnahmen befassen.

sprechenscharakter Auskünfte [29].

Eine Mindermeinung grenzt Auskünfte und Zusagen nicht nach ihrem Erklärungswert, sondern nach ihren Rechtsfolgen ab. Zusagen sind danach Erklärungen mit Bindungswirkung [30]. Diese Terminologie wird sich mit der herrschenden meist decken, weil in der Regel Wissensmitteilungen nicht verbindlich sind und Versprechen die Behörde verpflichten. Es sind allerdings auch Abweichungen möglich, da die Verbindlichkeit nicht allein vom erklärten Bindungswillen abhängt [31].

Vereinzelt werden Auskünfte und Zusagen schließlich nicht als Gegensätze, sondern im Verhältnis von Oberbegriff zu Unterbegriff verstanden. Zusagen sind nach dieser Auffassung auch Auskünfte, nur besonders qualifiziert durch ihre Verbindlich-

---

29) So STELKENS in STELKENS/BONK/LEONHARDT, 8 zu § 38; KNACK, 2.2 zu § 38; BADURA in ERICHSEN/MARTENS, S. 148 f., 295; MEYER in MEYER/BORGS, 2 zu § 38; HÜBSCHMANN/HEPP/SPITALER, 34 zu § 89 und 6 vor § 204; PÜTTNER, JA 1975, 390 (= ÖR. S. 110); KRAUSE, Verwaltungshandeln, S. 288, 331; WOLFF/BACHOF, VerwR I, § 45 II (S. 366 f.); KRUSE, S. 202 f.; MERTEN, VSSR 1973, 79 (mit abweichender Terminologie, bezeichnet Zusage als Auskunftsbescheid); MÜLLER, H., S. 8-13; KRIEGER, S. 30; KÖRNER, BayVBl. 1971, 363; ANCKER, S. 11 f.; MATTERN, G., Küchenhoff-Festgabe, S. 52; MONREAL, S. 19-25; REIFENRATH, S. 11 f.; BEINHARDT, DÖV 1965, 481 f.; PLÖSSL, S. 45 f.; KAMPMANN, S. 7; ROHWER-KAHLMANN, DVBl. 1962, 624 f.; SCHÜLE, VerwA 39 (1934), 26 ff.; BVerwG vom 24.6.1966, DVBl. 1966, 857; BGH vom 8.1.1976, BayVBl. 1976, 695 (Abgrenzung Zusage/Tatsachenauskunft).

30) Die Ausführungen hierzu sind nicht immer ganz eindeutig. Unter diesem Vorbehalt sind zu nennen: FIEDLER, S. 3; TIPKE, Steuerrecht, S. 432; ACHTERBERG, DÖV 1971, 399 Fn. 12; IMMESBERGER, NJW 1970, 1117; KELLNER, HUBERT, S. 81-83; WEISENSEE, DStZ/A 1964, 180; ZEIDLER, S. 40 f., 49; MAASSEN, Regelungen, S. 60 f.; Beschlüsse B I und C I des 44. DJT, NJW 1962, 1855 f.

31) Vgl. etwa WOLFF/BACHOF, VerwR I, § 45 II b 2 (S. 367); OSSENBÜHL, DÖV 1972, 29; PIEPER, VerwA 59 (1968), 244-246. Weitere Nachweise unten § 27 V bei 24). Speziell zur Rechtslage bei Zusicherungen vgl. STELKENS in STELKENS/BONK/LEONHARDT, 18-25 zu § 38.

keit [32] bzw. den Bindungswillen [33].

2. Stellungnahme

Zu folgen ist der herrschenden Abgrenzung anhand des erklärten Bindungswillens der Behörde.

Gegen die Unterscheidung nach der Bindungswirkung spricht die Tatsache, daß die Verbindlichkeit behördlicher Erklärungen nicht selten streitig und rechtlich schwer zu beurteilen ist [34]. Es wäre äußerst unzweckmäßig, die Qualifizierung einer Erklärung als Auskunft oder Zusage mit der Entscheidung dieser Rechtsfrage zu verknüpfen anstatt sie allein vom Inhalt der Erklärung abhängig zu machen.

Ebenso unpraktikabel ist die Einordnung der Zusage als Sonderfall einer Auskunft. Bei einem solchen Sprachgebrauch verbliebe für reine Wissensmitteilungen kein eigenständiger Ausdruck; als Notlösung könnte man sie allenfalls mit "Auskünften im engeren Sinn" oder "einfachen Auskünften" umschreiben. Außerdem würden dadurch die gravierenden sachlichen Unterschiede zwischen Auskünften und Zusagen bzw. Zusicherungen verwischt.

---

32) ZEIDLER, S. 14, 43; BFH vom 16.9.1965, BStBl. 1965 III, 658; vom 29.1.1960, BStBl. 1960 III, 96 f. und vom 20.2.1958, BStBl. 1959 III, 85. Allerdings ist die Nomenklatur des BFH recht uneinheitlich; vgl. KRUSE, S. 203. Auch im Schrifttum werden bisweilen die Begriffe Auskunft und Zusage ohne erkennbare Differenzierung gebraucht; etwa bei SPANNER, StuW 1972, 306 f. und LOHMEYER, DGStZ 1972, 81-84.

33) FOERSTER, SKV 1974, 323; PIPKORN, Diss., S. 10-12; KOCH/KOHLRUST, BB 1962, 650; HAUEISEN, NJW 1961, 1901; RITTER, NJW 1957, 1822; BGH vom 27.4.1970, NJW 1970, 1414.
So auch der Sprachgebrauch der schweizer Rechtsprechung; vgl. GUENG, SZBl. 1970, 451 mN.
Ausdrücklich offen gelassen bei FIEDLER, S. 3.

34) Vgl. vorstehend bei 31) und unten § 27 V bei 24).

Kein Unterscheidungskriterium zwischen Auskünften und Zusagen ist es, ob die Erklärung sich auf eine zukünftige Verwaltungshandlung bezieht, die rechtlich gebunden ist, oder ob die Behörde einen Ermessens- oder Beurteilungsspielraum besitzt. Die Behörden sind grundsätzlich nicht daran gehindert, auch im Rahmen gebundener Verwaltung Zusagen zu erteilen, wenn daran wegen tatsächlicher oder rechtlicher Ungewißheit ein Interesse besteht [35].

---

35) So auch STELKENS in STELKENS/BONK/LEONHARDT, 16 und 17 zu § 38; FIEDLER, S. 6; v. VOIGT, S. 36 f.; REIFENRATH, S. 18; ZEIDLER, S. 46; OBERMAYER, NJW 1962, 1466; TIPKE, StuW 1962, Sp. 701, 713.

Einer Gegenmeinung zufolge sind Zusagen begrifflich nur möglich, wenn die Verwaltung einen Ermessens- oder Beurteilungsspielraum besitzt. So KELLNER, HUBERT, S. 25 f., 81; BEINHARDT, DÖV 1965, 482; TITTEL, DRiZ 1962, 309 und wohl auch BFH vom 4.8.1961, BStBl. 1961 III, 564. Noch enger PLÖSSL, S. 17-28 (Zusagen nur bei Ermessensentscheidungen).

Nachweise zur Frage, ob und wann generell eine Verpflichtung zur Erteilung von Zusagen bzw. Zusicherungen besteht, unten § 33 V in 45).

§ 3 Einteilung der Auskunftsarten

Auskünfte lassen sich nach den verschiedenartigsten Gesichtspunkten systematisieren [1]. Für den weiteren Verlauf dieser Arbeit sind folgende Kriterien von Bedeutung:

I Normierung

Die verfahrensrechtliche Auskunftspflicht der Behörden ist allgemein geregelt in den §§ 25, 68 Absatz 2 VwVfG, §§ 14, 15, 16 Absatz 3 SGB und § 89 AO 1977 [2]. Daneben gibt es noch vereinzelte spezialgesetzliche Normierungen [3], auf deren Behandlung jedoch verzichtet werden soll [3].

II Die Art des Verwaltungsverfahrens

Die vorliegende Arbeit beschränkt sich wie ausgeführt [4] auf Auskünfte im Zusammenhang mit Verwaltungsverfahren unter Ausklammerung von Verfahren im Rahmen besonderer Gewaltverhältnisse und solcher auf Abschluß eines öffentlich-rechtlichen Vertrages.

Zu unterscheiden bleiben also die beiden Hauptarten von Verwaltungsverfahren, nämlich Antrags- und Amtsverfahren. Inhalt und Umfang der Auskunftspflichten in diesen beiden Verfahrensarten weichen in einigen Punkten voneinander ab, beispielsweise besteht bei Antragsverfahren eine verstärkte

---

1) Vgl. auch KRIEGER, S. 28 f., 178-196; v. VOIGT, S. 18-20; PIPKORN, Diss., S. 10; REIFENRATH, S. 2-7; MONREAL, S. 16-19; KLINGLER, S. 89-91; BEINHARDT, DÖV 1965, 482; ZEIDLER, S. 15-26.
2) Vgl. unten § 6.
3) Vgl. oben § 1 II bei 22).
4) Vgl. oben § 1 II.

Pflicht zur Verfahrensförderung [5] und Betreuung [6] der Beteiligten, während im Amtsverfahren Hinweispflichten zur Wahrung des rechtlichen Gehörs eine besondere Rolle spielen [7]. Grundlegend verschieden sind die Auskunftspflichten in Antrags- und Amtsverfahren jedoch nicht.

III Das Verfahrensstadium

Abgestellt auf das Verfahrensstadium können Auskünfte im Zusammenhang mit Verwaltungsverfahren

- während eines anhängigen Verfahrens,
- unmittelbar vor Einleitung oder
- nach Beendigung des Verfahrens

erteilt oder verlangt werden [8].

Von diesen drei Gruppen sind zweifellos die Auskünfte während eines laufenden Verfahrens die häufigsten und wichtigsten. Auskünfte unmittelbar vor Einleitung des Verfahrens betreffen typischerweise Rechtsfragen wegen eines alsbald zu stellenden Antrages, wie etwa die Zuständigkeit, Fristen, die zu beachtenden Formalien u. ä. [9]. Auskünfte nach Beendigung des Verfahrens kommen relativ selten in Betracht. Denkbare Beispielsfälle sind nachträgliche Erläuterungen von Bescheiden [10],

---

5) Vgl. unten § 18.
6) Vgl. unten § 24.
7) Vgl. unten § 20.
8) Entsprechende Einteilungen bei KRIEGER, S. 170, 173, 201; PIPKORN, Diss., S. 110 f., 119; ZEIDLER, S. 18. Zu Krieger und Pipkorn vgl. auch unten § 5 VII und III.
9) Vgl. unten § 18 III 2 a und § 24 III 3 b.
10) Vgl. unten § 21.

Berichtigungen einer früheren Auskunft [11] und Mitteilungen über Veränderungen der Sach- oder Rechtslage, die eine erneute Antragstellung nahelegen [12].

IV Antragsauskünfte und spontane Auskünfte [13]

Dieser Gegensatz ist besonders hervorzuheben, weil die Voraussetzungen, unter denen eine Antragsauskunft und die, unter denen eine spontane Auskunft gegeben werden muß, sich deutlich voneinander unterscheiden [14]. Wann die Behörde auch ohne besondere Anfrage, also aus eigener Initiative, einem Beteiligten Hinweise zu geben hat, ist eine der Kernfragen dieser Arbeit [15].

V Die Form

Die Mehrzahl der Auskünfte wird mündlich erteilt. Soweit der Beteiligte ein berechtigtes Interesse daran geltend macht, kommt jedoch auch die Erteilung schriftlicher Auskünfte bzw. eine schriftliche Bestätigung einer mündlichen Auskunft in Betracht [16].

VI Rechts- und Tatsachenauskünfte

Ihrem Inhalt nach sind Rechts- und Tatsachenauskünfte zu unterscheiden.

---

11) Vgl. unten § 25.
12) Vgl. unten § 24 III bei 61) und 62).
13) Zu den Begriffen vgl. oben § 2 I bei 5) bis 8).
14) Vgl. etwa unten § 18 III 1 und 2; § 24 III 3 und 4. Zusammenfassend unten § 38.
15) Vgl. unten § 4 I bei 7) bis 15); § 6 I bei 36) und 43); § 6 II bei 117) und 160); § 6 III bei 152); § 18 III 1; § 20 II 3 b; § 24 III 4; § 25 II 4.
16) Vgl. dazu näher unten § 31.

Hiervon können die Rechtsauskünfte weiter in folgende Gegensatzpaare unterteilt werden:

- Informierende und beratende Rechtsauskünfte [17],
- konkrete und abstrakte Rechtsauskünfte [18],
- Auskünfte zu materiellen und zu formellen Rechtsfragen [19],
- Auskünfte über begünstigende und über belastende Rechtssätze [20],
- Auskünfte über den Inhalt und über die Existenz von Rechtssätzen [21],
- Auskünfte im Bereich gebundener Verwaltung, im Bereich unbestimmter Rechtsbegriffe und im Ermessensbereich [22],
- Auskünfte über die gegenwärtige und über die zukünftige Rechtslage [23].

Die Tatsachenauskünfte lassen sich wie folgt weiter untergliedern:

- Auskünfte zum Ablauf (Beginn, Dauer, Sachstand) eines Verwaltungsverfahrens [24],

---

17) Vgl. oben § 2 I bei 9) und § 2 II 3; ferner unten § 6 I bei 39); § 33 III bei 13) und 21) bis 26).
18) Vgl. oben § 2 I bei 10); unten § 5 VII bei 88); § 10 III bei 45).
19) Vgl. unten § 5 I bei 8) und 9); § 5 V bei 66); § 6 I bei 62) bis 64) und 80); § 24 III bei 46).
20) Vgl. unten § 5 II bei 23); § 10 III 2 a und b.
21) Vgl. unten § 33 III 2.
22) Vgl. unten § 5 VII bei 95); § 10 III bei 29) bis 34) und 53).
23) Zu Auskünften über die zukünftige Rechtslage vgl. unten § 5 II bei 21); § 5 VII bei 96); § 18 III bei 20); § 24 III bei 55).
24) Vgl. unten § 5 I bei 10); § 5 II bei 22); § 5 III bei 36); § 5 VII bei 89); § 18 III bei 25).

- Auskünfte über Tatsachen von materieller Bedeutung für ein Verwaltungsverfahren [25],
- Auskünfte zum Stand von Gesetzgebungsvorhaben [26],
- Tatsachenauskünfte für eine anderweitige Rechtsverfolgung [27],
- Hinweise auf Schrifttum (Rechtsprechung, Fachliteratur, Merkblätter, Broschüren o.ä.) [28],
- Auskünfte über Tatsachen, an denen kein rechtliches, sondern ein wirtschaftliches, persönliches, wissenschaftliches oder publizistisches [29] Interesse besteht. Hierbei handelt es sich allerdings typischerweise um Auskünfte außerhalb von Verwaltungsverfahren [30].

---

25) Vgl. unten § 4 I bei 16); § 5 III bei 40) und 43); § 5 VII bei 83); § 10 III bei 26); § 11 III bei 38) bis 40), 43) bis 47) und 56); § 20 II 2 a; § 24 III bei 59).
26) Vgl. unten § 5 VII bei 96).
27) Vgl. unten § 11 III bei 19) bis 24); vor § 28 bei 6); § 29 II 2.
28) Vgl. unten § 33 III 2.
29) Zum Auskunftsrecht der Presse vgl. etwa LÖFFLER, Presserecht, Kommentierung zu § 4; BEHRENDS, DÖK 1977, 169-180; MAUNZ/DÜRIG/HERZOG/SCHOLZ, 137 f zu Art. 5; EVERS, Auskunftsrecht; JERSCHKE, Öffentlichkeitspflicht; SCHÜTZ, Die Personalvertretung 1971, 30-33; ANCKER, S. 67-76; WINDSHEIMER, S. 165-183; BIEBL; und schließlich aus österreichischer Sicht ZEIZINGER, JBl. 1972, 414 Fn. 43.
30) Beispiele und Nachweise oben § 1 II 11).

2. ABSCHNITT

BEHÖRDLICHE AUSKÜNFTE IM ZUSAMMENHANG MIT VERWALTUNGS-VERFAHREN - MEINUNGSSTAND UND GESETZLICHE REGELUNGEN

§ 4 Die Rechtsprechung [1]

Es wird in der Rechtsprechung - sofern diese Frage überhaupt angeschnitten wird - kein Zweifel daran gelassen, daß eine Auskunftspflicht der Verwaltung nach Auffassung der Gerichte nicht allgemein besteht, sondern nur unter besonderen Voraussetzungen in Betracht kommt [2]. Inhalt und Umfang besonderer Auskunftspflichten sind von der Rechtsprechung nach und nach bestimmt und präzisiert worden, wobei sich in den verschiedenen Gerichtszweigen deutlich abweichende Tendenzen herausgeschält haben.

I Der Bundesgerichtshof [3]

Der Bundesgerichtshof war unbestritten Wegbereiter der heute allgemein anerkannten Betreuungspflicht der Verwaltung gegen-

---

1) Zur einschlägigen Rechtsprechung in Österreich und der Schweiz vgl. unten § 37 I 2 und § 37 II 2.

2) BVerwG vom 30.4.1965, NJW 1965, 1450; VGH Mannheim vom 8.2.1977, BWVPr. 1977, 155 f. = JuS 1977, 771 f.; OVG Münster vom 28.6.1972, NJW 1973, 110 f.; Hess. VGH vom 24.8.1961, DÖV 1962, 757 f. Vgl. näher unten § 8; ferner § 5 bei 2).

3) Zur einschlägigen Rechtsprechung des BGH vgl. auch KRIEGER, S. 50-53; UFFHAUSEN, JJb. 4 (1963/64), 196-200; BEYER, DVBl. 1962, 616-618.

über dem Bürger [4]. Er hat diese Verpflichtung erstmals Mitte der 50er Jahre ausgesprochen [5] und ihren Inhalt dann ständig weiterentwickelt und spezifiziert [6]. Zusammenfassend kann man feststellen, daß der Bundesgerichtshof drei Fallgruppen anerkennt, bei denen Veranlassung zur Erteilung spontaner Auskünfte [7] seitens der Behörde besteht:

- Wenn ein Beteiligter sozial schwach und rechtsunkundig ist [8].

Von diesen beiden Gesichtspunkten tritt die Frage sozialer Schwäche in späteren Entscheidungen allerdings deutlich in den Hintergrund. Wichtig ünd im Einzelfall nicht unproblematisch ist bei dieser Fallgruppe, daß die Belehrungsbedürftigkeit für den Beamten erkennbar werden muß [9].

---

4) Im Zusammenhang dazu unten § 24, insbesondere § 24 II.
5) BGH vom 7.5.1956, NJW 1956, 1234 f.; vom 26.9.1957, NJW 1957, 1873 f.; vom 16.12.1957, MDR 1958, 219.
6) BGH vom 6.4.1960, NJW 1960, 1244 f.; vom 28.11.1960, VersR 1961, 154 f.; vom 23.1.1964, VersR 1964, 919-923 (921); vom 12.3.1964, VersR 1964, 1061-1063; vom 5.4.1965, NJW 1965, 1226-1228 (mit einer grundsätzlichen Zusammenfassung seiner bisherigen Rechtsprechung zur Auskunftspflicht); vom 20.1.1966, DVBl. 1968, 23-25 (25); vom 8.1.1968, VersR 1968, 371-373; vom 27.4.1970, NJW 1970, 1414; vom 17.9.1970, BB 1970, 1279 f. und vom 8.1.1976, BayVBl. 1976, 694-696.
7) Vgl. dazu auch oben § 3 IV bei 15) mit weiteren Verweisungen.
8) Vgl. insbesondere BGH vom 5.4.1965, NJW 1965, 1227 und vom 28.11.1960, VersR 1961, 154 f; ferner unten § 24 III bei 15) und 25). Zu diesem Gesichtspunkt weiterhin unten § 5 V bei 71); § 5 VIII bei 104); § 5 X bei 118); § 6 I bei 30); § 33 III bei 29 b).
9) Verneint hat der BGH diese Voraussetzung zB in den Urteilen vom 16.12.1957, MDR 1958, 219 und vom 26.9.1957, NJW 1957, 1873 f. Vgl. dazu näher unten § 6 I 1 b; § 18 III 1 b; § 24 III 4 c.

- Wenn der Bürger wegen der Schwierigkeit der Rechtsmaterie Belehrung und Aufklärung benötigt, um seinem Begehren zum Ziel zu verhelfen [10].
- Wenn dem Bürger aufgrund irriger Vorstellungen ein Nachteil droht [11].

Bei letzterer Fallgruppe macht der Bundesgerichtshof die Einschränkung, daß eine Auskunft nicht erteilt zu werden brauche, wenn dem Beteiligten das Risiko bekannt sei [12] bzw. davon ausgegangen werden könne, daß er sich über die maßgebliche Frage selbst unterrichten werde [13].

Wiederholt hat der Bundesgerichtshof zur Begründung von Auskunftspflichten auch den Rechtsgedanken des vorangegangenen Verhaltens [14] herangezogen und ausgesprochen, daß die Behörde klarstellende Hinweise erteilen müsse, wenn sie durch ihr eigenes Verhalten eine falsche Vorstellung oder Erwartung bei einem Beteiligten geweckt habe und diesem dadurch ein Nachteil drohe [15].

---

10) Vgl. insbesondere BGH vom 5.4.1965, NJW 1965, 1227 und vom 6.4.1960, NJW 1960, 1244 f. Vgl. auch unten § 4 II bei 27); § 5 VIII bei 104); § 6 I bei 34); § 33 III 3.
11) BGH vom 17.9.1970, BB 1970, 1279 f.; vom 5.4.1965, NJW 1965, 1226-1228; vom 14.6.1962, zitiert von BEYER, DVBl. 1962, 618; vom 4.5.1959, NJW 1959, 1778 und vom 7.5.1956, NJW 1956, 1234 f. Vgl. auch unten § 5 II bei 19); § 5 III bei 44) und 45); § 6 I bei 12); § 18 III bei 17); § 24 III bei 51); § 25 II.
12) BGH vom 20.1.1966, DVBl. 1968, 23-25 (25). Vgl. auch unten § 24 III bei 60) und § 33 III bei 28).
13) BGH vom 28.3.1955, NJW 1955, 945-948 (947 f.).
14) Im Zusammenhang dazu unten § 25.
15) BGH vom 5.7.1954, DVBl. 1955, 26-28; vom 7.5.1956, NJW 1956, 1234 f.; vom 4.5.1964, Der Betrieb 1964, 1331 f.; vom 5.4.1965, NJW 1965, 1226-1228; vom 17.9.1970, BB 1970, 1279 f.

In einem Urteil aus dem Jahre 1954 [16] stützte der Bundesgerichtshof eine Auskunftspflicht auf die Erwägung, daß der Kläger nur so die tatsächliche Kenntnis für die Begründung eines Anspruchs gegen die Behörde erlangen könne [17].

Zum Inhalt der zu erteilenden Auskünfte [18] hat der Bundesgerichtshof ständig betont, daß sie richtig, klar, unmißverständlich und vollständig sein müßten, damit der Empfänger sich bei seinen Dispositionen entsprechend einrichten könne [19].

II Das Bundesverwaltungsgericht

Das Bundesverwaltungsgericht [20] begegnete der BGH-Rechtsprechung zur behördlichen Betreuungspflicht [21] zunächst mit deutlicher Zurückhaltung [22], hat sich ihr inzwischen aber im Ergebnis angeschlossen [23]. Dies läßt insbesondere

---

16) BGH vom 13.7.1954, VerwRspr. 7 (1955), 242-249 (247).
17) Gedanke des effektiven Rechtsschutzes, vgl. unten § 11 III bei 43). Der BGH zitierte allerdings Treu und Glauben als Rechtsgrundlage; vgl. dazu unten § 23.
18) Im Zusammenhang dazu unten § 33.
19) Zuletzt BGH vom 23.2.1978, DVBl. 1978, 704-707 (705); weitere Nachweise unten § 33 in 1).
20) Vgl. auch die Übersichten bei LESSNER, SGb. 1974, 494 f.; KRIEGER, S. 53-57; UFFHAUSEN, JJb. 4 (1963/64), 200-209.
21) Vgl. oben bei 4) bis 6). Im Zusammenhang zur Betreuungspflicht unten § 24, vgl. insbesondere § 24 II.
22) Vgl. BVerwG vom 6.5.1958, Buchholz, 427.3, § 234 LAG, Nr. 3.
23) BVerwG vom 19.6.1963, BVerwGE 16, 156-160 (159 f.); vom 9.9.1963, BVerwGE 16, 323-332 (330 f.); vom 31.10.1963, Buchholz, 234, § 24 c G 131, Nr. 2; vom 26.10.1966, BVerwGE 25, 191-201 (196 f.); vom 16.2.1967, BVerwGE 26, 201-205 (202 f.); vom 16.10.1969, BVerwGE 34, 93-96 (im konkreten Fall verneinend, weil die Belehrungsbedürftigkeit nicht erkennbar gewesen sei); vom 28.11.1974, BVerwGE 47, 225-229 (227 f.).

das Urteil vom 31.10.1963 [24] erkennen, in dem das Gericht unter Anführung mehrerer BGH-Entscheidungen feststellt, es sei allgemein anerkannt, daß besondere Umstände die Pflicht zur Belehrung begründen könnten, um von dem Betroffenen vermeidbaren Schaden fernzuhalten und die nachteiligen Folgen eines Eingriffs herabzumindern.

Aufschlußreich ist ferner ein Urteil vom 9.9.1963 [25], in dem das Bundesverwaltungsgericht folgende Voraussetzungen einer Betreuungspflicht nannte:

- Die Betreuung müsse im Zusammenhang stehen mit einer sozialen Zwecken dienenden Verwaltungstätigkeit.
- Die sozialen Zwecke müßten auch gerade dem Beteiligten gegenüber bestehen.
- Schließlich müsse dieser rechtlich ungewandt sein und dürfe nicht fachkundigen Rat zur Seite haben.

Zum Inhalt der aufgrund der Betreuungspflicht zu erteilenden Auskünfte [26] äußerte sich das Bundesverwaltungsgericht eingehend in einem Urteil vom 28.11.1974 [27]. Bei schwierigen Rechtsfragen dürfe sich die Behörde nicht damit begnügen, dem Beteiligten die einschlägigen Vorschriften zu nennen und ihren Wortlaut bekanntzugeben. Die Rechtslage müsse vielmehr einzelfallbezogen erläutert werden, so daß der Beteiligte in der Lage sei, zwischen verschiedenen Antragsalternativen sachgerecht zu wählen. Der Behörde obliege jedoch keine Beratung darüber, was für den Beteiligten günstiger sei. Diese Abwägung sei allein Sache des Bürgers selbst [27 a].

---

24) Buchholz, 234, § 24 c G 131, Nr. 2.
25) BVerwGE 16, 323-332 (330 f.). Vgl. auch unten § 24 III bei 15).
26) Vgl. dazu im einzelnen unten § 33.
27) BVerwGE 47, 225-229 (227 f.).
27a) Vgl. auch unten § 6 I bei 39); § 6 III bei 150); § 24 III bei 53); § 33 III bei 23).

In anderen Entscheidungen hatte sich das Bundesverwaltungsgericht mit spezielleren Aspekten der behördlichen Auskunftspflicht zu beschäftigen:

So hat es mehrfach ausgesprochen, daß eine Behörde dann, wenn sie Verfahrensbeteiligte zu Verpflichtungs- bzw. Verzichtserklärungen veranlasse, sie diese zuvor über die Rechtslage zu belehren habe [28].

In einem Urteil vom 10.7.1964 [29] ging es um das Informationsrecht eines Kandidaten über die Gründe für das Mißlingen seiner Prüfung [30]. Das BVerwG führte hierzu aus, ein Informationsrecht käme in Betracht, wenn Anhaltspunkte für gerichtlich kontrollierbare Verfahrensfehler vorlägen. Es befürwortete also aus dem Gesichtspunkt des Rechtsschutzes heraus eine Auskunftspflicht über Tatsachen, wenn und soweit diese zu einer gerichtlichen Rechtsverfolgung benötigt werden [31].

Einen verwandten Problemkreis betraf eine Entscheidung vom 30.4.1965 [32]. Dort bejahte das Bundesverwaltungsgericht dem Grunde nach eine Auskunftspflicht über die Person eines Informanten, wenn der Verfahrensbeteiligte sich sonst gegen herabsetzende Behauptungen von Seiten des Informanten nicht wirksam verteidigen könne. Jedoch gehe der Vertrauensschutz regelmäßig vor, wenn der Gewährsperson die Vertraulichkeit zugesichert worden sei. Etwas anderes gelte nur dann, wenn höherwertige

---

28) Vgl. BVerwG vom 9.6.1961, ZLA 1961, 317 f.; vom 31.8.1960, DÖV 1961, 148 f.; vom 8.2.1957, NJW 1957, 1374 f.; ferner unten § 24 III bei 58); § 25 I bei 2).
29) DÖV 1964, 638 f.
30) Vgl. dazu auch unten § 26 II 1 c.
31) Gedanke des effektiven Rechtsschutzes; vgl. auch unten § 11 II bei 15).
32) NJW 1965, 1450 f. Vgl. auch unten § 20 I bei 4).

Rechtsgüter auf dem Spiele stünden oder Anhaltspunkte dafür vorlägen, daß die herabsetzende Äußerung bewußt wahrheitswidrig oder leichtfertig erfolgt sei [33].

III Der Bundesfinanzhof

Der Bundesfinanzhof [34] begründete in älteren Entscheidungen[35] Auskunftspflichten der Finanzverwaltung zunächst lediglich mit dem Hinweis auf den Grundsatz von Treu und Glauben [36], der auch im Steuerrecht gelte.

Im Zusammenhang mit der Verpflichtung der Finanzämter, den Sachverhalt von Amts wegen auch zugunsten des Steuerpflichtigen zu erforschen (§ 204 AO alte Fassung, § 88 Absatz 2 AO 1977) bejahte der Bundesfinanzhof eine Hinweispflicht bei unklaren Anträgen der Steuerpflichtigen [37] sowie dann, wenn aus ersichtlichen Gründen (Aktenunterlagen, Anträgen usw.) ein besonderer Anlaß bestehe, auf naheliegende Befreiungsmöglichkeiten aufmerksam zu machen [38].

33) Dazu näher unten § 26 II 1 d; § 29 II 2.
34) Vgl. auch HÜBSCHMANN/HEPP/SPITALER, 15-28 zu § 89; BARSKE, NWB Fach 2, 2451-2460; DIETZ, S. 53-86; BERGER, NWB Fach 2, 943-952.
35) BFH vom 9.5.1957, BStBl. 1957 III, 291 f.; vom 20.12.1957, BStBl. 1958 III, 118 f.; vgl. aber auch die Entscheidung vom 9.7.1976, BStBl. 1976 II, 674 f.
36) Im Zusammenhang dazu unten § 23.
37) BFH vom 27.11.1959, BStBl. 1960 III, 56; vgl. auch HÜBSCHMANN/HEPP/SPITALER, 16 und 23 zu § 89; vgl. auch unten § 6 I 1 a; § 18 III 1 a aa.
38) BFH vom 29.9.1971, BStBl. 1972 II, 195-197 (197). In der Mehrzahl der Fälle hat der BFH das Vorliegen ersichtlicher Gründe allerdings verneint; vgl. BFH vom 1.3.1961, HFR 1961 Nr. 154; vom 23.3.1966, BStBl. 1966 III, 437 f.; vom 27.1.1968, BStBl. 1968 II, 753; vom 9.12.1969, BStBl. 1970 II, 97; vgl. auch HÜBSCHMANN/HEPP/SPITALER, 15, 16 und 20 zu § 89. Näher dazu unten § 6 I bei 17) bis 22); § 24 III bei 52); § 33 III bei 26).

In einem Urteil vom 22.1.1960 [39] setzte sich das Gericht auch mit der Betreuungspflicht der Verwaltung gegenüber dem Bürger [40] auseinander und erörterte, ob und wann sie Auskunftspflichten im Besteuerungsverfahren begründen könne. Es heißt in dieser Entscheidung, das Finanzamt diene wie jede staatliche Behörde nicht nur den Interessen des Staates, sondern auch denen des Bürgers. Es habe daher unter Umständen den Steuerpflichtigen sowohl auf Auswirkungen offensichtlich ungünstiger Antragstellungen als auch auf unterlassene vorteilhafte Antragstellungen hinzuweisen. Diese Aufklärungspflicht könne aber nur in beschränktem Maße gelten. Zum einen müsse berücksichtigt werden, daß die Finanzämter Massenarbeit zu bewältigen hätten [40 a] und sie daher nicht in der Lage seien, bei der Prüfung von Steuererklärungen in jedem Falle auch darauf zu achten, ob der Steuerpflichtige alle Möglichkeiten, Steuern zu sparen, ausgenutzt habe. Zum anderen könne und müsse davon ausgegangen werden, daß der Steuerpflichtige in seinem ureigensten Interesse die sich ihm bietenden Steuervergünstigungen wahrnehmen werde. Eine Hinweispflicht des Finanzamtes ergebe sich daher nur dort, wo der Steuerpflichtige "offensichtlich nicht im Bilde ist" und eine bestimmte Gestaltungsmöglichkeit "gewissermaßen in der Luft liegt" [41]. In dem zu entscheidenden Fall verneinte der BFH das Vorliegen dieser Voraussetzungen, da die fragliche Steuervergünstigung nicht eindeutig nur Vorteile bot und außerdem in der dem Steuererklärungsvordruck beigegebenen Anleitung auf diese Steuervergünstigung ausdrücklich hingewiesen worden war.

---

39) BFH vom 22.1.1960, BStBl. 1960 III, 178 f. Vgl. auch FG Kassel vom 28.3.1957, EFG 1957, 298 f.; ferner BFH vom 29.3.1966, BB 1966, 886; zu dieser Entscheidung näher unten § 25 II bei 7), 10) und 13).

40) Im Zusammenhang dazu unten § 24; vgl. insbesondere § 24 II.

40a) Vgl. dazu aber auch unten § 27 I bei 7).

41) Vgl. dazu näher unten § 6 I 1 b.

Auf den letzteren Gesichtspunkt stellte der Bundesfinanzhof auch in einem Urteil vom 9.7.1976 ab [42] und verneinte eine Hinweispflicht auf die Unvorteilhaftigkeit eines Antrages, weil die rechtlichen Folgen des Antrages in dem Vordruck umfassend erklärt worden seien und das Finanzamt erwarten könne, daß der Antragsteller diese Belehrungen auch durchlese.

Bedeutsam ist schließlich noch ein Urteil des Bundesfinanzhofs vom 27.3.1961 [43], in welchem er ein Informationsrecht des Steuerpflichtigen aufgrund von Art. 19 Absatz 4 GG bejahte,wenn dieser andernfalls in seiner Rechtsverteidigung behindert sei [44].

IV Das Bundessozialgericht

Das Bundessozialgericht [45] hat sich - soweit ersichtlich - erstmals in einem Urteil vom 14.6.1962 [46] für eine Auskunftspflicht des Versicherungsträgers gegenüber den Versicherten ausgesprochen und seine Auffassung hierzu [47] in einem Grundsatzurteil vom 22.2.1972 [48] zusammenfassend dargestellt. Einleitend heißt es dort, aus dem Versicherungsverhältnis erwachse dem Versicherungsträger die Nebenpflicht zur Auskunft,

---

42) BFH vom 9.7.1976, BStBl. 1976 II, 674 f.; vgl. auch BFH vom 25.5.1973, BStBl. 1973 II, 585-587 (587). Vgl. ferner unten § 24 III bei 35).
43) BFH vom 27.3.1961, BStBl. 1961 III, 290 f.
44) Vgl. dazu auch unten § 11 II 15).
45) Vgl. auch die Übersichten bei LESSNER, SGb. 1974, 494; KRÖNINGER, SozVers. 1973, 86-88; JAKUMEIT/WILDE, SGb. 1971, 375 f.
46) BSG vom 14.6.1962, MDR 1962, 1022.
47) Vgl. die Entscheidungen vom 17.11.1970, BSGE 32, 60-70 (65 f.); vom 22.2.1972, NJW 1972, 1344; vom 23.3.1972, NJW 1972, 1389 f.; vom 18.12.1975, SGb. 1977, 306 f. und vom 28.9.1976, SGb. 1977, 143.
48) BSG vom 22.2.1972, NJW 1972, 1344.

Fürsorge und Erhaltung der Rechte des Versicherten. Jedoch seien dieser Pflicht Grenzen gesetzt. Grundsätzlich sei der Versicherungsträger nur auf Anfrage zu Belehrungen verpflichtet, weil die Aufgabe einer spontanen Betreuung der Bürger mit den Verhältnissen einer modernen Massenverwaltung unvereinbar wäre. Die Beamten wären im übrigen auch überfordert, wenn sie in die individuellen Gegebenheiten und Zusammenhänge der Lebenssituation der Versicherten einzudringen verpflichtet wären. Ausnahmsweise könne ein spontaner Hinweis verlangt werden, wenn bestimmte Gestaltungsmöglichkeiten offensichtlich so zweckmäßig seien, daß sie jeder verständige Versicherte mutmaßlich nutzen würde. Eine solche Hinweispflicht bestehe aber noch nicht, wenn lediglich der Anstoß zu komplizierten Überlegungen gegeben werden könne [49].

Zum notwendigen Inhalt einer Auskunft [50] führte das Bundessozialgericht in einem Urteil vom 17.5.1973 [51] aus, daß eine Auskunft so vollständig sein müsse, daß beim Beteiligten kein falscher Eindruck über seine Rechte entstehen könne. Im konkreten Fall hatte der Versicherungsträger den Rentenempfänger trotz dessen ausdrücklicher Bitte um Aufklärung nicht auf die Möglichkeit der Berufsunfähigkeitsrente nach Wegfall der Erwerbsunfähigkeitsrente hingewiesen.

---

49) Vgl. dazu näher unten § 6 I bei 17) bis 22); ferner § 24 III bei 52) und § 33 III bei 26). Vgl. aber auch § 27 I bei 7).
50) Vgl. dazu im einzelnen unten § 33.
51) BSG vom 17.5.1973, DVBl. 1973, 793 f;vgl. auch unten § 33 III 32).

§ 5 Die Literatur [1]

Auch im Schrifttum entspricht es der ganz herrschenden Meinung, daß die Behörden nicht allgemein, sondern nur unter besonderen Voraussetzungen zur Auskunftserteilung verpflichtet sind [2]. Die Meinungen zum Inhalt und Umfang besonderer Auskunftspflichten entwickelten sich in der Literatur etwa parallel zur Rechtsprechung der Bundesgerichte [3]. Während in älteren Beiträgen nicht selten eine deutliche Zurückhaltung festzustellen ist [4], wird in jüngerer Zeit zunehmend die betreuende Funktion der Behörden herausgestellt und eine entsprechend verstärkte Auskunftstätigkeit von der Verwaltung gefordert [5].

I Heymann

Die wohl erste systematische [6] Untersuchung der behördlichen Auskunftspflicht mit genauer Beschreibung der Voraussetzun-

---

1) Zur Literatur in Österreich und der Schweiz vgl. unten § 37 I 3 und § 37 II 3.
2) Vgl. nur LEONHARDT in STELKENS/BONK/LEONHARDT, 3 zu § 25; BADURA in ERICHSEN/MARTENS, S. 294. Im Zusammenhang dazu unten § 8; vgl. ferner oben § 4 bei 2).
3) Vgl. oben § 4.
4) Sehr schroff zB bei SEIBERT, NJW 1958, 377 f. Vgl. aber auch KAMPMANN, S. 21-24; HEYMANN, BayVBl. 1961, 72 f; HEINLEIN, DStRdsch. 1956, 342 f.; MAASSEN, Regelungen, S. 90 f.; METZ, StWa 1935, 137 f.
Aufgeschlossener dagegen zB ZEIDLER, S. 55; TITTEL, DRiZ 1962, 308; BERGER, NWB Fach 2, 943, 952. CZYLWIK, DStRdsch. 1960, 108; RITTER, NJW 1957, 1822.
5) Vgl. vor allem LAUBINGER (unten § 5 VIII) und KRIEGER (unten § 5 VII).
6) Ältere Arbeiten hatten sich noch mit vergleichsweise beiläufigen Äußerungen zu diesem Thema begnügt, so ERDSIEK, NJW 1960, 616; LEISS, JR 1960, 50; TITTEL, DRiZ 1962, 308; OBERMAYER, NJW 1962, 1472; ADAM, RiA 1963, 229.

gen und des Umfangs einer solchen Pflicht bietet Heymann [7]. Er unterscheidet grundsätzlich zwischen Auskünften zu formellen und materiellen Fragen und kommt im einzelnen zu folgenden Ergebnissen:

Über die formellen Voraussetzungen eines Antrages sei ohne Einschränkungen Auskunft zu geben. Insbesondere habe die Verwaltung auf Formfehler hinzuweisen, für sachdienliche und klare Anträge zu sorgen und auf die Vervollständigung des tatsächlichen Vorbringens hinzuwirken [8].

Eine Auskunftspflicht zu materiellen Fragen erkennt Heymann dagegen nur aufgrund besonderer Umstände des Einzelfalles an, so insbesondere, wenn der Bürger sich ersichtlich irre, ihm ein Schaden drohe oder ihm die Sachkunde für die Rechtswahrnehmung fehle [9].

Neben diesen sozialstaatlichen Auskunftspflichten bestehe noch die rechtsstaatliche Verpflichtung, den Verfahrensbeteiligten jederzeit wahrheitsgemäß über die Sachbehandlung seines Antrages aufzuklären [10].

II Beinhardt

Die nächste, über Heymann hinausführende Behandlung der behördlichen Auskunftspflichten bringt Beinhardt [11]. Er bejaht

---

7) HEYMANN, BayVBl. 1961, 70-74 und BayBgm 1964, 95-99. Eine mit HEYMANN weitgehend identische Auffassung bei KLINGLER, S. 100-102.
8) HEYMANN, BayVBl. 1961, 73; BayBgm. 1964, 96. Vgl. auch unten § 6 I 1 a und § 18 III 1 a aa.
9) Vgl. im einzelnen HEYMANN, BayVBl. 1961, 73; BayBgm. 1964, 96 und 98. Ausführlich dazu unten § 24 III 4; vgl. ferner § 25 I.
10) HEYMANN, BayBgm. 1964, 98. Vgl. auch unten § 18 III bei 25).
11) BEINHARDT, DÖV 1965, 480-487; ähnlich REIFENRATH, S.80-96.

eine beschränkte Auskunftspflicht aufgrund des Sozialstaatsprinzips [12] und lehnt andere Rechtssätze als Grundlage von Auskunftspflichten ausdrücklich ab [13]. Neuartig im Vergleich zu früheren Arbeiten ist der systematische Ansatz von Beinhardt. Er grenzt zunächst den Personenkreis ein, der ein berechtigtes Interesse an einer Auskunft habe und erläutert dann den sachlichen Umfang der Auskunftspflicht.

Der personelle Rahmen von Auskunftspflichten werde durch konkrete Bezugspunkte für ein besonderes Auskunftsinteresse des Bürgers gesteckt, und zwar durch [14]:

- ein eingeleitetes oder einzuleitendes Verwaltungsverfahren,
- die Abwendung eines belastenden Verfahrens,
- die Verfolgung von Rechtspositionen vor Gerichten oder anderen Behörden als der Auskunftsbehörde,
- ein besonderes Gewaltverhältnis [15],
- vorangegangenes Tun [16] der Auskunftsbehörde und
- wenn der Schutz verfassungsrechtlich eingeräumter Rechtspositionen in Frage stehe.

Den sachlichen Umfang der solcherart personell eingegrenzten Auskunftspflichten veranschaulicht Beinhardt dann durch folgende Beispiele [17]:

---

12) Vgl. dazu unten § 12.
13) BEINHARDT, DÖV 1965, 482-484.
14) BEINHARDT aaO, 484 f.
15) Vgl. dazu oben § 1 II bei 13) und 15).
16) Vgl. dazu im einzelnen unten § 25.
17) BEINHARDT, DÖV 1965, 485-487.

- Aufklärung des Bürgers, ob die von ihm geschilderte und beabsichtigte Betätigung genehmigungspflichtig ist [18],
- Hinweise auf erkennbar irrige und für das Verfahren relevante Vorstellungen des Antragstellers [19],
- Hinweis darauf, daß ein Antrag zwar nicht in der vorliegenden, wohl aber in unwesentlich abgeänderter Form Erfolg verspricht [20],
- Hinweis auf bevorstehende Änderung der Rechtslage, nach der einem Antrag stattzugeben wäre [21],
- bei entsprechender Anfrage Auskunft über den Sachstand eines schwebenden Genehmigungsverfahrens [22],
- bei Anfrage Aufklärung über Inhalt und Umfang belastender, insbesondere straf- und bußgeldbewehrter Bestimmungen [23],
- Hinweis, wenn der Bürger aus einer Verwaltungsgebarung ersichtlich falsche Schlüsse zieht [24].

Instruktiv sind auch die Negativbeispiele von Beinhardt. Seiner Ansicht nach besteht auf folgende Auskünfte kein Anspruch:

---

18) Vgl. auch unten § 10 III bei 36).
19) Vgl. auch oben § 4 I bei 11); unten § 6 I 1 a; § 18 III 1 a aa; § 24 III bei 51); § 25 II.
20) Vgl. aber auch nachfolgend bei 25). Näher unten § 18 III bei 20); § 33 III bei 24) und 24 a).
21) Vgl. auch unten § 18 III bei 20); § 24 III bei 55).
22) Vgl. auch unten § 18 III bei 25).
23) Vgl. auch unten § 10 III bei 35).
24) Vgl. dazu im einzelnen unten § 25.

- Sachliche Beratung, die zu einer wesentlichen Abänderung eines Antrages führt. Die Behörde dürfe sich mit ihren Vorschlägen nicht letztlich an die Stelle des Antragstellers setzen. Insbesondere in komplizierten Fällen genüge die begründete Auskunft, daß dem Antrag jedenfalls in der vorliegenden Form nicht stattgegeben werden könne [25].
- Auskunft über die Chancen eines eingelegten Antrages [26].

III Pipkorn

Bedeutsam ist auch die 1968 erschienene Dissertation von Pipkorn [27], der bei der Bestimmung behördlicher Auskunftspflichten nicht wie bisherige Arbeiten einzelne, voneinander unabhängige Rechtsgrundlagen prüft, sondern jeweils mehrere verfassungsrechtliche Gedanken zu zwei Leitsätzen zusammenfaßt [28]:

1. Aus dem Verfassungsprinzip effektiven Rechtsschutzes [29] in Verbindung mit dem Sozialstaatsprinzip [30] folge eine Auskunftspflicht, wenn der Bürger durch besondere Umstände daran gehindert sei, seine schutzwürdigen Interessen dem Staat gegenüber effektiv wahrzunehmen [31].

---

25) BEINHARDT, DÖV 1965, 485 bei Fn. 64 und 69. Vgl. aber auch oben bei 20);unten § 10 III bei 42) bis 44); § 33 III bei 24 a).
26) BEINHARDT, DÖV 1965, 486. Vgl. aber auch unten § 18 III bei 18 a).
27) PIPKORN, Auskunftspflichten der daseinsvorsorgenden Verwaltungsbehörden, Diss. München 1968. Vgl. ferner PIPKORN, DÖV 1970, 171-177 und DÖV 1976, 340-343.
28) PIPKORN, Diss., S. 69-73, 100-102, 180 f.; DÖV 1970, 176 f.
29) Vgl. dazu unten § 11, insbesondere § 11 II bei 15).
30) Vgl. dazu unten § 12.
31) PIPKORN, Diss., S. 50-68, 73-102 (insbesondere 100-102), 180 f.; DÖV 1970, 174-176.

2. Der Berechenbarkeitsgrundsatz [31 a)] in Verbindung mit dem Gebot effektiven Freiheitsschutzes verpflichte den Staat im Rahmen der "Plangewährleistung" zur Dispositionshilfe für den Bürger. Dieser sei infolgedessen über die Auswirkungen staatlicher Lenkungsmaßnahmen zu informieren, wenn Dispositionen ohne Ausrichtung auf die Lenkungsmaßnahme ein Fehlschlag mit irreparablen Folgen zu werden drohen [32)].

Im weiteren Verlauf seiner Arbeit wendet Pipkorn diese beiden Leitsätze dann auf zahlreiche Einzelfallgruppen an [33)].

Dem Verfassungsprinzip effektiven Rechtsschutzes in Verbindung mit dem Sozialstaatsprinzip - erster Leitsatz - entnimmt er die Verpflichtung der Behörden, folgende Auskünfte zu erteilen:

- Auskunft der mit einem Anliegen angegangenen Behörde über die "zuständige Stelle" [34)],
- Unterrichtung durch die "zuständige Stelle" über ihren funktionellen und technischen Geschäftsgang [35)],
- Unterrichtung der Beteiligten eines Verfahrens über den Sachstand [36)],
- Rechtsmittelbelehrung [37)],
- nachträgliche Mitteilung der behördlichen Entscheidungsgründe [38)],

---

31a)Vgl. dazu unten § 10, insbesondere § 10 II bei 17).
32) PIPKORN, Diss., S. 69-73, 181; DÖV 1970, 177.
33) PIPKORN, Diss., S. 103-157.
34) PIPKORN, Diss., S. 109. Vgl. auch unten § 7 bei 5), § 17 bei 8), § 18 III bei 23) und § 30 bei 9).
35) PIPKORN aaO. Vgl. auch unten § 18 III bei 24).
36) PIPKORN aaO. Vgl. auch unten § 18 III bei 25).
37) PIPKORN, Diss., S. 110. Vgl. auch unten § 22.
38) PIPKORN aaO. Vgl. auch unten § 21.

- sachdienliche Erläuterung des Akteninhalts als Nebenpflicht zur Pflicht, Akteneinsicht zu gewähren, bei bestimmten Verwaltungsverfahren mit besonders schwerwiegenden Entscheidungen [39],
- Unterrichtung - und zwar von Amts wegen - der Verfahrensbeteiligten von solchen Tatsachen und Beweisergebnissen, mit deren Auftauchen sie nicht zu rechnen brauchten [40],
- Unterrichtung des Betroffenen von der Verbreitung einer vertraulichen Tatsache oder von rufschädigenden Äußerungen, die sich auf die Beziehungen zwischen der Behörde und dem Betroffenen gründen [41],
- Unterrichtung der Nachbarn, deren öffentlich-rechtlich geschützten Belange berührt werden könnten, von der Anhängigkeit eines Genehmigungsverfahrens [42],
- Auskunft über alle für eine Rechtsverfolgung wesentlichen Faktoren, die sich aus behördeninternen Vorgängen ergeben [43],
- Hinweis auf Formfehler, unsachgemäße Antragsfassung, Unvollständigkeit von Angaben oder Unterlagen [44],
- Belehrung, wenn der Bürger offensichtlich aufgrund irriger Rechtsansicht Maßnahmen beabsichtigt, die für ihn nachteilige Folgen haben oder dieses Risiko in sich bergen [45],

---

39) PIPKORN, Diss., S. 111-114. Vgl. auch unten § 20 II bei 65) und 69) bis 73).
40) PIPKORN, Diss., S. 114. Vgl. auch unten § 20 II 2 a.
41) PIPKORN, Diss., S. 115 f.. Vgl. auch unten § 11 III bei 46).
42) PIPKORN, Diss., S. 116-119. Vgl. auch unten § 11 III bei 39).
43) PIPKORN, Diss., S. 119 f.. Vgl. auch unten § 11 III 1 c bb.
44) PIPKORN, Diss., S. 140-145. Vgl. auch unten § 6 I 1 a; § 18 III 1 a aa.
45) PIPKORN, Diss., S. 140,150. Vgl. auch unten § 24 III bei 51); § 25 II; ferner oben § 4 I bei 11).

- Belehrung des Bürgers über Folgen, Risiken und Alternativmöglichkeiten der Antragsgestaltungen, wenn er offensichtlich günstige Gestaltungsmöglichkeiten übersieht [46],
- speziell im Baugenehmigungsverfahren Belehrung über die rechtlichen und technischen Erfordernisse zur Erreichung des vom Bauherrn angestrebten Zieles [47].

Aus dem Berechenbarkeitsgrundsatz in Verbindung mit dem Gebot effektiven Freiheitsschutzes - zweiter Leitsatz - ergibt sich nach Pipkorn unter folgenden Voraussetzungen die Verpflichtung der Verwaltung, die Bürger über die Auswirkungen gesetzlicher Regelungen auf seinen Rechtskreis zu belehren [48]:

- Die Verwaltungstätigkeit müsse verteilende oder lenkende Funktionen haben [49],
- das maßgebende Recht müsse so kompliziert sein, daß seine Auswirkungen nicht zu berechnen seien [49 a],
- private Dispositionen müßten von staatlichen Lenkungsmaßnahmen so abhängig sein, daß ohne behördliche Auskunft nicht auszukommen sei , wenn die Dispositionen Erfolg haben sollten [50].

---

46) PIPKORN, Diss., S. 150. Vgl. auch unten § 6 I 1 b; § 24 III bei 20), 52) und 53), § 33 III bei 23) bis 26).
47) PIPKORN, Diss., S. 145 f.. Vgl. auch unten § 10 III bei 41).
48) PIPKORN, Diss., S. 151-157 (insbesondere 154, 156). Vgl. auch unten § 10 III.
49) Als Beispiele nennt Pipkorn das Steuerrecht, Zollrecht, Lastenausgleichsrecht, Baurecht, Wirtschaftsverwaltungsrecht und das Verwaltungsstraf- bzw. -ordnungswidrigkeitenrecht.
49a) PIPKORN, Diss., S. 156. Vgl. auch unten § 10 III bei 22) und § 33 III bei 31).
50) Vgl. auch unten § 10 III 2 c.

Gewöhnlich genüge eine Auskunftserteilung in Form von Aufklärung und Beratung der von den lenkenden und verteilenden Gesetzen angesprochenen Personen; wenn die maßgebenden Gesetze jedoch wirtschaftspolitische Zielsetzungen verfolgten und der Bürger für seine Dispositionen sichere Kenntnis der eintretenden Rechtswirkungen benötige , dann habe die Verwaltung sogar die Pflicht, ihm das "Unternehmerrisiko" abzunehmen und verbindliche Auskünfte zu geben [51].

IV Ancker

Ein wenig befriedigender Beitrag zu dem Thema ist die 1970 erschienene Dissertation von Ancker [52]. Der Verfasser erörtert zwar eingehend [53] Auskunftspflichten der Verwaltung, beschränkt sich jedoch im wesentlichen auf eine unkritische Wiedergabe von Rechtsprechungsbeispielen, aus denen er den zusammenfassenden Schluß zieht, daß eine Auskunftspflicht nur innerhalb besonderer Rechtsverhältnisse bestehe und zwar dann, wenn "der Partner nach Treu und Glauben eine solche Verpflichtung annehmen kann bzw. muß" [54].

V Dietz

Die wohl eingehendste Behandlung der Auskunftspflicht im steuerrechtlichen Schrifttum [55] stellt die 1968 veröffent-

51) PIPKORN, Diss., S. 156. Vgl. dazu näher unten § 33 V.
52) ANCKER, Auskünfte durch die Verwaltung, Diss. Hamburg 1970.
53) ANCKER, S. 48-64.
54) ANCKER, S. 64. Vgl. auch unten § 23.
55) Vgl. ferner die Kommentarliteratur zu § 89 AO 1977 sowie BARSKE, NWB Fach 2, 2451-2460; BERGER, NWB Fach 2, 943-952; MONREAL, S. 151-153; MAASSEN, Regelungen, S. 90 f.; ZÖLLER, Wpg. 1961, 212; CZYLWIK, DStRdsch. 1960, 101; CORDTS, ZfZV 1960, 325; FLICK, FR 1959, 502; RITTER, NJW 1957, 1822; HEINLEIN, DStRdsch. 1956, 341-343; METZ, StWa 1935, 137 f.; RÖTTGER, StZL 1930, 62-64.

lichte Dissertation von Dietz [56] dar. Dietz bezeichnet es als eine sozialstaatliche Nebenpflicht der Finanzämter im Besteuerungsverfahren, dem Steuerpflichtigen zu helfen [57]. Für den Umfang und die Grenzen dieser Fürsorgepflicht, auf die der Bürger einen Rechtsanspruch habe [58], seien objektive [59] und subjektive [60] Gesichtspunkte maßgebend.

Als objektive Grenzen der Fürsorgepflicht stellt Dietz vor allem heraus:

- Es müsse ein sachliches Fürsorgebedürfnis bestehen [61].
- Für das Finanzamt müsse sich aus dem festgestellten Tatbestand oder aus einem Gespräch mit dem Steuerpflichtigen ein konkreter Anlaß zu fürsorglichem Verhalten ergeben haben. Selbst aufzuspüren brauche das Finanzamt die Voraussetzungen der Fürsorgepflicht nicht [62].
- Die fürsorgliche Beratung dürfe im Ergebnis niemals zu einer falschen Besteuerung führen [63].
- Eine umfassende Beratung sei von den Finanzämtern nicht zu verlangen. Dies sei allein Aufgabe der steuer- und wirtschaftsberatenden Berufe [64].

Innerhalb dieser objektiven Grenzen seien Auskünfte die bedeutsamste Erscheinungsform der finanzamtlichen Fürsorge [65].

56) DIETZ, Fürsorgepflicht des Finanzamtes gegenüber dem Steuerpflichtigen im Besteuerungsverfahren, Diss., Köln 1968.
57) DIETZ, S. 53-86.
58) DIETZ, S. 52. Vgl. auch unten § 9 bei 6) bis 8).
59) DIETZ, S. 54-77.
60) DIETZ, S. 78-86.
61) DIETZ, S. 54 f.
62) DIETZ, S. 55-57; vgl. auch BARSKE, NWB Fach 2, 2455 und BERGER, NWB Fach 2, 945 f. Vgl. ferner unten § 6 I 1 b.
63) DIETZ, S. 58 f.
64) DIETZ, S. 59-61; ebenso BARSKE, NWB Fach 2, 2457 f. und BERGER, NWB Fach 2, 945. Vgl. dazu auch unten § 33 III 2.
65) DIETZ, S. 61.

So seien einem Steuerpflichtigen vor der Verwirklichung eines Sachverhalts dessen steuerrechtliche Auswirkungen zu erläutern, wenn er daran ein berechtigtes Interesse darlegen könne, etwa weil es sich um besonders einschneidende Auswirkungen handle. In verfahrensrechtlichen Fragen bestehe sogar eine uneingeschränkte Auskunftspflicht des Finanzamtes [66]. In verstärktem Maße obliege den Finanzämtern die Fürsorge außerdem bei einem persönlichen Vertrauensverhältnis zum Steuerpflichtigen [67], im Rahmen der Betriebsprüfung [68] und in Rechtsbehelfsverfahren [69].

Subjektive Grenzen der Fürsorgepflicht sieht Dietz in folgenden Punkten:

- Die Fürsorge dürfe nicht zu einer Ungleichbehandlung der Steuerpflichtigen führen. Eine bevorzugte Beratung einzelner Steuerpflichtiger sei daher nicht zulässig [70].
- Wenn der Steuerpflichtige jedoch erkennbar unkundig und unbeholfen sei und wenn er sozial schwachen Bevölkerungskreisen angehöre, sei er besonders intensiv zu betreuen [71].
- Von Bedeutung sei ferner, ob der Steuerpflichtige durch einen Angehörigen der steuerberatenden Berufe vertreten sei bzw. ihm die Hinzuziehung eines Beraters zumutbar sei [72].
- Ein Kriterium für den Umfang der Fürsorgepflicht sei auch, wieweit der Steuerpflichtige selbst seine Mitwir-

66) DIETZ, S. 62 f.
67) DIETZ, S. 63 f. Vgl. auch unten § 6 I bei 28).
68) DIETZ, S. 64-73; vgl. auch BARSKE, NWB Fach 2, 2459 f. und BERGER, NWB Fach 2, 950-952.
69) DIETZ, S. 73-77; BERGER, NWB Fach 2, 952.
70) DIETZ, S. 79 f. Vgl. auch unten § 27 IV.
71) DIETZ, S. 79-82; so auch BARSKE, NWB Fach 2, 2459. Vgl. oben § 4 I bei 8); unten § 6 I bei 30) und § 33 III 2.
72) DIETZ, S. 82 f.; so auch BERGER, NWB Fach 2, 946. Vgl. dazu auch unten § 6 I bei 33); § 24 III 3 a und § 33 III 2.

kungspflichten erfülle [73].

- Schließlich sei eine wesentliche Grenze der Fürsorgepflicht das Maß der Zumutbarkeit für das Finanzamt. Es sei beispielsweise nicht zu erwarten, daß der zuständige Finanzbeamte schwierige Rechtsfragen sofort beantworte oder wichtige Auskünfte telefonisch erteile. Dagegen könne der Gesichtspunkt der Massenarbeit und Kleinhaltung des Beamtenapparates als solcher nicht anerkannt werden. Es sei Sache des Staates, die organisatorischen Voraussetzungen dafür zu schaffen, daß die Finanzämter die ihnen obliegenden Fürsorgepflichten auch erfüllen könnten [74].

VI Kopp

Aus verschiedenen verfassungsrechtlichen Prinzipien leitet Kopp in seiner 1971 veröffentlichen Monographie [75] im wesentlichen folgende drei Gruppen von Auskunftspflichten ab:

- Belehrungspflichten bezüglich verfahrensmäßiger Gesichtspunkte, die im Interesse einer wirksamen Rechtswahrnehmung zu beachten sind [76],
- Beratungspflichten, wenn der Bürger offensichtlich aus Unkenntnis oder Unerfahrenheit Nachteile zu erleiden droht [77],

73) DIETZ, S. 83 f.
74) DIETZ, S. 84-86; ebenso BERGER, NWB Fach 2, 948. Vgl. auch unten § 27 I bei 7).
75) KOPP, Verwaltungsverfahrensrecht und Verfassungsrecht, München 1971; vgl. ferner die Kommentierung von KOPP, VwVfG, zu §§ 25 und 68 Absatz 2.
76) KOPP, VerwaltungsverfahrensR, S. 40, 136, 157.
77) KOPP, VerwaltungsverfahrensR, S. 41. Vgl. auch unten § 24 III 4 b.

- Informationspflichten hinsichtlich solcher Umstände, die aus den Akten nicht hervorgehen, aber für die Entscheidung des Falles und damit auch das rechtliche Gehör der Beteiligten erheblich sein können, etwa hinsichtlich amtsbekannter Tatsachen, allgemeiner Verwaltungsanweisungen usw. [78].

VII Krieger

Die bisher umfassendste Untersuchung des Problems ist die Arbeit von Krieger [79]. Er zieht bei der Erörterung besonderer Auskunftspflichten fünf verfassungsrechtliche Leitideen heran, aus denen er dann zahlreiche, teils allgemein umschriebene, teils speziellere Auskunftspflichten erarbeitet [80]:

1. Der Grundsatz, daß der Staat Helfer des Bürgers zu sein habe, ein rechts- und sozialstaatlicher Gedanke, begründe folgende Auskunftspflichten:

- In Erfüllung ihrer sozialstaatlichen Aufgaben habe die Verwaltung dem Bürger im Rahmen anhängiger Antragsverfahren die Auskünfte zu erteilen, die ihm bei der Erreichung seines mit dem Antrag verfolgten Zieles helfen [81]. Die Auskunft sei generell zu erteilen, wenn der Bürger

---

78) KOPP, VerwaltungsverfahrensR, S. 87, 121, 136, 157, 177, 219 f.
79) KRIEGER, Das Recht des Bürgers auf behördliche Auskunft, Berlin 1972; Besprechungen des Buches durch LAUBINGER, DVBl. 1972, 750 f.; REDEKER, DÖV 1973, 70; KEWENIG, Die Verwaltung 1973, 379 f. und SCHWARZER, BayVBl.1973, 140.
80) Zu seiner Methode vgl. KRIEGER, S. 136-138. Die sachliche Erörterung erstreckt sich von S. 138-205; zusammenfassende Leitsätze auf S. 218-221.
81) KRIEGER, S. 141-145, 218.

sie beantrage. Es komme nicht darauf an, ob er sich die nötige Kenntnis selbst verschaffen könne oder auf die Auskunft angewiesen sei. Die Auskunft sei von Amts wegen zu erteilen, wenn die Verwaltung damit rechnen könne, daß der Bürger ohne eine entsprechende behördliche Information sein Ziel nicht oder nur unvollständig erreichen werde [82].

- Tatsachenauskünfte seien zu erteilen, wenn die Auskunft einen rechtserheblichen Sachverhalt betreffe, nur von der Behörde zu erlangen sei und die Angaben des Auskunftsbegehrens über sein mit der Auskunft verfolgtes Recht nicht unglaubwürdig seien [83].

2. Der dem Rechtsstaatsprinzip entstammende Satz des rechtlichen Gehörs [84] sei Grundlage folgender Auskunftspflichten:

- Im Rahmen anhängiger Verwaltungsverfahren sei die Behörde verpflichtet, die Beteiligten, in deren Rechte eine beabsichtigte Regelung eingreife, über den Inhalt dieser Regelung, den entscheidungserheblichen Sachverhalt sowie über die rechtlichen Überlegungen der Behörde rechtzeitig, d. h. so, daß noch eine sinnvolle Stellungnahme möglich sei, zu informieren.

  Diese Informationspflicht bestehe allerdings dort nicht, wo die Geltendmachung des rechtlichen Gehörs eingeschränkt sei, nämlich dort, wo eine vorherige Anhörung der Sache nach nicht angebracht sei [85].

---

82) KRIEGER, S. 145. Vgl. auch unten § 24 III 1 a, § 24 III bei 21) bis 23) und § 24 III bei 70).
83) KRIEGER, S. 156-159, 219. Vgl. auch unten § 11 II 15).
84) Vgl. auch unten § 20, insbesondere § 20 I bei 4).
85) KRIEGER, S. 167-173, 200.

- Keine Auskunftspflicht begründe der Satz des rechtlichen Gehörs dagegen im Rahmen bevorstehender Amtsverfahren im allgemeinen Gewaltverhältnis. Es wäre unzweckmäßig und sei ein sachlich nicht zu rechtfertigender Arbeitsaufwand, den gegebenenfalls Betroffenen auf jeden Fall über Gründe und Zweck eines möglichen Verfahrens zu benachrichtigen [86].

3. Den rechtsstaatlichen Grundsätzen über die Meßbarkeit und Vorausberechenbarkeit staatlicher Machtäußerungen [87] seien folgende Auskunftsansprüche zuzuordnen:

- Auf Anfrage bestehe auch nach Sachverhaltsverwirklichung eine allgemeine Informationspflicht über die vom konkreten Fall losgelöste Rechtslage [88].
- Die Behörde sei weiterhin verpflichtet, auf Antrag eines Beteiligten den Sachstand, die voraussichtliche Dauer und den voraussichtlichen Beginn eines Verfahrens mitzuteilen [89].
- Über den Inhalt von Gesetzen bestehe eine besondere Auskunftspflicht, wenn es sich um offensichtlich unklare oder widerspruchsvolle Bestimmungen handele oder die Behörde selbst sich bisher widerspruchsvoll verhalten habe [90].
- Schließlich bestehe eine konkrete Rechtsbelehrungspflicht in besonderen Fällen, nämlich:

  a) über die Auswirkung von Plänen [91],

86) KRIEGER, S. 173 f.
87) Vgl. auch unten § 10, insbesondere § 10 II bei 17).
88) KRIEGER, S. 178 f. Vgl. aber auch unten § 10 III 56).
89) KRIEGER, S. 179-181, 220. Vgl. auch unten § 18 III bei 25).
90) KRIEGER, S. 183. Vgl. auch § 10 III bei 22) und 24); § 33 III bei 31).
91) KRIEGER, S. 186 f., 220.

b) über die grundsätzliche Auswirkung gesetzlicher Bestimmungen [92],

c) ob ein beabsichtigtes Verhalten verboten oder erlaubnispflichtig sei [93],

d) wenn sich rechtserhebliche Tatsachen aus behördeninternen Aufzeichnungen ergäben [94].

- Keine konkreten Rechtsbelehrungspflichten bestünden dagegen über die Anwendbarkeit unbestimmter Gesetzesbegriffe und über künftige Ermessensentscheidungen [95].
- Damit der Bürger gesetzgeberische Maßnahmen vorausberechnen könne, habe er schließlich Anspruch auf Mitteilungen von Gesetzgebungsabsichten, des Inhaltes von Gesetz- und Verordnungsentwürfen sowie des Standes solcher Verfahren [96].

4. Der ebenfalls rechtsstaatliche Grundsatz der gerichtlichen Kontrollierbarkeit staatlicher Machtäußerungen fordere:

- Grundsätzlich eine Begründungspflicht für alle den Bürger belastende Maßnahmen. Sie sei gegenüber den Adressaten der Maßnahmen von Amts wegen zu erfüllen. Gegenüber den in sonstiger Weise Betroffenen bestehe sie nur auf Antrag [97].
- Auf Antrag sei eine Rechtsmittelbelehrung zu erteilen [98].

---

92) KRIEGER, S. 189 f., 220.
93) KRIEGER, S. 190-192, 220. Vgl. auch unten § 10 III 2 a.
94) KRIEGER, S. 192 f., 221. Vgl. auch unten § 11 III 1 c aa und cc.
95) KRIEGER, S. 187-189. Vgl. dagegen unten § 10 III bei 29) bis 34).
96) KRIEGER, S. 193 f., 221.
97) KRIEGER, S. 196-200, 221. Vgl. auch unten § 21.
98) KRIEGER, S. 200 f., 221. Vgl. auch unten § 22.

5. Der Grundsatz des Vertrauensschutzes schließlich verpflichte die Verwaltung, den Bürger über Irrtümer aufzuklären, die - für sie erkennbar - durch Amtshandlungen ausgelöst worden seien und mit der Gefahr einer Schädigung verknüpft seien [99].

VIII Laubinger

Von besonderer Bedeutung ist auch ein Beitrag von Laubinger [100] zu dem Thema. Laubinger unterscheidet - terminologisch anders als hier [101] - zwischen Beratung (= Aufklärung auf Antrag) und Belehrung (= spontane Aufklärung) [102]. Eine behördliche Beratungspflicht besteht seiner Auffassung nach, wenn

- fachkundiger Rat von Seiten der zur Betreuung berufenen freien Berufe oder Organisationen nicht oder nur unter unzumutbaren Schwierigkeiten zu erlangen sei und
- die um Beratung angegangene Behörde nicht in unzumutbarer Weise überfordert werde. Hinsichtlich dieses Gesichtspunktes sei allerdings zu fordern, daß die Beratung nicht daran scheitern dürfe, daß der Behörde nicht genug fachkundiges Personal zur Verfügung stehe [103].

Eine Belehrungspflicht bestehe hingegen nur bei Vorliegen besonderer Gegebenheiten [104]:

---

99) KRIEGER, S. 203-205, 221. Vgl. auch unten § 25.
100) LAUBINGER, Die Verwaltung als Helfer des Bürgers, in: "Demokratie und Verwaltung", Festschrift 25 Jahre Hochschule für Verwaltungswissenschaften Speyer, 1972, S. 439-461. Vgl. ferner ULE/LAUBINGER, S. 110-112.
101) Vgl. dazu oben § 2 I bei 10).
102) LAUBINGER, Betreuungspflicht, S. 445; ULE/LAUBINGER, S. 111 f.
103) LAUBINGER, Betreuungspflicht, S. 449-451; ULE/LAUBINGER, S. 112. Vgl. auch unten § 27 I bei 7).
104) LAUBINGER, Betreuungspflicht, S. 452-457, insbesondere S. 455 f.; ULE/LAUBINGER, S. 112. Vgl. auch unten § 6 I 1 und § 24 III 4.

- Grundsätzlich sei Voraussetzung, daß der betroffene Bürger über wesentliche tatsächliche oder rechtliche Umstände "nicht im Bilde" sei und daß die Verwaltung dies erkenne.
- Eine gesteigerte Betreuungspflicht obliege der Verwaltung gegenüber sozial schwachen, erkennbar rechtsunkundigen oder anderen in ähnlicher Weise "gehandicapten" Bürgern sowie bei besonders schwierigen und unübersichtlichen tatsächlichen oder rechtlichen Verhältnissen. Hier müsse die Verwaltung eruieren, ob der Bürger über die Sach- und Rechtslage "im Bilde" sei.

Inhalt und Ausmaß der Belehrung ließen sich nur von Fall zu Fall festlegen. Generell könne man aber sagen, daß die Belehrung so umfassend sein müsse, daß der Bürger die ihm vom Gesetzgeber zugedachten Rechte und Vorteile optimal ausschöpfen könne und daß ihm keine vermeidbaren Nachteile erwüchsen [105].

IX Merten

Eine sehr ausführliche Behandlung der Auskunftspflicht im Sozialrecht [106] bietet der 1973 veröffentlichte Aufsatz von Merten [107]. Er lehnt Auskunftspflichten aus dem Sozialstaatsprinzip [108] und im Wege der Analogie aus den vereinzelten gesetzlichen Regelungen [109] ab und bejaht sie stattdessen aus

105) Vgl. dazu näher unten § 33.
106) Vgl. ferner die Kommentarliteratur zu §§ 13-15 SGB sowie HENKE, S. 10-17; GIESE; SCHELLHORN, BlStSozArbR 1975, 362-365; LESSNER, SGb. 1974, 492-496; KRÖNINGER, SozVers 1973, 86-88; ECKER, SGb. 1972, 466-468; JAKUMEIT/WILDE, SGb. 1971, 375 f.; CASSELMANN, SGb. 1969, 169. Näher dazu unten § 6 III.
107) MERTEN, VSSR 1973, 68-76.
108) MERTEN, VSSR 1973, 68. Vgl. auch unten § 12.
109) MERTEN, VSSR 1973, 70.

dem Grundsatz von Treu und Glauben und aufgrund teleologischer Ergänzung sozialrechtlicher Gesetzesnormen.

Aufgrund von Treu und Glauben [110)] habe die Behörde den Bürger auf augenfällige Fehler und Unterlassungen in seinen Anträgen hinzuweisen. Diese Hinweispflicht bestehe jedoch keinesfalls vor Einleitung eines Verfahrens und sie dürfe auch sonst nicht überspannt werden. Der Hinweis müsse sich ohne tieferes Eindringen in die Sach- und Rechtslage zwangsläufig aufdrängen [111)].

Im Wege teleologischer Ergänzung sozialrechtlicher Einzelnormen besteht nach Merten ein Auskunftsanspruch des Bürgers, wenn das Gesetz dem Einzelnen Gestaltungsmöglichkeiten mit weitreichenden Folgen einräume und er seine Entscheidung nicht ohne Dispositionsgrundlage treffen könne. Denn ein Dispositionsrecht sei für den Bürger sinnlos und unzumutbar, wenn er die Vor- und Nachteile jeder Entscheidung nicht kenne und gegeneinander abwägen könne. Allerdings bestehe dieser Auskunftsanspruch nur unter den beiden folgenden Voraussetzungen [112)]:

- Die dem Bürger eingeräumte Entscheidung müsse für ihn erhebliche und weitreichende Auswirkungen haben.
- Die behördliche Auskunft müsse für seine Dispositionen unerläßlich sein. Bleibe seine Gestaltungsmöglichkeit auch nach Abschluß des Verfahrens erhalten, so habe er nicht schon vorher einen Auskunftsanspruch.

Die aufgrund dieser Auskunftspflichten dem Bürger zu erteilen-

---

110) Vgl. unten § 23.
111) MERTEN, VSSR 1973, 70 f. Vgl. auch unten § 6 I 1 c und § 18 III 1 b.
112) MERTEN, VSSR 1973, 73 f. Vgl. auch unten § 10 II bei 17); § 10 III bei 56) und 57).

den Auskünfte müßten verbindlich gegeben werden [113]. Sie seien dann als Verwaltungsakte, sogenannte Auskunftsbescheide, zu qualifizieren [114].

X Wolff/Bachof

Wolff/Bachof führen die behördliche Auskunftspflicht zurück auf den Grundsatz von Treu und Glauben [115] und befürworten im Ergebnis übereinstimmend mit der Rechtsprechung des Bundesgerichtshofes [116] weitgehende Auskunftspflichten. Die Amtswalter hätten die Zivilpersonen aufzuklären, zu belehren und ihnen behilflich zu sein [117]. Jeder Gesuchsteller sei so zu behandeln, daß er erreichen könne, was ihm das Gesetz zubillige; er sei auch auf bevorstehende, ihm günstige Rechtsänderungen hinzuweisen. Besonders zu betreuen und zu unterstützen seien sozial schwache Personen [118].

XI Foerster

Foerster [119] spricht sich in einem Aufsatz für ein allgemeines Prinzip aus, dem Beteiligten an einem behördlichen Verfahren die erforderlichen Informationen zu geben, die er zur Wahrnehmung seiner Rechte benötige [120]. Die Auskunftspflicht bestehe allerdings nur, wenn und soweit der Beteiligte auf die Information zur Durchsetzung seiner Rechte angewiesen sei.

---

113) MERTEN, VSSR 1973, 81. Näher dazu unten § 33 V.
114) MERTEN, VSSR 1973, 76-82. Vgl. oben § 2 II bei 15).
115) Vgl. unten § 23.
116) Vgl. oben § 4 I.
117) WOLFF/BACHOF, VerwR I, § 41 I c 3 (S. 298); vgl. auch VerwR III, § 156 Rn. 47 (S. 340).
118) WOLFF/BACHOF, VerwR I, § 64 I b 4 (S. 561); ähnlich BADURA in ERICHSEN/MARTENS, S. 294.
119) FOERSTER, SKV 1974, 321-324.
120) FOERSTER, SKV 1974, 321.

Außerdem müsse er entschuldbar über das Bestehen oder den Umfang seines Rechts im Ungewissen sein [121]. Den letzteren Gesichtspunkt, die Entschuldbarkeit der Auskunftsbedürftigkeit, bringt Foerster - soweit ersichtlich - erstmalig in die Diskussion.

XII Buhren

Über Foerster hinausgehend fordert Buhren [122] als Konsequenz der Abhängigkeitsverhältnisse, in die sich der Einzelne durch die umfassende sozialgestaltende Tätigkeit des Staates gestellt sehe, die Anerkennung eines allgemeinen Anspruchs des Bürgers auf Auskunft [123]. Das sei jedoch nicht so zu verstehen, daß jeder unbeschränkt über alles Auskunft verlangen könne. Vielmehr müsse ein eigenes Auskunftsinteresse zumindest glaubhaft gemacht werden. Im allgemeinen ergebe sich ein solches Interesse schon aus dem Auskunftsbegehren selbst. Nur wenn ein Auskunftsinteresse nicht ersichtlich sei und auch nicht anderweitig glaubhaft gemacht werde, dürfe - abgesehen von Geheimhaltungsgegenständen - die Auskunft verweigert werden. Buhren betrachtet also - anders als die zuvor aufgeführten Autoren - die Auskunftserteilung als den Normalfall und die Ablehnung als besonders zu rechtfertigende Ausnahme.

---

121) FOERSTER, SKV 1974, 322. Vgl. dazu auch unten § 6 I bei 46) bis 51) und bei 59) bis 61), § 24 III 1 c und § 24 III bei 28).
122) BUHREN, SKV 1976, 199-201.
123) Vgl. dazu auch unten § 8 bei 3) und 8).

§ 6 Die gesetzlichen Regelungen

Seit 1976/77 ist die behördliche Auskunftspflicht im Zusammenhang mit Verwaltungsverfahren Gegenstand allgemeiner verfahrensrechtlicher Regelungen [1] in §§ 25, 68 Absatz 2 VwVfG [2], §§ 14, 15, 16 Absatz 3 SGB und § 89 AO 1977.

I Auskunftspflicht in einfachen Verfahren (§ 25 VwVfG und § 89 AO 1977)

§ 25 VwVfG, dem § 89 AO 1977 wörtlich nachgebildet wurde [3], basiert erklärtermaßen auf der Rechtsprechung des Bundesgerichtshofs und des Bundesverwaltungsgerichts zur Betreuungspflicht der Behörden gegenüber den Verfahrensbeteiligten [4]. Das gesetzgeberische Leitmotiv war es, daß im Rechtsstaat niemand aus Unkenntnis seiner Rechte verlustig gehen solle [5].

Die Bestimmungen sind jedoch nicht als abschließende Regelungen der Auskunftspflicht zu verstehen. In den Materialien zum VwVfG Entwurf 1973 wird ausdrücklich klargestellt, daß die gesetzliche Regelung weitergehende Pflichten, wie sie in der

---

1) Vgl. auch oben § 3 I bei 2).
2) Die Verwaltungsverfahrensgesetze der Bundesländer mit Ausnahme von Schleswig-Holstein enthalten entweder gleichlautende Bestimmungen oder erklären §§ 25, 68 VwVfG für anwendbar. Die Gesetzestexte sind abgedruckt bei STELKENS/BONK/LEONHARDT, S. 771-850.
3) Zur Entstehungsgeschichte von § 89 AO 1977 vgl. HÜBSCHMANN/HEPP/SPITALER, 1 zu § 89.
4) Vgl. dazu oben § 4 I und II sowie unten § 24.
5) BT-Drucksache 7/910, S. 49; vgl. auch LEONHARDT in STELKENS/BONK/LEONHARDT, 2 zu § 25; HÜBSCHMANN/HEPP/SPITALER, 3 zu § 89; SCHMITT GLAESER, Verwaltungsverfahren, S. 42.

Rechtsprechung zur Fürsorge-, Betreuungs- oder Auskunftspflicht der Behörden entwickelt worden seien, nicht ausschließe [6].

1. Anregung von Erklärungen und Anträgen
   (§ 25 Satz 1 VwVfG und § 89 Satz 1 AO 1977)

§ 25 Satz 1 VwVfG und § 89 Satz 1 AO 1977 bestimmen in Form einer Soll-Vorschrift, daß die Behörde die Abgabe von Erklärungen, die Stellung von Anträgen oder die Berichtigung von Erklärungen oder Anträgen anzuregen habe, wenn diese offensichtlich nur versehentlich oder aus Unkenntnis unterblieben oder unrichtig abgegeben oder gestellt worden sind [7].

Tatbestandsmerkmale dieser recht umständlich gefaßten Vorschriften sind also:

- daß der Beteiligte eine Erklärung bzw. einen Antrag nicht oder unrichtig abgegeben bzw. gestellt hat und
- daß dies offensichtlich nur versehentlich oder aus Unkenntnis geschehen ist.

Rechtsfolge ist die Soll-Pflicht, entsprechende Anregungen zu geben.

---

6) BT-Drucksache 7/910, S. 49; vgl. auch LEONHARDT in STELKENS/BONK/LEONHARDT, 6 zu § 25; ULE/LAUBINGER, S. 110 f.; BORGS in MEYER/BORGS, 7 zu § 25; KOPP, VwVfG, 3 zu § 25; GÖTZ, NJW 1976, 1426; HÜBSCHMANN/HEPP/SPITALER, 6 und 33 zu § 89. Vgl. auch unten § 6 I 3 sowie § 6 IV.

7) Eine ähnliche Bestimmung enthält § 13 Absatz 3 ÖAVG; vgl. unten § 37 I 1.

a) Unterlassung oder Unrichtigkeit einer Erklärung oder eines Antrages

Bei der Auslegung des ersten Tatbestandsmerkmales besteht Einigkeit, daß die Begriffe Erklärung und Antrag weit zu verstehen sind und darunter etwa auch die Vorlage von Beweismitteln fällt [8].

Fraglich ist hingegen, was unter "unrichtigen" Erklärungen und Anträgen zu verstehen ist. Bei einer streng wörtlichen Interpretation wäre die Behörde weder verpflichtet, auf Klarstellungen und Ergänzungen mißverständlicher oder unvollständiger Eingaben hinzuwirken, noch eine Änderung von Anträgen herbeizuführen, die für den Beteiligten nachteilig wären. "Unrichtig" im eigentlichen Wortsinne [9] sind derartige Erklärungen und Anträge nämlich nicht [1o]. Durchgesetzt hat sich jedoch eine weite Auslegung, die als unrichtig insbesondere auch das dem Beteiligten ungünstige und das mißverständliche Verhalten ansieht und demgemäß auch in diesen Fällen eine Anregung von der Behörde fordert [11]. Diese Auslegung verdient den Vorzug. Sie entspricht dem gesetzgeberischen Ziel der Bestimmung und dem bisherigen Meinungsstand zu unge-

---

8) LEONHARDT in STELKENS/BONK/LEONHARDT, 8 zu § 25; KOPP, VwVfG, 2 b zu § 25; HÜBSCHMANN/HEPP/SPITALER, 13 zu § 89. Vgl. auch unten § 18 III bei 16).

9) Typische Beispielsfälle für unrichtige Erklärungen und Anträge sind formfehlerhafte oder an die unzuständige Behörde gerichtete Eingaben. Ferner etwa verfrühte Einwendungen, die nach allerdings umstrittener Auffassung innerhalb einer bestimmten Frist wiederholt werden müssen, um nicht ausgeschlossen zu werden; vgl. SELLNER, S. 83. Zur Präklusion von Einwendungen unten § 6 II bei 120) bis 123) und bei 127) bis 130).

10) Vgl. HÜBSCHMANN/HEPP/SPITALER, 14 zu § 89.

11) Vgl. etwa LEONHARDT in STELKENS/BONK/LEONHARDT, 8 und 11 zu § 25; BORGS in MEYER/BORGS, 11 zu § 25; HÜBSCHMANN/HEPP/SPITALER, 14, 23-25 zu § 89.

schriebenen Auskunftspflichten [12].

b) Offensichtliches Versehen oder offensichtliche Unkenntnis

Die eigentliche Schwierigkeit bei der Anwendung der §§ 25 Satz 1 VwVfG, 89 Satz 1 AO 1977 besteht in der Auslegung des zweiten Tatbestandsmerkmales "offensichtlich nur versehentlich oder aus Unkenntnis".

aa) Meinungsstand

Bemerkenswert restriktiv äußert sich hierzu ein Teil der steuerrechtlichen Kommentarliteratur. Von einem offensichtlichen Versehen bzw. einer offensichtlichen Unkenntnis könne nur gesprochen werden, wenn das Verhalten des Beteiligten jedem als unverständlich erscheinen müsse, der auch nur oberflächliche Kenntnisse über die konkrete Rechtslage habe [13]; das Versehen oder die Unkenntnis müsse praktisch auf der Hand liegen [14].

Die Mehrzahl der Kommentatoren stellt deutlich höhere Ansprüche an die Sorgfalt der Behörde. Offensichtlich seien das Versehen oder die Unkenntnis des Beteiligten, wenn sie durch Nachdenken, logische Schlußfolgerung oder eine sich aufdrängen-

---

12) BGH vom 17.9.1970, BB 1970, 1279 f. und vom 5.4.1965, NJW 1965, 1226-1228; vgl. oben § 4 I bei 11); BVerwG vom 31.10. 1963, Buchholz 234, § 24 c G 131 Nr. 2; vgl. oben § 4 II bei 24); BFH vom 27.11.1959, BStBl. 1960 III, 56 und vom 22.1.1960, BStBl. 1960 III, 178 f.; vgl. oben § 4 III bei 37); BSG vom 17.11.1970, BSGE 32, 60-70 (65); vgl. oben § 4 IV bei 47) bis 49); LAUBINGER, Betreuungspflicht, S. 455 f.; vgl. oben § 5 VIII bei 104); MERTEN, S. 142, 145; vgl. oben § 5 IX bei 110); KRIEGER, S. 142, 145; vgl. oben § 5 VII bei 82); PIPKORN, Diss., S. 140-145; vgl. oben § 5 III bei 44) bis 46). Vgl. ferner unten § 18 III bei 17).
13) KÜHN/KUTTER, 2 zu § 89.
14) KLEIN/ORLOPP, 2 zu § 89; ähnlich HELLWIG, S. 137 f.

de Erkundigung in Erfahrung gebracht werden könnten [15]; wenn beispielsweise sein Vorgehen sich erkennbar nachteilig für ihn auswirken könne [16] oder er naheliegende Rechte nicht wahrnehme [17].

Es handelt sich hier um eine der zentralen Fragen der Betreuungspflicht [18], die schon vor Inkrafttreten des VwVfG und der AO 1977 umstritten war.

Sehr zurückhaltend hat sich zur Initiativpflicht der Verwaltung in ständiger Rechtsprechung der Bundesfinanzhof [19] ausgesprochen. Seiner Auffassung nach ist auf einen unterlassenen Antrag nur dann hinzuweisen, wenn der Steuerpflichtige offensichtlich "nicht im Bilde" ist, der Antrag gewissermaßen "in der Luft liegt". Mehr könne von der Finanzverwaltung angesichts der von ihr zu bewältigenden Massenarbeit nicht verlangt werden [20].

Dem entspricht in etwa die Rechtsprechung des Bundessozialgerichts [21]. Die Versicherungsträger seien grundsätzlich nicht verpflichtet, in die Gegebenheiten des Einzelfalles

---

15) LEONHARDT in STELKENS/BONK/LEONHARDT, 9 zu § 25; KNACK, 3.2 zu § 25.
16) BORGS in MEYER/BORGS, 11 und 12 zu § 25.
17) HÜBSCHMANN/HEPP/SPITALER, 20 zu § 89.
18) Vgl. auch unten § 24 III 4 c; § 33 III bei 23) bis 26).
19) Vgl. zur Rechtsprechung des BFH im Zusammenhang oben § 4 III.
20) Vgl. vor allem BFH vom 22.1.1960, BStBl. 1960 III, 178 f.; dazu auch oben § 4 III bei 38) und 41). Dem folgend BARSKE, NWB Fach 2, 2457; DIETZ, S. 56; vgl. auch oben § 5 V bei 62).
21) Vgl. zur Rechtsprechung des BSG im Zusammenhang oben § 4 IV.

tiefer einzudringen. Der Versicherte sei von Amts wegen nur auf solche Gestaltungsmöglichkeiten hinzuweisen, die klar zutage lägen und deren Wahrnehmung offensichtlich so zweckmäßig erscheine, daß sie jeder verständige Versicherte mutmaßlich nutzen würde [22).]

Im Gegensatz hierzu hat der Bundesgerichtshof [23)] eine Belehrung auch ohne ausdrückliche Frage des Beteiligten bereits dann für erforderlich gehalten, wenn es sich um eine schwierige Rechtsmaterie handelt, die für einen Laien ohne fachkundigen Rat nicht zu durchschauen ist, und der Beteiligte zu den "sozial schwachen" Bevölkerungskreisen gehört [24)]. Ähnlich Laubinger [25)]: Die Verwaltung müsse in diesen Fällen eruieren, ob der Bürger über die Sach- und Rechtslage "im Bilde" sei.

Noch weitergehend haben sich Eckhardt [26)] und Neumann-Duesburg [27)] geäußert. Nach Eckhardt genügt es, wenn bei verständiger Betrachtung eine andere Wahl sinnvoller und günstiger wäre. Neumann-Duesburg hält einen Versicherungsträger sogar für verpflichtet, auf nur mögliche Vorteile einer anderen Gestaltung des Versicherungsverhältnisses hinzuweisen, damit

---

22) BSG vom 22.2.1972, NJW 1972, 1344 und vom 14.6.1962, MDR 1962, 1022; vgl. oben § 4 IV bei 49). Zustimmend SCHELLHORN in BURDENSKI/v. MAYDELL/SCHELLHORN, 64 zu § 14; BORGS in MEYER/BORGS, 12 zu § 25; MERTEN, VSSR 1973, 71; vgl. oben § 5 IX bei 111); JAKUMEIT/WILDE, SGb. 1971, 376. Kritisch hierzu jedoch NEUMANN-DUESBURG, SGb. 1973, 114.
23) Vgl. zur Rechtsprechung des BGH im Zusammenhang oben § 4 I.
24) BGH vom 23.1.1964, VersR 1964, 919-923 (921); vgl. auch oben § 4 I bei 7) bis 13).
25) LAUBINGER, Betreuungspflicht, S. 455 f.; vgl. auch oben § 5 VIII bei 104).
26) ECKHARDT, DVBl. 1968, 869.
27) NEUMANN-DUESBURG, SGb. 1973, 114.

der Versicherungsnehmer die Vor- und Nachteile abwägen und sich eventuell für die andere Gestaltung entscheiden könne.

bb) Stellungnahme

Zutreffend ist der Ansatz des Bundesgerichtshofs und Laubingers, das Maß der Sorgfaltspflicht nach den Gegebenheiten des Falles und den Verhältnissen des jeweiligen Beteiligten abzustufen. Allerdings bedarf dies einer weiteren Differenzierung.

Ausschlaggebende Bedeutung kommt zunächst einmal der Art des Kontaktes zwischen der Behörde und dem Verfahrensbeteiligten zu. Bei rein schriftlichen Verfahren werden die Belange der Beteiligten zwangsläufig nicht so offenkundig wie bei einer persönlichen Antragstellung oder späteren mündlichen Besprechungen [28)].

Eine Rolle spielt auch die Dauer des Verfahrens und die Frage, ob es sich um ein einmaliges oder ein Wiederholungsverfahren handelt. Wenn die Behörde durch eine längere Korrespondenz mit dem Beteiligten oder aus früheren Vorgängen näheren Einblick in seine Verhältnisse gewonnen hat, entsteht weit eher Veranlassung zu einer Betreuungshandlung als gegenüber Beteiligten, über die die Behörde nicht näher unterrichtet ist [29)].

Weiterhin ist zu berücksichtigen, ob der Bürger sozial schwach und dementsprechend verstärkt betreuungsbedürftig ist [30)].

---

28) Vgl. BORGS in MEYER/BORGS, 10 zu § 25; HÜBSCHMANN/HEPP/SPITALER, 20 zu § 89; BARSKE, NWB Fach 2, 2457; DIETZ, S. 63 f.; vgl. auch oben § 5 V bei 67); BVerwG vom 19.6. 1963, BVerwGE 16, 156-160 (159).
29) Ähnlich DIETZ, S. 63 f.; vgl. oben § 5 V bei 67).
30) So vor allem in früheren Entscheidungen der BGH; vgl. oben § 4 I bei 8); unten § 24 III bei 14) und 25). Vgl. auch LAUBINGER, Betreungspflicht, S. 455 f.; oben § 5 VIII bei 104); DIETZ, S. 79-82; oben § 5 V bei 71); BARSKE, NWB Fach 2, 2459.

Von solchen Personen kann nicht immer erwartet werden, daß sie rechtskundig und gewandt genug sind, ihre Interessen sachgerecht und vorteilhaft wahrzunehmen. Wenn das Bundessozialgericht demgegenüber ausführt [31], "daß der Bürger des sozialen Rechtsstaats mündig und in der Regel bei seiner Lebensgestaltung nicht auf den lenkenden Rat öffentlicher Stellen angewiesen" sei, so ist dem in dieser allgemeinen Form nicht zuzustimmen. Im Gegenteil sind weite Bevölkerungskreise, insbesondere die von den Behörden der Daseinsvorsorge zu betreuenden Personen, sehr stark auf den lenkenden Rat der Verwaltung angewiesen, um die ihnen von Gesetzes wegen zugedachten Leistungen auch wirklich zu erhalten. Das kommt im übrigen auch in den Regelungen der §§ 14, 15, 16 Absatz 3 SGB deutlich zum Ausdruck [32]. Wenn die Behörde es also mit erkennbar ungewandten Beteiligten zu tun hat, ist sie verpflichtet, mit erhöhter Aufmerksamkeit darauf zu achten, ob Veranlassung zu einem beratenden Hinweis besteht.

Umgekehrt entfällt in aller Regel die Verpflichtung, von Amts wegen Beratungen zu erteilen, wenn der Beteiligte durch einen Rechtsanwalt, Steuerberater oder andere sachverständige Person vertreten wird [33].

Schließlich ist es noch sehr wesentlich, wie schwierig der Rechts- und Tatsachenstoff des Verfahrens ist und welche Bedeutung das Verfahren im Ergebnis für den Beteiligten hat.

---

31) BSG vom 22.2.1972, NJW 1972, 1344; vgl. oben § 4 IV bei 48).
32) Dazu unten § 6 III.
33) So auch KÜHN/KUTTER, 3 zu § 89; DIETZ, S. 82 f.; vgl. oben § 5 V bei 72); BERGER, NWB Fach 2, 947. Einschränkend BARSKE, NWB Fach 2, 2459. Vgl. aber auch unten § 24 III bei 37) bis 41).

Die Anforderungen an die Betreuungsbereitschaft der Behörde sind umso höher, je komplizierter der Fall liegt [34] und je mehr für den Bürger auf dem Spiel steht [35].

Zusammenfassend läßt sich sagen, daß ein Versehen bzw. eine Unkenntnis des Beteiligten für die Behörde dann offensichtlich ist, wenn diese unter Berücksichtigung der ihr bekannten Verhältnisse des Beteiligten, seines zu erwartenden Kenntnisstandes und der Schwierigkeit des Falles positiv erkennt oder erkennen muß, daß der Beteiligte nicht im Bilde ist. Bei sich aufdrängenden Zweifeln hat sie durch eine Rückfrage beim Beteiligten zu klären, ob er einer Belehrung bedarf.

c) Inhalt und Umfang der Anregungspflicht

Wenn die vorstehend beschriebenen Tatbestandsvoraussetzungen erfüllt sind, soll die Behörde die Abgabe der unterbliebenen oder die Berichtigung der fehlerhaften Erklärungen oder Anträge anregen.

Inhalt der Verpflichtung ist also eine spontane Erteilung der erforderlichen Rechts- oder Tatsachenauskünfte, nicht etwa nur die Beantwortung entsprechender Fragen des Beteiligten [36].

Unterschiedliche Auffassungen bestehen über den Inhalt und Umfang der zu erteilenden Anregungen. Während Kopp [37] eine bloße

---

34) BORGS in MEYER/BORGS, 4 zu § 25; LAUBINGER, Betreuungspflicht, S. 455 f.; vgl. oben § 5 VIII bei 104); BVerwG vom 28.11.1974, BVerwGE 47, 225-229 (228); vgl. oben § 4 II bei 27); BGH vom 5.4.1965, NJW 1965, 1226-1228 (1227); vgl. oben § 4 I bei 10). Vgl. ferner unten § 33 III 3.

35) Vgl. BORGS aaO; NEUMANN-DUESBURG, SGb. 1973, 114; ferner unten § 33 III 4.

36) Vgl. LEONHARDT in STELKENS/BONK/LEONHARDT, 7 zu § 25; KNACK, 3.2 zu § 25.

37) KOPP, VwVfG, 2 b und c zu § 25.

Hinweispflicht ohne jegliche Rechtsberatung befürwortet, kommt nach Leonhardt [38] im Einzelfall auch eine Beratung, etwa über alternativ mögliche Anträge, in Betracht. Der letzteren Auffassung ist zuzustimmen, weil den Beteiligten vielfach, insbesondere wenn es sich um sozial schwächere Personen handelt oder die Rechtslage schwer zu durchschauen ist, mit rein informatorischen Hinweisen allein nicht gedient ist. In diesen Fällen erfüllt die Auskunft nur dann ihren Zweck, wenn die Beteiligten auch über die Vor- und Nachteile der Alternativen beraten werden [39].

Mit der Fassung als Soll-Vorschriften wird der Verwaltung ein Entschließungsermessen in seiner schwächsten Form eingeräumt. Solange keine besonderen Umstände vorliegen, die eine Nichterteilung der Auskunft rechtfertigen, haben § 25 Satz 1 VwVfG und § 89 Satz 1 AO 1977 die Wirkung von zwingenden Vorschriften. Das Vorliegen eines besonderen Umstandes, der ein Abweichen vom Normalfall rechtfertigt, ist gegebenenfalls von der Behörde darzutun und zu beweisen [40].

2. Auskunft über Rechte und Pflichten im Verwaltungsverfahren (§ 25 Satz 2 VwVfG und § 89 Satz 2 AO 1977)

§ 25 Satz 2 VwVfG und § 89 Satz 2 AO 1977 verpflichten die Behörden, soweit erforderlich Auskunft über die den Beteilig-

---

38) LEONHARDT in STELKENS/BONK/LEONHARDT, 12 zu § 25.
39) So auch nach bisherigem Recht BVerwG vom 28.11.1974, BVerwGE 47, 225-229 (227 f.); vgl. oben § 4 II bei 27). Im einzelnen dazu unten § 33 III bei 23) mit weiteren Nachweisen.
40) Vgl. WOLFF/BACHOF, VerwR I, § 31 II b (S. 196); HÜBSCHMANN/HEPP/SPITALER, 4 zu § 89. Zur Kritik an der Abschwächung der Verpflichtung zu einem Soll-Gebot vgl. unten bei 67) bis 75).

ten im Verwaltungsverfahren zustehenden Rechte und die ihnen obliegenden Pflichten zu erteilen.

a) Auskunft

Den Materialien zufolge [41)] sollte mit der Verwendung des Begriffs Auskunft verdeutlicht werden, daß die Behörde "im allgemeinen nur auf Verlangen der Beteiligten" tätig zu werden brauche. Mit einer spontanen Hinweispflicht würde sie "zu sehr in die Rolle eines Beraters gedrängt und dadurch in der Erfüllung ihrer eigentlichen Verwaltungsaufgaben beeinträchtigt". Diese enge Wortinterpretation ist jedoch keineswegs zwingend [42)], so daß einzelne Autoren im Gegensatz zur Absicht des Gesetzgebers § 25 Satz 2 VwVfG und § 89 Satz 2 AO 1977 auch die Verpflichtung zur Erteilung spontaner Belehrungen entnehmen [43)]. Letzterer Auffassung ist zu folgen, weil insbesondere unbeholfene Beteiligte häufig mangels Sachkunde gar nicht in der Lage sind, sich nach einzelnen Rechten oder Pflichten zu erkundigen.

b) Erforderlichkeit der Auskunft

aa) Meinungsstand

Die Voraussetzung und der Umfang einer Auskunftspflicht nach § 25 Satz 2 VwVfG und § 89 Satz 2 AO 1977 werden umschrieben mit dem Merkmal "soweit erforderlich". Bei der Unbestimmtheit dieser Regelung [43 a)] ist es nicht überraschend, daß sich für

---

41) BT-Drucksache 7/910, S. 49; zustimmend LEONHARDT in STELKENS/BONK/LEONHARDT, 14 zu § 25; KNACK, 4.6 zu § 25; KLEIN/ORLOPP, 3 zu § 89.
42) Vgl. oben § 2 I bei 5) bis 8).
43) KOPP, VwVfG, 3 zu § 25; BORGS in MEYER/BORGS, 14 zu § 25; HÜBSCHMANN/HEPP/SPITALER, 33 zu § 89; WOLFF/BACHOF, VerwR III, § 156 Rn. 47 (S. 340).
43 a) Zur Kritik hieran vgl. unten bei 76).

sie recht unterschiedliche Deutungen finden.

In den Gesetzesmaterialien [44] heißt es zur Erforderlichkeit: "Nach Satz 2 erteilt die Behörde, soweit sie dies im Einzelfall für erforderlich hält, Auskunft über ...". Maßgeblich soll also die subjektive Einschätzung der Behörde sein.

Nach Borgs [45] bezieht sich die Einschränkung nur auf Fälle spontaner Auskunftserteilung, da bei erbetenen Auskünften die Erforderlichkeit schon aus dem Auskunftsersuchen hervorgehe.

Leonhardt [46], Knack [47], Ule/Laubinger [48] und Klein/Orlopp [49] stellen übereinstimmend darauf ab, daß der Beteiligte die Auskunft für die Rechtswahrnehmung oder die Erfüllung seiner Pflichten im Verfahren benötigt. Darüberhinaus verlangen Leonhardt [46] und Knack [47] unter Berufung auf eine Entscheidung des Bundesverwaltungsgerichts vom 31.1.1974 [50], daß der Beteiligte entschuldbar im Ungewissen sein müsse [51].

bb) Stellungnahme

Bei der hier [52] vertretenen Auffassung, daß unter Auskünften sowohl erbetene als auch spontane Belehrungen zu verste-

44) BT-Drucksache 7/910, S. 49.
45) BORGS in MEYER/BORGS, 14 zu § 25.
46) LEONHARDT in STELKENS/BONK/LEONHARDT, 15 zu § 25.
47) KNACK, 4.3 zu § 25.
48) ULE/LAUBINGER, S. 114.
49) KLEIN/ORLOPP, 3 zu § 89.
50) BVerwG vom 31.1.1974, NJW 1974, 1440-1444 (1444).
51) So bereits FOERSTER, SKV 1974, 322; vgl. oben § 5 XI; ferner unten § 24 III 1 c.
52) Vgl. oben bei 42).

hen sind, ist das Merkmal der Erforderlichkeit differenzierend auszulegen.

Eine ausdrücklich erbetene Auskunft ist erforderlich, wenn die Frage im konkreten Verfahren von Bedeutung ist [53)] und der Beteiligte nicht auf zumutbare andere Informationsmöglichkeiten verwiesen werden kann [54)].

Eine spontane Auskunft ist entsprechend Satz 1 von § 25 VwVfG und § 89 AO 1977 [55)] erforderlich, wenn ein Beteiligter offensichtlich [56)] über ein Recht oder eine Pflicht in Unkenntnis ist oder einem Irrtum unterliegt [57)] und ihm dadurch ein Nachteil droht [58)].

Ausdrücklich abzulehnen ist die Einschränkung, daß der Beteiligte entschuldbar im Ungewissen sein müsse [59)]. Die sozialstaatliche Betreuung knüpft allein an die objektive Bedürftigkeit an, ohne daß es auf die Frage des Verschuldens ankommt [60)]. Zu Unrecht beruft sich die Gegenmeinung auf die Entscheidung des Bundesverwaltungsgerichts vom 31.1.1974 [61)]. Dort ging es nämlich nicht um einen Fall der Betreuung eines Staatsbürgers, sondern um eine Auskunftspflicht eines Beamten gegenüber seinem Dienstherrn, die das Gericht in entsprechender Anwendung zivilrechtlicher Auskunftspflichten aus Treu und Glauben ableitete, weil der Dienstherr entschuldbar über die Voraussetzungen eines Zahlungsanspruches gegen den Beamten in Unkenntnis war.

---

53) Vgl. dazu näher unten § 24 III 1 b.
54) Vgl. dazu näher unten § 24 III 1 a.
55) Vgl. oben § 6 I 1.
56) Vgl. dazu im einzelnen oben § 6 I 1 b und unten § 24 III 2 c.
57) Vgl. näher unten § 24 III 2 a.
58) Vgl. näher unten § 24 III 2 b.
59) Vgl. oben bei 51).
60) Dieser Grundsatz gilt auch für das materielle Sozialrecht; vgl. BVerwG vom 31.1.1968, DÖV 1968, 249-251 (250); ECKHARDT, DVBl.1968, 869; ferner unten § 24 III bei 29).
61) Vgl. oben bei 50).

c) Auskunft über die Rechte und Pflichten im Verwaltungsverfahren

Die Auskunftspflicht bezieht sich inhaltlich auf die den Beteiligten im Verwaltungsverfahren zustehenden Rechte und ihnen obliegenden Pflichten. Streitig ist, ob damit nur die formellen Rechte und Pflichten wie Zuständigkeiten, Formerfordernisse, Fristen, Rechtsbehelfe u. ä. gemeint sind [62)] oder auch die den Gegenstand des jeweiligen Verfahrens bildenden materiellen Rechte und Pflichten [63)]. Der Gesetzeswortlaut spricht eindeutig für die erstere Auslegung. Materielle Rechte und Pflichten werden im Verwaltungsverfahren zwar geltend gemacht und geregelt, sie bestehen jedoch nicht erst im Verfahren. Mit den "im Verwaltungsverfahren zustehenden Rechten und obliegenden Pflichten" können also nur Verfahrensregeln gemeint sein. Darauf lassen auch die Materialien schließen, in denen ausdrücklich auf die Kenntnis der Beteiligten "über das Verwaltungsverfahrensrecht" abgestellt wird [64)].

Die Erteilung von Tatsachenauskünften ist in § 25 Satz 2 VwVfG und § 89 Satz 2 AO 1977 unzweifelhaft nicht geregelt [65)].

3. Kritik [66)]

Insgesamt gesehen enthalten § 25 VwVfG und § 89 AO 1977 eine

62) So LEONHARDT in STELKENS/BONK/LEONHARDT, 17 zu § 25; KOPP, VwVfG, 3 zu § 25; BORGS in MEYER/BORGS, 14 zu § 25; OBERMAYER, Erläuterungen, S. 49; HÜBSCHMANN/HEPP/SPITALER, 32 zu § 89; KÜHN/KUTTER, 4 zu § 89; TIPKE/KRUSE, 2 zu § 89; KLEIN/ORLOPP, 3 zu § 89.
63) So ULE/LAUBINGER, S. 114; KNACK, 4.2 zu § 25.
64) BT-Drucksache 7/910, S. 49. Zur Kritik hieran vgl. unten bei 77) bis 80).
65) Vgl. ULE/LAUBINGER, S. 114; ferner unten bei 79) bis 80).
66) Vgl. auch oben § 6 I bei 6) und unten § 6 IV.

programmatisch zwar wertvolle, inhaltlich aber nicht befriedigende und nur teilweise Regelung der Auskunftspflicht der Verwaltung gegenüber den Verfahrensbeteiligten.

Kritisch zu bewerten ist an Satz 1 der Vorschriften die Abschwächung der Verpflichtung zu einem Soll-Gebot [67)] ohne einen Anhaltspunkt, welche Umstände im Einzelfall eine Hinweispflicht bei einer offensichtlichen Auskunftsbedürftigkeit ausschließen. Daß dies eine Geheimhaltungspflicht [68)] sein könnte, ist kaum vorstellbar [69)]. Ebensowenig wird ein Hinweis auf ein offensichtliches Versehen des Beteiligten der Behörde unzumutbar [70)] sein können. Insbesondere wäre es nicht zulässig, daß die Behörde sich in einem derartigen Fall auf Arbeitsüberlastung [71)] beruft. Die Einschränkung ist im Ergebnis stattdessen entbehrlich [72)] und bietet der Verwaltung überflüssigerweise Gelegenheit zu einer restriktiven Anwendung [73)] der Vorschriften. Redeker [74)] verweist zu Recht auf die Gefahr, daß Beteiligte dadurch im Einzelfall Nachteile erleiden, die unter Umständen auch im Prozeßwege [75)] nicht mehr zu beheben sind.

---

67) Vgl. oben bei 40).
68) Vgl. dazu unten § 26.
69) So auch LEONHARDT in STELKENS/BONK/LEONHARDT, 19 zu § 25.
70) Vgl. dazu unten § 27 I.
71) Vgl. dazu unten § 27 I bei 7).
72) Kritisch auch ULE/LAUBINGER, S. 113; REDEKER, DVBl. 1973, 745 f.
73) Vgl. etwa MAURER, JuS 1976, 489: § 25 VwVfG sei eng auszulegen. Der Beamte dürfe den Bürger nicht sehenden Auges in die falsche Richtung gehen lassen und habe auf Anfrage Auskunft zu erteilen. Mehr könne nicht verlangt werden, zumal fehlerhafte Auskünfte Amtshaftungsansprüche auslösen könnten. Kritisch zu dieser Stellungnahme HÜBSCHMANN/HEPP/SPITALER, 4 zu § 89.
74) REDEKER, DVBl. 1973, 746.
75) Zu den Rechtsbehelfen gegen Auskunftsverweigerungen vgl. unten §§ 34-36.

An Satz 2 der Vorschriften fällt insbesondere die außerordentliche Unbestimmtheit des Tatbestandes auf [76]. Eine Norm, die eine Verpflichtung an die Voraussetzung "soweit erforderlich" knüpft, ist von zumindest begrenztem Wert. Die Auskunftspflicht ist damit kaum mehr als dem Grunde nach geregelt, während ihre Einzelvoraussetzungen und ihr Umfang in der praktischen Anwendung durch allgemeine Grundsätze zu konkretisieren sind.

Unvollständig sind § 25 VwVfG und § 89 AO 1977 vor allem in zwei Punkten:

Satz 1 der Vorschriften beschränkt sich auf die Regelung spontaner Hinweise bei Irrtümern oder Unkenntnis, die sich auf Anträge oder Erklärungen beziehen [77]. Nicht erfaßt sind also die Fälle von Irrtümern sonstiger Art [77 a], etwa in der Form, daß ein Beteiligter in Erwartung eines bestimmten Verfahrensablaufs oder -ergebnisses nutzlose Kosten veranlaßt [78].

Nicht geregelt ist ferner der ganze Bereich von Antragsauskünften zum materiellen Recht und über Tatsachen [79]. Insoweit beschränken sich die Vorschriften in Satz 2 auf die unproblematischen [80] und im Vergleich zu materiell-rechtlichen und Tatsacheninformationen weniger bedeutsamen Auskünfte zum Verfahrensrecht.

---

76) Vgl. oben bei 43 a) bis 58).
77) Vgl. oben § 6 I 1 a.
77a) Vgl. auch unten § 24 III bei 61).
78) Vgl. etwa BGH vom 17.9.1970, BB 1970, 1279 f. Weitere Nachweise unten § 24 III 51).
79) Kritisch hierzu auch ULE/LAUBINGER, S. 114; LAUBINGER, JA 1975, 310 (= ÖR, S. 242); TSCHIRA/SCHMITT GLAESER, S. A 27.
80) Vgl. etwa MÜLLER, H., S. 46; DIETZ, S. 62 f.; oben § 5 V bei 66); HEYMANN, BayVBl. 1961, 73; oben § 5 I bei 8); MAASSEN, Regelungen, S. 91.

II Die Erörterungs- und Hinweispflicht in mündlichen Verhandlungen und Erörterungsterminen (§ 68 Absatz 2 VwVfG)

Eine in Anlehnung an vergleichbare Vorschriften des Prozeßrechts [81] gebildete Erörterungs- und Hinweispflicht regeln § 68 Absatz 2 VwVfG für den Leiter einer mündlichen Verhandlung in förmlichen Verwaltungsverfahren [82] und § 73 Absatz 6 letzter Satz iVm § 68 Absatz 2 VwVfG für den Leiter eines Erörterungstermins in Planfeststellungsverfahren [83].

Der Ablauf von Erörterungsterminen in Planfeststellungs- und ihnen angenäherten Genehmigungsverfahren [84] ist daneben noch in verschiedenen Spezialgesetzen geregelt [85]. Diese Bestimmungen enthalten teilweise keine ausdrückliche Normierung der Erörterungs- und Hinweispflicht des Verhandlungsleiters [86].

---

81) Vgl. etwa §§ 104 Absatz 1, 86 Absatz 3 VwGO.
82) Allgemein zur mündlichen Verhandlung in förmlichen Verwaltungsverfahren WOLFF/BACHOF, VerwR III, § 157 Rn. 4 f. (S. 349 f.); BONK in STELKENS/BONK/LEONHARDT, Kommentierung zu §§ 67 und 68; ULE/LAUBINGER, S. 141-146; KOPP, VwVfG, Kommentierung zu §§ 67 und 68. Zum österreichischen Recht vgl. WALTER/MAYER, S. 94-96.
83) Allgemein zum Erörterungstermin in Planfeststellungsverfahren nach dem VwVfG WOLFF/BACHOF, VerwR III, § 158 Rn. 14 (S. 360); BONK in STELKENS/BONK/LEONHARDT, 53 zu § 73; ULE/LAUBINGER, S. 161-163; KOPP, VwVfG, 9 zu § 73.
84) Eine systematische Übersicht der verschiedenen Varianten von Genehmigungs- und Planfeststellungsverfahren geben ULE/LAUBINGER, Gutachten, S. B 24-B 52.
85) Vgl. etwa § 10 Absatz 6 BImSchG iVm §§ 14-19 der 9. BImSchV. Dazu BOISSERÉE/OELS/HANSMANN/SCHMITT, 9 zu B III 1.2.1; SELLNER , S 85-90; FRÖBA/THOMAS, S. 189-196; STICH, BImSchG, 26-32 zu § 10.
§§ 7 Absatz 4 Satz 3, 9 b Absatz 5 Nr. 1 iVm §§ 8-13 AtVfV. Dazu WINTERS, S. 87 f.; SCHULZ, DVBl. 1977, 329 f.; BENDER, Funktion, S. 249-252; de WITT, S. 277.
§ 18 Absatz 6 FStrG iVm Nr. 20 PlafeR. Dazu FICKERT, 1-30 zu Nr. 20 (S. 326-343); MARSCHALL/SCHROETER/KASTNER, 6 zu § 18; KODAL, S. 838 f.
86) Vgl. § 12 AtVfV und § 18 der 9. BImSchV. Anders dagegen § 18 Absatz 6 letzter Satz FStrG (ausdrückliche Verweisung auf § 68 VwVfG).

Man wird jedoch § 68 Absatz 2 VwVfG als Ausdruck allgemeiner Verfahrensprinzipien, nämlich des Anspruchs auf rechtliches Gehör [87)] und des Gebots ordnungsgemäßer Sacherledigung [88)] ansehen [89)] und deshalb im Zweifel auf spezialgesetzliche förmliche Verwaltungsverfahren und Planfeststellungsverfahren ergänzend anwenden können [90)].

1. Die Erörterungspflicht nach § 68 Absatz 2 Satz 1 VwVfG

Nach § 68 Absatz 2 Satz 1 VwVfG hat der Verhandlungsleiter die Sache [91)] mit den Parteien zu erörtern. Damit ist in bündiger Kürze der Inhalt einer mündlichen Verhandlung bzw. eines Erörterungstermins umschrieben. Wie diese Erörterung im einzelnen auszugestalten ist und inwieweit sie insbesondere auch Auskunftspflichten gegenüber den Beteiligten beinhaltet, ist unter Berücksichtigung der Funktion einer mündlichen Verhandlung bzw. eines Erörterungstermins aus allgemeinen Verfahrensprinzipien abzuleiten.

a) Funktion der mündlichen Verhandlungen und Erörterungstermine in förmlichen Verwaltungsverfahren und Planfeststellungsverfahren

Die Vorschriften über förmliche Verwaltungsverfahren [92)] er-

---

87) Vgl. unten § 20 II bei 30) und 31).
88) Vgl. unten § 18 III bei 13) bis 15).
89) Vgl. KOPP, VwVfG, 3 und 4 zu § 68.
90) So ausdrücklich auch BENDER, Funktion, S. 249, für das atomrechtliche Genehmigungsverfahren. Zur entsprechenden Anwendbarkeit der einschlägigen Regelungen des VwVfG auf spezialgesetzliche Planfeststellungsverfahren vgl. BONK in STELKENS/BONK/LEONHARDT, 23 zu § 72; KOPP, VwVfG, 2 zu § 72; SELLNER , S. 65; FISCHERHOF I, 4 vor § 3 AtG; ULE/LAUBINGER, S. 153.
91) Zum Gegenstand der Erörterungspflicht näher unten bei 120) bis 130).
92) §§ 63-71 VwVfG. Spezialgesetzliche Regelungen enthalten zB § 10 BImSchG iVm der 9. BImSchV; §§ 7-8 AtG iVm der AtVfV; §§ 104-121 BBauG. Weitere Nachweise vgl. bei BONK in STELKENS/BONK/LEONHARDT, 6 zu § 63.

möglichen eine prozeßähnliche Gestaltung des Verfahrens in besonders wichtigen Angelegenheiten, wenn Entscheidungen schwerwiegende Eingriffe in die Rechtssphäre des Betroffenen enthalten oder erhebliche Auswirkungen auf seine wirtschaftliche Lage haben [93]. Planfeststellungsverfahren [94] sind eine besondere Gruppe von förmlichen Verwaltungsverfahren [95]. Sie kommen zur Anwendung, wenn über ein konkretes objekt- und raumbezogenes Vorhaben des Fachplanungsrechts zu entscheiden ist [96]. Der wesentliche Zweck dieser Verfahrensart ist die Koordinierung der durch das Vorhaben berührten öffentlichen und privaten Belange und die Herbeiführung e i n e r umfassenden Gesamtentscheidung über die öffentlich - rechtliche Zulässigkeit des Vorhabens und etwaige notwendige Folgemaßnahmen [97].

Die Durchführung von mündlichen Verhandlungen bzw. Erörterungsterminen ist ein typisches Merkmal förmlicher und Plan-

93) Vgl. BONK in STELKENS/BONK/LEONHARDT, 7 zu § 63; WOLFF/BACHOF, VerwR III, § 157 Rn. 1 (S. 348); BLÜMEL, Masseneinwendungen, S. 557.

94) §§ 72-78 VwVfG. Spezialgesetzliche Planfeststellungsverfahren sind zB geregelt in §§ 17-18 e FStrG iVm den PlafeR, § 36 BBahnG, §§ 8-10 LuftVG, §§ 7, 20-29 AbfG, § 9 b AtG iVm §§ 21-29 AbfG und der AtVfV. Weitere Nachweise bei BONK in STELKENS/BONK/LEONHARDT, vor 1 zu § 72; BADURA in ERICHSEN/MARTENS, S. 330; WOLFF/BACHOF, VerwR III, § 158 Rn. 8 (S. 358); KNACK, 4.1 vor § 72.

95) Vgl. BADURA in ERICHSEN/MARTENS, S. 279 und 328; MAYER, Allg. VerwR, S. 128.

96) Vgl. BONK in STELKENS/BONK/LEONHARDT,9 zu § 72; BADURA in ERICHSEN/MARTENS, S. 329; HEIGL, S. 262 f.; ULE/LAUBINGER, Gutachten, S. B 30 und Lehrbuch S. 152.

97) Zu den Rechtswirkungen der Planfeststellung vgl. etwa BONK in STELKENS/BONK/LEONHARDT, 9 zu § 72, 5 und 8-41 zu § 75; WOLFF/BACHOF, VerwR III, § 158 Rn. 21-24 (S. 363 f.); BADURA in ERICHSEN/MARTENS, S. 335; HEIGL, S. 263, 270-273; ULE/LAUBINGER, S. 151; BLÜMEL/RONELLENFITSCH, S. 62-64.

feststellungsverfahren. In ihnen soll entsprechend dem Zweck dieser besonderen Verfahrensarten zum einen der Sachverhalt in umfassender Weise geklärt und dadurch die Grundlage für eine möglichst sach- und interessengerechte Entscheidung geschaffen werden [98], es soll weiterhin den Beteiligten Gelegenheit gegeben werden, ihre Belange in rechtsstaatlich ausreichendem Maße zur Geltung zu bringen [99] und es soll schließlich versucht werden, widerstreitende Interessen zum Ausgleich zu bringen oder dies zumindest vorzubereiten [100].

Insbesondere im Hinblick auf das den Beteiligten zu gewährende rechtliche Gehör stellen die mündlichen Verhandlungen und Erörterungstermine ein Kernstück des jeweiligen Verfahrens dar [101]. Dies wird erkennbar, wenn man sich die sonstige Begrenztheit des Rechtsschutzes [102] in Planfeststellungsverfahren und den wichtigsten förmlichen Verwaltungsverfahren, den

---

98) Vgl. BONK in STELKENS/BONK/LEONHARDT, 53 zu § 73; BADURA in ERICHSEN/MARTENS, S. 333; FICKERT, 3 zu Nr. 20 (S. 328); KOPP, VwVfG, 9 zu § 73; MEYER in MEYER/BORGS, 21 zu § 73; ULE/LAUBINGER, S. 145, 159; BLÜMEL, Funktion, S. 228-230; BERG, Die Verwaltung 1976, 177; LANGE, DVBl. 1975, 132; SCHOTTHÖFER, BayVBl. 1968, 342 f.; ferner unten bei 137).

99) Vgl. BONK in STELKENS/BONK/LEONHARDT, 4 zu § 68 und 53 zu § 73; BADURA in ERICHSEN/MARTENS, S. 333; ULE/LAUBINGER, Gutachten, S. B 42 und B 83; dieselben, Lehrbuch, S. 145, 160; KOPP, VwVfG, 3 zu § 68; BLÜMEL, Masseneinwendungen, S. 557; derselbe, Funktion, S. 230-233; SCHOTTHÖFER, BayVBl. 1968, 342 f. Für Österreich WALTER/MAYER, S. 94 f. Vgl. ferner unten bei 137).

100) Vgl. BADURA in ERICHSEN/MARTENS, S. 333; ULE/LAUBINGER, Gutachten, S. B 40 und B 81; dieselben, Lehrbuch, S. 161 f.; MEYER in MEYER/BORGS, 21 zu § 73; KOPP, VwVfG, 9 zu § 73; FICKERT, 2 zu Nr. 20 (S. 328); KODAL, S. 838; SCHOTTHÖFER, BayVBl. 1968, 342 f. Für Österreich WALTER/MAYER, S. 95. Vgl. ferner unten bei 137) und 140).

101) Vgl. v. MUTIUS, DVBl. 1978, 666; ULE/LAUBINGER, Gutachten, S. B 40 und B 81; ferner unten § 20 II bei 28) bis 31) und bei 36).

102) Grundlegend BLÜMEL, Raumplanung. Vgl. ferner BADURA in ERICHSEN/MARTENS, S. 284; HEIGL, S. 274 f.; LANGE, DVBl. 1975, 133; oben § 1 I bei 8); unten § 11 II bei 14); § 11 III bei 50); § 20 II bei 66).

umweltrelevanten Genehmigungsverfahren, vergegenwärtigt.

Nicht selten gehen den eigentlichen Verfahren besondere Planungsentscheidungen [103)] oder vorbereitende Maßnahmen und Verhandlungen [104)] voraus, an denen die von dem Vorhaben Betroffenen [105)] noch nicht beteiligt werden und die für sie auch nicht selbständig anfechtbar sind. In Planfeststellungsverfahren und den atomrechtlichen und immissionsschutzrechtlichen Genehmigungsverfahren sind bis zum Erörterungstermin die Informationsmöglichkeiten der Betroffenen und Einwender[106)] stark beschränkt: Stellungnahmen anderer Behörden und von der Behörde eingeholte Gutachten werden in der Regel nicht mit dem Plan bzw. dem Antrag ausgelegt [107)]; auf Akteneinsicht besteht kein Anspruch wie in einfachen Verwaltungsverfahren, sondern sie steht im Ermessen der Behörde [108)]; schließlich besteht

---

103) Vgl. BADURA in ERICHSEN/MARTENS, S. 333 f.; ULE/LAUBINGER, Gutachten, S. B 31, B 72 f. und B 79; HEIGL, S. 274; BLÜMEL, DVBl. 1977, 318 und DVBl. 1975, 698, 702-707 (mit umfassenden Nachweisen in Anm. 67 und 173); WAHL, DÖV 1975, 373-380.

104) Vgl. ULE/LAUBINGER, Gutachten, S. B 28 f. und B 75 f. Dazu näher unten § 10 III bei 46) bis 55).

105) Zum Begriff des Betroffenen vgl. oben § 1 II bei 17) und unten § 10 III bei 47).

106) Zum Begriff des Einwenders vgl. oben § 1 II bei 18).

107) Vgl. BONK in STELKENS/BONK/LEONHARDT, 21 zu § 73; ULE/LAUBINGER, Gutachten, S. B 32 f., B 78; v. MUTIUS, DVBl. 1978, 672; BVerwG vom 14.2.1975, 1373-1377 (1374). Zum Auslegungsverfahren allgemein unten § 11 III bei 40). Zur Informationspflicht über Gutachten vgl. unten bei 116); § 20 II bei 27) und bei 43) bis 49).

108) Vgl. BONK in STELKENS/BONK/LEONHARDT, 36 zu § 72; v. MUTIUS, DVBl. 1978, 665-676; ULE/LAUBINGER, Gutachten, S. B 33-B 38, B 79; KOPP, VwVfG, 3 zu § 72; BENDER, Funktion, S. 245 f.; BLÜMEL, Masseneinwendungen, S. 555 Anm. 88. In den Beratungen der verfahrensrechtlichen Abteilung des 52. Deutschen Juristentages 1978 sprach sich eine Mehrheit für einen Anspruch auf Akteneinsicht in allen umweltbedeutsamen Verfahren aus; vgl. NJW 1978, 2186 und 2192 (Beschluß I 1 c); ferner v. MUTIUS, DÖV 1978, 759 sowie im einzelnen die Sitzungsberichte (bei Manuskriptabschluß der vorliegenden Arbeit noch nicht erschienen). Vgl. weiterhin unten § 20 II bei 67) und 71). Zur Akteneinsicht allgemein oben § 2 I bei 3) und 4).

regelmäßig kein Teilnahmerecht an Beweiserhebungen [109]. Auch der verwaltungsgerichtliche Rechtsschutz ist lückenhaft. Er setzt häufig zu spät ein und sieht sich dann vollendeten Tatsachen gegenüber, die eine unvoreingenommene Entscheidung erschweren oder gar unmöglich machen [110]. Außerdem ist die sogenannte "Kontrolldichte" verwaltungsgerichtlicher Überprüfung so komplexer Entscheidungen wie etwa der Genehmigung eines Kernkraftwerkbaus oder der Planfeststellung für die Errichtung einer Bundesfernstraße oder eines Flughafens problematisch und noch sehr umstritten [111].

b) Inhalt und Umfang der Erörterungspflicht [112]

Vor dem Hintergrund dieses Rechtsschutzdefizits sind die Kriterien für den Inhalt und Umfang der Erörterungspflicht in mündlichen Verhandlungen und Erörterungsterminen zu bestimmen. Die Erörterung muß so ausführlich und verständlich gestaltet werden, daß die Beteiligten zumindest hier ausreichend Gelegenheit erhalten, sich über das konkrete Vorhaben zu unterrichten und ihre Einwendungen, Bedenken und Anregungen zu er-

---

109) Vgl. MEYER in MEYER/BORGS, 6 zu § 72; ULE/LAUBINGER, Gutachten, S. B 55. Näher dazu unten § 20 II bei 26) und bei 52) bis 55).

110) BLÜMEL, DVBl. 1975, 701 f.; derselbe, Raumplanung, S. 137-146; BADURA in ERICHSEN/MARTENS, S. 284; OSSENBÜHL, Gutachten, S. B 192. Vgl. dazu auch oben bei 104) und unten § 11 I bei 12) und 13).

111) Vgl. aus dem sehr umfangreichen Schrifttum zum Thema Kontrolldichte nur OSSENBÜHL, DVBl. 1978, 1-9; BENDER, NJW 1978, 1945-1953; WEYREUTHER, BauR 1977, 293-309; STELKENS/PAGENKOPF, DVBl. 1977, 668-672; SCHOLZ, VVDStRL 34 (1976), 183-185; SCHMIDT-ASSMANN, VVDStRL 34 (1976), 223-225, 254-259; BLÜMEL, DVBl. 1975, 696-701. Vgl. auch unten § 11 III bei 28).

112) Zur Zuständigkeit vgl. unten § 30 bei 6).

läutern und in effektiver Weise zur Geltung zu bringen [113].

Auf gezielte Fragen hin sind den Beteiligten alle zur Aufklärung der jeweils den Gegenstand der Erörterung [114] bildenden Sach- oder Rechtsfragen [115] dienlichen Auskünfte zu geben. In Erörterungsterminen ist insbesondere Auskunft zu geben über den Inhalt der Stellungnahmen anderer Behörden und der Gutachten, die nicht mit ausgelegt worden sind [116]. Auch ohne besondere Frage hat der Verhandlungsleiter die Erläuterungen und Hinweise zu geben, die erforderlich sind, damit die Beteiligten der Verhandlung folgen und zu den anstehenden Punkten

---

113) Vgl. ULE/LAUBINGER, Gutachten, S. B 40, B 83; dieselben, Lehrbuch, S. 161; MEYER in MEYER/BORGS, 21 und 27 zu § 73; WINTERS, S. 87; BENDER, Funktion, S. 250; FICKERT, 21 zu Nr. 15 (S. 295); KODAL, S. 838; BERG, Die Verwaltung 1976, 176; LANGE, DVBl. 1975, 134. Für eine Ausgestaltung des Erörterungstermins als umfassenden Dialog auch BENDER und HANSMANN in ihren Referaten für die verfahrensrechtliche Abteilung des 52. Deutschen Juristentages 1978 sowie die Mehrheit der Beratungsteilnehmer; vgl. NJW 1978, 2186 und 2192 (Beschluß I 1 f); ferner v. MUTIUS, DÖV 1978, 759 sowie im einzelnen die Sitzungsberichte (bei Manuskriptabschluß der vorliegenden Arbeit noch nicht erschienen). Vgl. weiterhin unten bei 136) bis 141); § 11 III bei 50) bis 58); § 20 II bei 66) bis 73).
Zurückhaltend dagegen BONK in STELKENS/BONK/LEONHARDT, 4 zu § 68 und 53 zu § 73 ("nicht zu überspannenden Folgerungen").

114) Zum Gegenstand der Erörterung vgl. nachfolgend bei 120) bis 130).

115) Zur - unstreitigen - Verpflichtung, auch Rechtsfragen zu erörtern, vgl. nur BONK in STELKENS/BONK/LEONHARDT, 4 zu § 68; KOPP, VwVfG, 3 zu § 68; ULE/LAUBINGER, S. 144; ferner unten bei 124) und § 20 II bei 79).

116) So auch ULE/LAUBINGER, Gutachten, S. B 42; Beschluß I 1 f der Abteilung Verfahrensrecht des 52. Deutschen Juristentages 1978, NJW 1978, 2192; BONK in STELKENS/BONK/LEONHARDT, 21 zu § 73; WINTERS, S. 87; SELLNER , S. 80, 86; BENDER, Funktion, S. 251; de WITT, S. 277. Vgl. auch oben bei 107); unten § 20 II bei 27) und bei 43) bis 49).

angemessen und sachgerecht Stellung nehmen können [117]. Dabei sollte er in gebotenem Maße berücksichtigen, daß bei den Beteiligten regelmäßig keine besonderen juristischen, technischen, wirtschaftlichen oder sonstigen Fachkenntnisse vorausgesetzt werden können.

c) Grenzen der Erörterungspflicht [118]

Die Erörterungspflicht ist also sehr weit zu spannen. Begrenzt wird sie lediglich [119] durch den Gegenstand der Verhandlung, den Effizienzgedanken und das Gebot der neutralen Verhandlungsführung.

aa) Der Gegenstand der Verhandlung

Der Gegenstand einer mündlichen Verhandlung bzw. eines Erörterungstermins ist naturgemäß begrenzt. Die meisten einschlägigen Bestimmungen besagen, daß entweder die rechtzeitig erhobenen Einwendungen [120] oder diese und die eingeholten Stellungnahmen der Behörden zu dem Vorhaben [121] zu erörtern seien. Die Erörterung verspätet erhobener Einwendungen wird teilweise in das Ermessen der Behörde gestellt [122]; in atomrechtlichen

---

117) Vgl. auch unten bei 138).
118) Allgemein zu den Grenzen von Auskunftspflichten vgl. unten § 26 (Geheimhaltungspflichten) und § 27 (Verweigerungsinteressen).
119) Abgesehen natürlich von Geheimhaltungspflichten, die immer zu beachten sind. Vgl. dazu im Zusammenhang unten § 26, insbesondere § 26 III bei 45).
120) Vgl. zB § 14 Absatz 1 Satz 1 der 9. BImSchV; § 8 Absatz 1 Satz 1 und Absatz 2 Satz 1 AtVfV.
121) Vgl. zB § 73 Absatz 6 Satz 1 VwVfG; § 22 Absatz 1 Satz 1 AbfG; § 18 Absatz 6 Satz 1 FStrG.
122) Vgl. zB § 73 Absatz 6 Satz 1 VwVfG; § 22 Absatz 1 Satz 1 AbfG; § 18 Absatz 6 Satz 1 FStrG. Sogenannte formelle Präklusion; vgl. BONK in STELKENS/BONK/LEONHARDT, 51 zu § 73; KOPP, VwVfG, 8 zu § 73.

und immissionsschutzrechtlichen Genehmigungsverfahren sind sie dagegen von der Erörterung ausgeschlossen [123]. In § 68 Absatz 2 Satz 1 VwVfG heißt es allgemein, daß "die Sache" zu erörtern sei. Aber auch dies kann nicht dahingehend ausgelegt werden, daß die Sache allumfassend und nach jeder beliebigen Richtung hin zu behandeln sei, sondern ist so zu verstehen, daß die für die Entscheidung wesentlichen Tatsachen und die offenen Rechtsfragen anzusprechen sind [124].

Um eine weitestgehende Sachverhaltsklärung, Information der Beteiligten und Gehörsgewährung zu erreichen, soll die Verhandlung bzw. Erörterung nach Möglichkeit in einem Termin bei gleichzeitiger Anwesenheit aller Beteiligten und mitwirkenden Behörden den gesamten Verhandlungsstoff erfassen. Getrennte Behandlungen einzelner Einwendungen oder die Durchführung gesonderter Termine mit einzelnen Beteiligten bzw. mit den mitwirkenden Behörden sind nur ausnahmsweise zulässig [125].

---

123) § 7 Absatz 1 Satz 2 AtVfV, § 10 Absatz 3 Satz 3 BImSchG. Sogenannte materielle Präklusion; vgl. BONK in STELKENS/BONK/LEONHARDT, 51 zu § 73; SELLNER , S. 82 f., 151-153; FISCHERHOF I, 1 zu § 7 b AtG; ULE, BImSchG, 9 zu § 10; KOPP, VwVfG, 8 zu § 73; SCHULZ, DVBl. 1977, 329; LANGE, DVBl. 1975, 132. Vgl. auch oben § 6 I in 9) zur Hinweispflicht nach § 25 Satz 1 VwVfG bei verfrühten Einwendungen.

124) Vgl. KOPP, VwVfG, 3 zu § 68; ferner BONK in STELKENS/BONK/LEONHARDT, 4 zu § 68; ULE/LAUBINGER, S. 144 f.

125) Vgl. BADURA in ERICHSEN/MARTENS, S. 333; MARSCHALL/SCHROETER/KASTNER, 6.3 zu § 18; BLÜMEL, Raumplanung, S. 157 f.; BVerwG vom 17.2.1969, VRS 37, 154-157; VG Schleswig vom 29.6.1970, DVBl. 1972, 515-517.
Anderer Ansicht BONK in STELKENS/BONK/LEONHARDT, 52 zu § 73; KODAL, S. 838; FICKERT, 9 und 10 zu Nr. 20 (S. 331 f.): weitgehende Zulässigkeit getrennter Erörterungstermine. So auch die Regelung in § 18 Absatz 2 der 9. BImSchV und § 12 Absatz 2 der AtVfV; vgl. SELLNER, S. 86; WINTERS, S. 88; BOISSERÉE/OELS/HANSMANN/SCHMITT, 9.4 zu B III 1.2.1; SCHULZ, DVBl. 1977, 329.

Es versteht sich von selbst, daß alle die Punkte und Fragen zu erörtern sind, die im Zusammenhang mit der Geltendmachung rechtzeitig erhobener Einwendungen sachdienlich sind [126)].

Problematisch ist, inwieweit Fragen zu behandeln sind, die nicht durch rechtzeitig erhobene Einwendungen abgedeckt sind. Wie oben [127)] ausgeführt, sind diese Einwendungen teils formell, teils sogar materiell präkludiert. Andererseits wird durch die Präklusion verspäteter Einwendungen die Verpflichtung der Behörde, den Sachverhalt von Amts wegen zu ermitteln [128)] und alle erheblichen Faktoren zu berücksichtigen, nicht berührt [129)]. Demgemäß sind in der Verhandlung Fragen zu nicht rechtzeitig geltend gemachten Einwendungen dann mitzuerörtern, wenn sich durch ihre Behandlung wesentliche neue Gesichtspunkte für die Beurteilung des Vorhabens oder für einen Interessenausgleich in bestimmten Punkten ergeben können [130)]. Insoweit hat der Untersuchungsgrundsatz Vorrang vor den Präklusionsnormen bzw. wirkt als Ermessensrichtlinie.

---

126) Vgl. etwa KOPP, VwVfG, 9 zu § 73; ULE/LAUBINGER, S. 162.
127) Bei 122) und 123).
128) § 24 VwVfG. Vgl. dazu STELKENS in STELKENS/BONK/LEONHARDT; WOLFF/BACHOF, VerwR III, § 156 Rn. 33-38 (S. 334-336); BADURA in ERICHSEN/MARTENS, S. 289 f.; BERG, Die Verwaltung 1976, 161-189.
Zum österreichischen Verwaltungsverfahrensrecht ausführlich WALTER/MAYER, S. 99-116.
129) Vgl. KOPP, VwVfG, 8 zu § 73; ULE, BImSchG, 9 zu § 10; SELLNER, S. 82; BOISSERÉE/OELS/HANSMANN/SCHMITT, 9.2 zu B III 1.2.1; STICH, BImSchG, 28 zu § 10; FELDHAUS, Band 1, 10 zu § 10; BVerwG vom 12.6.1959, BVerwGE 9, 9-16 (noch zu § 17 GewO); OVG Lüneburg vom 19./20.6.1974, DVBl. 1975, 190-199 (193).
130) So auch BENDER, Funktion, S. 250; vgl. ferner BONK in STELKENS/BONK/LEONHARDT, 51 zu § 73; KOPP, VwVfG. 8 zu § 73; MEYER in MEYER/BORGS, 28 zu § 73; BOISSERÊE/OELS/HANSMANN/SCHMITT, 9.3 zu B III 1.2.1.

bb) Der Effizienzgedanke

Mit den vorstehenden Erwägungen über den Gegenstand der Erörterung steht der Effizienzgedanke [131] in engem Zusammenhang. Die Erörterungspflicht kann und darf nicht soweit gehen, daß die ordnungsgemäße Durchführung der Verhandlung erschwert oder gar vereitelt würde [132]. Auf Fragen, die in der Sache nicht oder nicht mehr weiterführen, sondern nur Meinungsäußerungen widerspiegeln oder querulatorisch motiviert sind, braucht der Verhandlungsleiter nicht einzugehen. Er kann dem Fragesteller dann notfalls das Wort entziehen [133].

cc) Das Gebot neutraler Verhandlungsführung

Schließlich hat der Verhandlungsleiter grundsätzlich seine Neutralität [134] zu wahren. Er hat sich bei der Erteilung von Auskünften auf sachliche Informationen zu beschränken, darf also keinesfalls Ratschläge zur Rechtswahrnehmung erteilen [135].

---

131) Vgl. auch unten § 27 I.

132) Vgl. MEYER in MEYER/BORGS, 28 zu § 73. Stark ausgeprägt ist dieser Gesichtspunkt in § 18 der 9. BImSchV und § 12 der AtVfV. Vgl. dazu SELLNER, S. 88 f.; WINTERS, S. 87 f.; SCHULZ, DVBl. 1977, 329.

133) Vgl. BONK in STELKENS/BONK/LEONHARDT, 4 zu § 68; BORGS in MEYER/BORGS, 4 zu § 68.

134) Vgl. dazu auch unten § 6 II 2 c; § 10 III bei 51); § 27 IV.

135) So auch FICKERT, 2 und 13 zu Nr. 20 (S. 328, 333). Anderer Ansicht (Betreuungspflicht) BORGS in MEYER/BORGS, 3 zu § 68. Unklar KOPP, VwVfG, 4 zu § 68.

2. Die Hinweispflicht nach § 68 Absatz 2 Satz 2 VwVfG [136]

a) Funktion der Hinweispflicht

§ 68 Absatz 2 Satz 2 VwVfG enthält eine spezielle Regelung eines Teilaspektes der Erörterungspflicht nach § 68 Absatz 2 Satz 1 VwVfG, nämlich eine Hinweispflicht des Verhandlungsleiters im Zusammenhang mit Anträgen und Erklärungen der Beteiligten. Die Vorschrift will verhindern, daß die Sachaufklärung, die Rechtswahrnehmung durch die Beteiligten und der anzustrebende Interessenausgleich [137] durch mangelnde Kenntnis oder Artikulationsfähigkeit einzelner Beteiligter erschwert oder vereitelt werden [138].

b) Inhalt der Hinweispflicht [139]

Der Verhandlungsleiter hat darauf hinzuwirken, daß

- unklare Anträge erläutert,
- sachdienliche Anträge gestellt,
- ungenügende Angaben ergänzt sowie
- alle für die Feststellung des Sachverhalts wesentlichen Erklärungen abgegeben werden.

In Ausübung dieser weitgehenden Verpflichtung hat er von sich aus einzugreifen und gegebenenfalls durch belehrende Auskünfte nachzuhelfen, wenn Erklärungen oder Anträge eines Beteiligten unrichtig, mißverständlich, nicht sachdienlich oder un-

---

136) Zur entsprechenden Anwendbarkeit in spezialgesetzlich geregelten förmlichen Verwaltungsverfahren und Planfeststellungsverfahren vgl. oben bei 90).
137) Zu diesen drei Hauptzielen der mündlichen Verhandlungen und Erörterungstermine vgl. oben bei 98) bis 101).
138) Vgl. KOPP, VwVfG, 4 zu § 68; FICKERT, 13 zu Nr. 20 (S. 333); ferner oben bei 117).
139) Vgl. auch unten § 18 III 1.

vollständig sind. Geht der Beteiligte offenkundig von falschen Fakten, Ansichten oder Erwartungen aus, so ist er über seinen Irrtum aufzuklären.

Anhaltspunkten für eine weitere Aufklärung der Sach- und Rechtslage ist sofort nachzugehen. Wenn Veranlassung zu der Annahme besteht, daß ein Beteiligter noch wesentliche Angaben machen kann, so hat der Verhandlungsleiter ihn entsprechend zu belehren und ihm Gelegenheit zur Ergänzung seines Vortrags zu geben.

Besondere Bedeutung hat die Hinweispflicht schließlich im Zusammenhang mit dem Verhandlungszweck, einen Interessenausgleich herbeizuführen oder zu ermöglichen [140]. Ergeben sich während der Verhandlung Anzeichen für Kompromißlösungen oder Erledigungen einzelner Einwendungen, so hat der Verhandlungsleiter alle geeigneten Informationen rechtlicher und tatsächlicher Art zu geben, damit die Beteiligten zu einer abgewogenen und sachgerechten Beurteilung des Streitpunktes in der Lage sind [141].

c) Gebot der Unparteilichkeit [142]

Wie die Erörterungspflicht nach § 68 Absatz 2 Satz 1 VwVfG [143] steht auch die Hinweispflicht jedoch immer unter dem Gebot der Unparteilichkeit [144]. Der Verhandlungsleiter kann und soll einem unbeholfenen Beteiligten zwar "auf die Sprünge helfen"; dies darf aber nicht soweit gehen, daß er Anregungen oder Empfehlungen gibt, die in den bisherigen Erklärungen und Angaben des Beteiligten auch nicht ansatzweise vorgezeichnet sind.

---

140) Vgl. dazu oben bei 100).
141) Vgl. BENDER, Funktion, S. 252.
142) Vgl. auch unten § 10 III bei 51) ; § 27 IV.
143) Vgl. oben bei 134).
144) So auch FICKERT, 13 zu Nr. 20 (S. 333); ULE/LAUBINGER, S. 162.

III Auskunftspflichten der Sozialverwaltung (§§ 14, 15, 16 Absatz 3 SGB)

1. Die Beratungspflicht nach § 14 SGB

§ 14 SGB, der jedem Bürger einen Anspruch auf Beratung [145] über seine Rechte und Pflichten nach dem Sozialgesetzbuch gibt, ist keine ausschließlich verfahrensrechtliche Vorschrift. Der Beratungsanspruch setzt kein bestehendes Sozialrechtsverhältnis voraus, sondern steht jedem zu, für den sozialrechtliche Fragen gegenwärtig oder zukünftig von Bedeutung sein können [146]. Für die Thematik dieser Arbeit ist § 14 SGB daher von geringerem Interesse als die Auskunftspflichten nach dem VwVfG und der AO 1977 [147].

Zuständig für die Beratung ist jeweils der Sozialleistungsträger, dem gegenüber die Rechte geltend zu machen oder die Pflichten zu erfüllen sind. Inhalt und Umfang der Beratungspflicht gehen mit Rücksicht auf die schon bisher anerkannte besondere Betreuungspflicht im Bereich des Sozialrechts [148] nach allgemeiner Auffassung sehr weit [149]. Dem Bürger sind in einem individuellen Beratungsgespräch die Kenntnisse und

---

145) Zum Begriff vgl. oben § 2 I 2.
146) Vgl. RÜFNER in WANNAGAT, 4 zu § 14.
147) Vgl. oben § 6 I und II.
148) Vgl. GIESE, S. 20-22, 29 f.; MERTEN, VSSR 1973, 70 f.; oben § 5 IX; KRÖNINGER, SozVers.1973, 86-88; ECKER, SGb. 1972, 467 f.; JAKUMEIT/WILDE, SGb. 1971, 375; BSG vom 17.5.1973, DVBl. 1973, 793 f.; vom 23.3.1972, NJW 1972, 1389 f.; vom 22.2.1972, NJW 1972, 1344; vom 14.6.1962, MDR 1962, 1022; zur Rechtsprechung des BSG im Zusammenhang oben § 4 IV. Vgl. ferner unten bei 159); § 24 III bei 16) und 26).
149) Vgl. im einzelnen WOLFF/BACHOF, VerwR III, § 139 Rn. 23 (S. 213); RÜFNER in WANNAGAT, 4 zu § 14; PETERS, 7 zu § 14; SCHELLHORN in BURDENSKI/v. MAYDELL/SCHELLHORN, 11-18 zu § 14; HAUCK/HAINES, 5-12 zu § 14; MAIER/HANNEMANN, 2 zu § 14; HENKE, S. 13-15; FRANK, NDV 1977, 127; SCHNAPP, DOK 1977, 893 f.; SCHMELING, BB 1976, 189; LESSNER, SGb. 1974, 493.

Informationen rechtlicher und tatsächlicher Art zu vermitteln, die er zur vollen Wahrnehmung seiner Rechte und zur korrekten Erfüllung seiner Pflichten benötigt. Der Leistungsträger darf sich dabei nicht auf die Beantwortung von Fragen beschränken, sondern hat - gegebenenfalls durch eigene Fragen - die Situation des Ratsuchenden möglichst erschöpfend zu klären und diesen über seine rechtlichen Möglichkeiten einschließlich etwaiger in Betracht kommender Alternativen umfassend zu unterrichten [150].

Der Anstoß zu der Beratung muß in aller Regel vom Bürger ausgehen [151]. Eine Pflicht, die Beratung von sich aus zu erteilen, entsteht ausnahmsweise dann, wenn der Leistungsträger erkennen kann, daß der Bürger einer Belehrung bedarf, um vor sonst drohendem Schaden bewahrt zu werden [152].

---

150) Vgl. vor allem RÜFNER aaO; SCHELLHORN aaO; FRANK aaO; HAUCK/HAINES, 8 zu § 14.
Enger WOLFF/BACHOF aaO:Auskunft und Beratung brauchten sich nicht auf ungefragte und unbekannte Rechtsfolgen zu erstrecken.
Näher dazu unten § 33 III bei 23) bis 28); vgl. ferner oben § 4 II bei 27) und 27 a); § 6 I bei 39).

151) Dadurch unterscheidet sich die Beratungspflicht nach § 14 SGB grundlegend von der ungeschriebenen Betreuungspflicht. Vgl. SCHELLHORN in BURDENSKI/v. MAYDELL/SCHELLHORN, 62-65 zu § 14; SCHNAPP, DOK 1977, 893; ferner unten § 24 III bei 47) und bei 62) bis 65).

152) Vgl. etwa SCHELLHORN aaO, 23 zu § 14; PETERS, 6 zu § 14; RÜFNER in WANNAGAT, 10 zu § 14.
Anderer Ansicht HAUCK/HAINES, 11 zu § 14; SCHNAPP, DOK 1977, 892.
Zur Verpflichtung zu spontanen Auskünften vgl. allgemein oben § 3 IV bei 15) mit weiteren Verweisungen.

2. Die Auskunftspflicht nach § 15 SGB

§ 15 SGB hat in erster Linie eine "Wegweiserfunktion" [153] im Verhältnis zu § 14 SGB. Er soll die Beratung nach § 14 SGB für den Bürger erreichbar machen, insbesondere verhindern, daß sie an undurchschaubaren Zuständigkeitsverteilungen scheitert [154].

Die örtlichen Sozialbehörden, deren Bestimmung dem Landesrecht überlassen geblieben ist, und die Träger der gesetzlichen Krankenversicherung werden durch § 15 SGB verpflichtet, die zuständigen Sozialleistungsträger zu benennen sowie alle sonstigen Sach- und Rechtsfragen zu beantworten, die von Bedeutung sein können und zu deren Beantwortung sie imstande sind [155]. Mindestinhalt einer Auskunft nach § 15 SGB ist also die genaue Bezeichnung des zuständigen Leistungsträgers. Zu materiellen Auskünften ist die örtliche Stelle dagegen nur im Rahmen ihrer fachlichen Kompetenz verpflichtet. Diese Einschränkung hat ihren Grund darin, daß von den Auskunftsstellen keine umfassenden Kenntnisse des gesamten Sozialrechts erwartet werden können [156]. Soweit ihr die Auskunft allerdings möglich ist, hat die örtliche Stelle sie zu geben, um unnötige Doppelberatungen zu vermeiden [157].

---

153) So ausdrücklich HENKE, S. 16; SCHELLHORN aaO, 10 zu § 15; SCHNAPP, DOK 1977, 891.
154) Vgl. MAIER/HANNEMANN, 1 zu § 15.
155) Vgl. im einzelnen RÜFNER in WANNAGAT, 4 zu § 15; PETERS, 5 zu § 15; HAUCK/HAINES, 7-10 zu § 15; SCHELLHORN aaO, 19-27 zu § 15; MAIER/HANNEMANN, 3 zu § 15; HENKE, S. 15 f.; FRANK, NDV 1977, 126 f.; SCHNAPP, DOK 1977, 891-893.
156) RÜFNER aaO; SCHELLHORN aaO, 26 zu § 15;
157) RÜFNER aaO; PETERS aaO; HAUCK/HAINES, 10 zu § 15; HENKE, S. 16; SCHNAPP, DOK 1977, 892.

3. Die Hinweispflicht der Sozialleistungsträger (§ 16 Absatz 3 SGB)

§ 16 Absatz 3 SGB ist Ausdruck sowohl des Gebotes der ordnungsgemäßen Sacherledigung [158] als auch der verstärkten [159] Betreuungspflicht der Sozialverwaltung gegenüber dem Bürger. Die Bestimmung verpflichtet die Leistungsträger, bei der Entgegennahme von Anträgen darauf hinzuwirken, daß unverzüglich klare und sachdienliche Anträge gestellt und unvollständige Angaben ergänzt werden.

In Erfüllung dieser Pflicht hat der Leistungsträger entsprechende Hinweise zu geben, wenn ein Antrag formfehlerhaft ist, das Begehren des Antragstellers nicht deutlich genug erkennen läßt, dem Interesse des Antragstellers nicht gerecht wird oder wegen mangelnder Tatsachenangaben oder aus anderen Gründen nicht entscheidungsreif ist [160]. Dabei soll er wegen der regelmäßigen Dringlichkeit von Sozialleistungen für eine möglichst rasche Abhilfe sorgen.

Ihre Grenze findet die Hinweispflicht in der Dispositionsfreiheit des Antragstellers. Der Leistungsträger soll diesen zwar in Ergänzung zu der Beratung nach § 14 SGB [161] über das für ihn vorteilhafte und zweckmäßige Vorgehen unterrichten, die Entscheidung über den Inhalt des Antrags muß aber beim Antragsteller selbst verbleiben [162].

---

158) Vgl. unten § 18 III bei 14) und 15).
159) Vgl. RÜFNER in WANNAGAT, 10 zu § 14 und 6 zu § 16; ferner oben bei 148).
160) Vgl. im einzelnen RÜFNER in WANNAGAT, 6 zu § 16; PETERS, 8 zu § 16; HAUCK/HAINES, 9 und 10 zu § 16; BURDENSKI in BURDENSKI/v. MAYDELL/SCHELLHORN, 18-22 zu § 16; ferner unten § 18 III 1 a.
Eine ähnliche Regelung enthält § 13 Absatz 3 ÖAVG; vgl. dazu unten § 37 I 1.
161) Vgl. oben § 6 III 1.
162) Vgl. PETERS, 8 zu § 16; HAUCK/HAINES, 10 zu § 16; ferner unten § 33 III bei 27).

IV Würdigung

Die vorstehend dargestellten verfahrensgesetzlichen Normierungen der Auskunftspflicht sind zweifellos insofern von Wert, als sie das Rechtsinstitut der behördlichen Auskunftspflicht erstmals auf allgemeine gesetzliche Grundlagen stellen. Inhaltlich sind aber leider die beiden wichtigsten Bestimmungen, § 25 VwVfG und § 89 AO 1977 nicht befriedigend und unvollständig [163)]. Es ist jedoch anerkannt und wird bereits in den Materialien ausdrücklich hervorgehoben, daß sie keine abschließende Regelung sein wollen und daher durch die ungeschriebenen Grundsätze zur Auskunftspflicht zu ergänzen sind [164)].

§ 68 Absatz 2 VwVfG (Erörterungs- und Hinweispflicht in mündlichen Verhandlungen und Erörterungsterminen) sowie §§ 14, 15, 16 Absatz 3 SGB (Auskunftspflichten der Sozialverwaltung) sind demgegenüber als gelungene und umfassende Bestimmungen der Auskunftspflicht in ihrem - allerdings begrenzten - Anwendungsbereich zu werten.

---

163) Vgl. oben § 6 I 3.
164) Vgl. oben § 6 I bei 6).

ZWEITER TEIL
DIE UNGESCHRIEBENEN BESONDEREN AUSKUNFTSPFLICHTEN DER VERWALTUNGSBEHÖRDEN IM ZUSAMMENHANG MIT VERWALTUNGSVERFAHREN

1. ABSCHNITT
GRUNDSÄTZLICHE STELLUNGNAHME

§ 7 Berechtigung zur Auskunftserteilung

Daß Behörden zur Erteilung von Auskünften grundsätzlich berechtigt sind, war seit jeher unbestritten [1]. Nach Inkrafttreten der positivrechtlichen Regelungen in §§ 25, 68 Absatz 2 VwVfG, § 89 AO 1977 und §§ 14, 15, 16 Absatz 3 SGB [2] kann hieran noch weniger gezweifelt werden.

Nach herrschender Meinung [3] ist diese generelle Berechtigung begrenzt durch die jeweilige Zuständigkeit [4] der auskunftgebenden Behörde. Dies ist jedoch dahingehend einzuschränken, daß eine unzuständige Behörde keine materiell-rechtlichen Aus-

1) Vgl. nur GIESE, S. 30 f.; MÜLLER, H., S. 36 f.; KRIEGER, S. 72; LAUBINGER, Betreuungspflicht, S. 445; BEINHARDT, DÖV 1965, 482; ZEIDLER, S. 52.
2) Vgl. im einzelnen oben § 6.
3) GIESE, S. 30; KRIEGER, S. 72; LAUBINGER, Betreuungspflicht, S.445; BEINHARDT, DÖV 1965, 482; ZEIDLER, S. 52.
4) Vgl. auch unten § 30.

künfte geben darf, während sie in Verfahrensfragen - insbesondere eben zur Zuständigkeit - weiterhelfen darf [5].

Die Berechtigung zur Erteilung von Tatsachenauskünften kann darüberhinaus im Einzelfall durch eine entgegenstehende Geheimhaltungspflicht [6] aufgehoben sein [7].

---

5) So auch LEONHARDT in STELKENS/BONK/LEONHARDT, 17 zu § 25. Zur Auskunftspflicht über Zuständigkeitsfragen vgl. auch § 5 III bei 34); § 17 bei 8); § 18 III bei 23); § 30 bei 9).
6) Vgl. im einzelnen unten § 26.
7) GIESE, S. 31; KRIEGER, S. 72; BEINHARDT, DÖV 1965, 482 Fn. 21; ZEIDLER, S. 52.

§ 8 Allgemeine Auskunftspflicht

Eine allgemeine Auskunftspflicht der Verwaltung wäre zu definieren als Verpflichtung der Behörden, auf Anfrage [1] jedem Interessenten, auch ohne Zusammenhang mit einem konkreten Verfahren, im Rahmen ihrer Zuständigkeit Auskunft zu geben über alle Umstände, von denen sie Kenntnis haben, mit Ausnahme geheimzuhaltender Tatsachen [2].

I Meinungsstand

In einer derart unbegrenzten Form wird eine allgemeine Auskunftspflicht - soweit ersichtlich - nirgends vertreten. Es gibt jedoch vereinzelte Stimmen, die nominell eine allgemeine Auskunftspflicht befürworten und diese lediglich einschränken durch das Erfordernis eines berechtigten Interesses [3] bzw. durch die abschwächende Formulierung, die beantragte Auskunft sei "regelmäßig" zu geben [4]. Andere sprechen sich für eine allgemeine Auskunftspflicht [5] oder - etwas enger - eine allgemeine Verpflichtung zur Erteilung von Rechtsauskünften [6] im Rahmen von Verwaltungsverfahren aus. Die ganz herr-

1) Daß ohne eine ausdrückliche Anfrage des Beteiligten nur unter besonderen Umständen eine Auskunftserteilung in Betracht kommt, versteht sich von selbst.
2) Vgl. auch die Definition des Begriffs "allgemeine Auskunftspflicht" bei KRIEGER, S. 94.
3) BUHREN, SKV 1976, 199-201; vgl. oben § 5 XII und nachfolgend bei 8).
4) OBERMAYER, NJW 1962, 1472; ZÖLLER, Wpg. 1961, 212.
5) REIFENRATH, S. 82; KELLNER, HUBERT, S. 109; SCHEERBARTH, S. 293; ZEIDLER, S. 55 und 89 (These 3); KELLNER, HUGO, S. D 72 (These A 3).
6) CZYLWIK, DStRdsch. 1960, 99, 101; FLICK, FR 1959, 502; RITTER, NJW 1957, 1822.

schende Meinung [7] lehnt allgemeine Auskunftspflichten dagegen prinzipiell ab.

II Stellungnahme

Eine allgemeine Auskunftspflicht der Behörden besteht nicht; sie läßt sich rechtsdogmatisch nicht begründen. Die von Buhren [8] getroffene Feststellung der Abhängigkeit des Bürgers von der umfassenden sozialgestaltenden Tätigkeit des Staates ist zu pauschal, um eine allgemeine Auskunftspflicht daraus herleiten zu können. Sie nötigt stattdessen zu einer näheren Analyse, wann sich diese Abhängigkeit im Einzelfall dahingehend verdichtet, daß die Behörde zur Erfüllung ihres konkreten sozialgestaltenden Auftrages dem Bürger mit Auskünften behilflich sein muß. Auch die bestehenden gesetzlichen Regelungen von Auskunftspflichten einschließlich der in §§ 25, 68 Absatz 2 VwVfG, § 89 AO 1977, §§ 14, 15, 16 Absatz 3 SGB [9] können nicht als beispielhafte Festlegungen einer umfassenden Ver-

---

7) LEONHARDT in STELKENS/BONK/LEONHARDT, 3 zu § 25; BADURA in ERICHSEN/MARTENS, S. 294; HÜBSCHMANN/HEPP/SPITALER, 5 zu § 89; STOBER, VR 1978, 425; ULE/LAUBINGER, S. 111; WOLFF/BACHOF, VerwR I, § 45 II a 3 (S. 365); FOERSTER, SKV 1974, 321; KRIEGER, S. 93-136; LAUBINGER, Betreuungspflicht, S. 449-451; PIPKORN, DÖV 1970, 172 f.; ANCKER, S. 62 f.; MARTENS, W., Öffentlich, S. 72; MONREAL, S. 150; DÜWEL, S. 114; BEINHARDT, DÖV 1965, 484, 487; KAMPMANN, S. 22; TIPKE, StuW 1962, Sp. 702; HEYMANN, BayVBl. 1961, 72; MAASSEN, BB 1960, 778; HEINLEIN, DStRdsch. 1956, 342; BVerwG vom 30.4.1965, NJW 1965, 1450; VGH Mannheim vom 8.2.1977, BWVPr. 1977, 155 f.; OVG Münster vom 28.6.1972, NJW 1973, 110 f. OVG Lüneburg vom 18./20.4.1967, DVBl. 1967, 859; Hess. VGH vom 24.8.1961, DÖV 1962, 757 f. Vgl. ferner oben § 4 bei 2) und § 5 bei 2).

8) BUHREN, SKV 1976, 199-201; vgl. auch oben § 5 XII und vorstehend bei 3).

9) Vgl. oben § 3 I und § 6.

pflichtung gewertet werden, sondern sind umgekehrt Konsequenz jeweils besonderer Interessenlagen [10]. So knüpft etwa § 25 VwVfG an eine konkrete Betreuungsbedürftigkeit eines Beteiligten an, der durch Unkenntnis Nachteile zu erleiden droht [11]; § 14 SGB an die spezielle Situation der vom Sozialrecht betroffenen Bevölkerung [12]. Schließlich ist auch dem Verfassungsrecht oder allgemeinen Verfahrensgrundsätzen keine unbeschränkte Auskunftspflicht zu entnehmen [13]. Hierzu sei im einzelnen verwiesen auf die nachfolgende [14] Prüfung der in Betracht kommenden Rechtsgrundlagen ungeschriebener Auskunftspflichten, die ergeben wird, daß die jeweils abzuleitenden Auskunftspflichten nur unter ganz bestimmten Voraussetzungen bestehen.

Auch mit dem Erfordernis der Funktionsfähigkeit der Verwaltung und dem Grundsatz der Verfahrensökonomie [15] wäre eine unbegrenzte allgemeine Auskunftspflicht nicht vereinbar. Primäre Aufgabe der Verwaltung ist die materielle Regelung der ihr vorliegenden Lebenssachverhalte. Demgegenüber ist die Beratung und die Information des Bürgers eine nur nachrangige, von der Hauptfunktion abhängige Aufgabe. Dem Bürger stehen zur Rechtsberatung in erster Linie andere, private Institutionen und Berufsgruppen zur Verfügung. Diese Aufgabenteilung hat

10) So auch KRIEGER, S. 32; LAUBINGER, Betreuungspflicht, S. 450; PIPKORN, DÖV 1970, 172 f.
11) Vgl. LEONHARDT in STELKENS/BONK/LEONHARDT, 3 zu § 25; ferner oben § 6 I bei 5).
12) Vgl. oben § 6 III bei 146).
13) Vgl. KRIEGER, S. 95-133; LAUBINGER, Betreuungspflicht, S. 451; DÜWEL, S. 115; KAMPMANN, S. 24; HEYMANN, BayVBl. 1961, 72; VGH Mannheim vom 8.2.1977, BWVPr. 1977, 155 f.; OVG Münster vom 15.1.1963, DÖV 1963, 390 f.; Hess. VGH vom 24.8.1961, DÖV 1962, 757 f.
14) §§ 10-25.
15) Vgl. dazu auch unten § 18 I bei 1).

sich bewährt. Dem Bürger bietet sie in Konfliktfällen eine wirksame Interessenvertretung [16], der Verwaltung eine Entlastung, die ihre Leistungs- und Funktionsfähigkeit sichert. Demgegenüber würde eine allgemeine Beratungs- und Imformationspflicht gegenüber den Verfahrensbeteiligten einen nicht vertretbaren Aufwand bedeuten [17]. Es besteht deshalb keine Veranlassung, an dieser grundsätzlichen Funktionsteilung etwas zu ändern.

---

16) Vgl. PLAGEMANN, J., AnwBl. 1974, 241; REDEKER, NJW 1973, 1158 f. Zum Verhältnis zwischen privater und behördlicher Beratung ferner LAUBINGER, Betreuungspflicht, S. 451; BEINHARDT, DÖV 1965, 487; HEYMANN, BayVBl. 1961, 72; zusammenfassend unten § 24 III bei 37) bis 41).
17) LAUBINGER, Betreuungspflicht, S. 451; MONREAL, S. 151; BEINHARDT, DÖV 1965, 487; HEYMANN, BayVBl. 1961, 73; MAASSEN, BB 1960, 778; HEINLEIN, DStRdsch. 1956, 342. Vgl. aber auch unten § 27 I bei 7).

§ 9 Besondere Auskunftspflichten

Aus der Ablehnung einer allgemeinen Auskunftspflicht folgt, daß die Verwaltung nur unter besonderen Voraussetzungen zur Auskunftserteilung verpflichtet sein kann.

Anknüpfungspunkt einer Auskunftspflicht ist eine bestimmte Interessenlage auf Seiten des Bürgers. Wie diese Interessenlage beschaffen sein muß, ergibt sich aus verschiedenen verfassungs- und verwaltungsrechtlichen Rechtssätzen [1].

Dem Auskunftsinteresse des Bürgers kann im Einzelfall ein Interesse der Verwaltung gegenüberstehen, die Auskunft zu verweigern bzw. sich untätig zu verhalten.

Zum einen können der Preisgabe bestimmter Tatsachen Geheimhaltungspflichten entgegenstehen, die die Behörde zur Verschwiegenheit verpflichten [2]. Beispielhaft seien erwähnt: Schutz der Privatsphäre, Steuergeheimnis, Zusicherung von Vertraulichkeit gegenüber Informanten.

Zum anderen können Gründe vorliegen, die die Behörde zwar nicht verpflichten, aber unter Umständen berechtigen, keine Auskunft zu erteilen. Zu denken wäre etwa an zeitweise Arbeitsüberlastung, außergewöhnliche Schwierigkeit der geforderten Auskunft, Gefahr von Bindungswirkungen bei noch ungeklärter Sach- und Rechtslage und ähnliches. Diese Gründe können als Verweigerungsinteressen [3] bezeichnet werden.

Dogmatisch ist die Auskunftspflicht also ähnlich strukturiert

---

1) Vgl. die nachfolgende Darstellung in §§ 10-25.
2) Vgl. unten § 26.
3) Vgl. unten § 27.

wie zivilrechtliche Ansprüche. Als positive Voraussetzung muß der verpflichtungsbegründende Rechtssatz erfüllt sein, als negative Voraussetzung dürfen keine überwiegenden Gegenrechte der Verwaltung vorliegen.

Graphisch läßt sich dieses Zusammenwirken von positiven und negativen Voraussetzungen der Auskunftspflicht folgendermaßen darstellen:

<table>
<tr><td colspan="2">Positive Voraussetzungen einer Auskunftspflicht</td><td></td><td></td><td></td></tr>
<tr><td>A</td><td>B</td><td></td><td></td><td></td></tr>
<tr><td>erfüllt</td><td>nicht erfüllt</td><td></td><td></td><td></td></tr>
<tr><td>A 1</td><td>B 1</td><td>kein Gegeninteresse</td><td>1</td><td rowspan="3">Negative Voraussetzungen einer Auskunftspflicht</td></tr>
<tr><td>A 2</td><td>B 2</td><td>Verweigerungsinteresse</td><td>2</td></tr>
<tr><td>A 3</td><td>B 3</td><td>Geheimhaltungspflicht</td><td>3</td></tr>
</table>

In diesem Schema ist vertikal danach unterteilt worden, ob eine verpflichtungsbegründende Norm erfüllt ist (A) oder nicht (B). Horizontal sind die Alternativen dargestellt, ob die Verwaltung zur Geheimhaltung verpflichtet ist (3), ob sie ein Verweigerungsinteresse besitzt (2) oder ob dies beides nicht der Fall ist (1). Bei einer Kombination dieser Möglichkeiten sind sechs nachfolgend näher zu beschreibende Sachverhaltsgestaltungen denkbar.

1. Im Fall A 1 (die positiven und negativen Voraussetzungen sind erfüllt) besteht eine unbedingte materielle Rechtspflicht der Behörde zur Auskunftserteilung, die mit einem entsprechenden Auskunftsanspruch des Bürgers korrespondiert.

Die vereinzelt geäußerte Auffassung, die Erteilung von Auskünften sei mangels ausdrücklicher Normierung ein "officium nobile", also eine Frage der Höflichkeit [4], ist abzulehnen. Sie hätte zur Konsequenz, daß gegen eine Auskunftsverweigerung keinerlei Rechtsschutz bestünde. Diese Position ist weder vom Ansatz her noch im Ergebnis haltbar. Die Beratung und Information eines Verfahrensbeteiligten ist häufig unerläßlich für die Wahrung seiner materiellen Rechte. Die Entscheidung hierüber kann deshalb keine bloße Angelegenheit eines guten Verwaltungsstils sein, es muß für den Betroffenen eine Möglichkeit des Rechtsschutzes gegen die Verweigerung einer Auskunft geben [5].

---

4) HÜBSCHMANN/HEPP/SPITALER, 3 zu § 89; HELLWIG, S. 137; VOGEL, H., S. 15; CASSELMANN, SGb. 1969, 169; v. VOIGT, S. 37 f.; WEISENSEE, DStZ/A 1964, 180; KAMPMANN, S. 22-24; OBERMAYER, NJW 1962, 1472; ZÖLLER, Wpg. 1961, 212; HEINLEIN, DStRdsch. 1956, 342; FG Kassel vom 28.3.1957, EFG 1957, 298 f.
Zu ähnlichen Auffassungen in Österreich und der Schweiz vgl. unten § 37 I bei 28) und § 37 II bei 48).

5) Zum Rechtsschutz gegen Auskunftsverweigerungen vgl. unten §§ 34-36.

In Übereinstimmung mit der neuerdings wohl überwiegenden Auffassung wird hier auch die Meinung abgelehnt, einen Auskunftsanspruch des Bürgers nur in engeren Grenzen anzuerkennen als die Auskunftspflicht der Verwaltung [6]. Einer Auskunftspflicht der Verwaltung entspricht jeweils ein subjektiv-öffentliches Recht des Bürgers auf Auskunftserteilung [7].

Ein subjektiv-öffentliches Recht wird von bloßen Reflexwirkungen danach unterschieden, ob die Auslegung des Rechtssatzes ergibt, daß er - zumindest auch - den Interessen der Zivilpersonen dienen soll und sie nicht nur unbeabsichtigt begünstigt [8]. Diese Voraussetzung ist bei Rechtssätzen, die die Behörde zur Auskunft gegenüber dem Bürger verpflichten, gegeben. Die Auskunft hat sogar in erster Linie den Zweck, die Rechtssphäre des Bürgers zu schützen und dient nur beiläufig öffentlichen Interessen.

Das gilt auch für Auskunftspflichten aufgrund von Verwaltungsvorschriften [9], die zwar nicht unmittelbar, aber in Verbindung mit dem Gleichheitsgebot einen Auskunftsanspruch für den

6) So aber noch v. VOIGT, S. 37 f., 135; REIFENRATH, S. 81 f., 96; KAMPMANN, S. 23; OBERMAYER, NJW 1962, 1472; ZÖLLER, Wpg. 1961, 212; HEYMANN, BayVBl.1961, 73; RITTER, NJW 1957, 1822; METZ, StWa 1935, 137.
7) Ebenso MERTEN, VSSR 1973, 70-74; LAUBINGER, Betreuungspflicht, S. 451; KRIEGER, S. 91 f.; PIPKORN, DÖV 1970, 175; DIETZ, S. 52; KOPP, VerwaltungsverfahrensR, S. 40, 136, 157 Fn. 438 und grundsätzlich S. 11; BEINHARDT, DÖV 1965, 484.
8) ERICHSEN/MARTENS, S. 131 f.; WOLFF/BACHOF, VerwR I, § 43 I b 2 (S. 322-326).
9) Beispiele bei KRIEGER, S. 91 Fn. 6; PIPKORN, Diss., S. 104-106 und KAMPMANN, S. 31-33.

Bürger begründen [10].

2. Im Fall A 2 besteht ein Konflikt zwischen einer Auskunftspflicht und einem gleichzeitig eingreifenden Verweigerungsinteresse der Verwaltung. Man denke etwa daran, daß die Erledigung eines grundsätzlich berechtigten Auskunftsverlangens einen erheblichen Arbeitsaufwand [11] bedeutet oder die Behörde mit einer Rechtsfrage überfordert ist [12]. Es ist dann, sofern keine Kompromißlösung [13], wie eine inhaltliche Beschränkung der Auskunft, eine zeitliche Verzögerung oder die Erteilung unter Vorbehalt, möglich ist, abzuwägen, ob die Auskunftspflicht oder das Verweigerungsinteresse der Behörde Vorrang hat [14].

3. Im Fall A 3 ist entsprechend zu A 2 erst nach einem Ausgleich zwischen der Auskunftspflicht und der entgegenstehenden Geheimhaltungspflicht zu suchen [15]. Wenn eine solche Lösung nicht möglich ist, ist im Wege einer Interessenbewertung zu entscheiden, ob die Auskunftspflicht oder die Geheimhaltungspflicht Vorrang hat [16].

---

10) OSSENBÜHL, Verwaltungsvorschriften, S. 441-444; WOLFF/BACHOF, VerwR I, § 24 II d 2 (S. 119); KRIEGER, S. 92; KOPP, S. 170-172. Im Ergebnis ebenso KLEIN, Verwaltungsnormen, S. 172 f., 177-184. Dagegen für eine unmittelbar anspruchsbegründende Wirkung von Verwaltungsvorschriften PIPKORN, Diss., S. 105; VOGEL, K., VVDStRL 24 (1966), 162 f.; FRITSCH, StuW 1951, Sp. 471 f. Grundsätzlich gegen eine unmittelbare Außenwirkung von Verwaltungsvorschriften RUPP, Grundfragen, S. 119-124; KAMPMANN, S. 23. Vgl. auch unten § 14 bei 3).
11) Vgl. unten § 27 I.
12) Vgl. unten § 27 II.
13) Vgl. unten § 27 vor I; § 27 I am Ende; § 27 V bei 23).
14) Vgl. unten § 27 vor I und § 27 I bei 5) bis 9).
15) Vgl. unten § 26 III 1.
16) Vgl. unten § 26 III 2.

4. Im Fall B 1 (keine materielle Auskunftspflicht, aber auch kein Gegenrecht) ist die Behörde zur Auskunft zwar nicht verpflichtet, aber grundsätzlich berechtigt [16 a]. Da die Verwaltung hierbei nicht beliebig oder gar willkürlich verfahren kann und es sich auch nicht um einen Tätigkeitsbereich frei gestaltender Verwaltung [17] handelt, ist es in diesen Fällen ihrem pflichtgemäßen Ermessen [18] überlassen, ob eine Auskunft gewährt wird oder nicht [19].

Analog zur materiellen Auskunftspflicht [20] hat der Bürger auch auf die Einhaltung der formellen Pflicht zur fehlerfreien Ermessensausübung ein subjektiv-öffentliches Recht, weil diese Ermessensermächtigung dem Individualinteresse des betroffenen Bürgers zu dienen bestimmt ist [21].

Im Wege der Reduzierung des Ermessens auf Null [22] kann sich dieses formelle subjektiv-öffentliche Recht des Bürgers im Einzelfall zu einem Auskunftsanspruch verdichten [23], etwa

---

16 a) Vgl. die Beispiele unten vor § 28.
17) Zum Begriff vgl. ULE/LAUBINGER, S. 222; ERICHSEN/MARTENS, S.169 f.; KNACK, 5.1 zu § 40; WOLFF/BACHOF, VerwR I, § 31 III (S. 203 f.); BACHOF, JZ 1972, 642.
18) Vgl. dazu im einzelnen unten §§ 28 und 29.
19) So auch KRIEGER, S. 35 f.; MONREAL, S. 152 f.; DÜWEL, S. 114, 153; REIFENRATH, S. 90; BVerwG vom 4.6.1970, DÖV 1971, 58-60 (59); VGH Mannheim vom 8.2.1977; BWVPr. 1977, 155 f.; OVG Lüneburg vom 18./20.4.1967, DVBl. 1967, 859; OVG Münster vom 28.6.1972, NJW 1973, 110; vom 15.1.1963, DÖV 1963, 390 und vom 7.5.1963, ZBR 1964, 287 f.
20) Vgl. oben bei 7).
21) So auch KRIEGER, S. 21, 92. Vgl. auch WOLFF/BACHOF, VerwR I, § 31 II e 1 (S. 202) und BVerwG vom 7.1.1972, NJW 1973, 724 f. und JuS 1973, 62.
22) Vgl. ERICHSEN/MARTENS, S. 168 f.; WOLFF/BACHOF, VerwR I, § 31 II e 2 (S. 203); ferner unten § 28 II bei 9) und § 29 II bei 15).
23) Ebenso KRIEGER, S. 21; REIFENRATH, S. 88-96.

wenn die Behörde in der Vergangenheit in vergleichbaren Fällen immer Auskunft erteilt hat und nun ohne sachlichen Grund die Auskunft nicht erteilen will [24].

5. Im Fall B 2 (keine materielle Auskunftspflicht, dagegen Verweigerungsinteresse) ist die Behörde wie bei B 1 zur Auskunftserteilung zwar nicht verpflichtet, aber berechtigt. Sie kann sich jedoch auf das entgegenstehende Verweigerungsinteresse berufen. Die Entscheidung hierüber hat ebenfalls nach pflichtgemäßem Ermessen [25] stattzufinden. Wenn sich eine Übung herausgestellt hat, in bestimmten Fällen Auskunft zu geben oder zu verweigern, besteht insoweit eine Ermessensbindung, nicht willkürlich, also unter Verstoß gegen den Gleichheitsgrundsatz [26], davon abzuweichen [27].

6. Im Fall B 3 (keine Auskunftspflicht, dagegen Geheimhaltungspflicht) ist die Behörde zur Verschwiegenheit über die geheimzuhaltende Tatsache verpflichtet.

---

24) Vgl. dazu auch unten § 14 bei 3).
25) Vgl. dazu unten §§ 28 und 29.
26) Vgl. dazu unten § 14.
27) Vgl. oben bei 24).

2. ABSCHNITT
DIE VORAUSSETZUNGEN UNGESCHRIEBENER BESONDERER AUSKUNFTSPFLICHTEN

1. Kapitel: Verfassungsrechtliche Auskunftspflichten *)

§ 10 Der Berechenbarkeitsgrundsatz

I Allgemeine Darstellung

Der Berechenbarkeitsgrundsatz - auch als Grundsatz der Vorhersehbarkeit und Meßbarkeit staatlicher Machtäußerungen bezeichnet - ist als ein wesentliches Element der Rechtsstaatlichkeit anerkannt [1]. Im Kern bedeutet er, daß staatliche Maßnahmen für den Bürger nach ihrem Ob, Inhalt und Zeitpunkt in einem gewissen Umfang vorhersehbar und meßbar sein müssen.

---

*) Außer den nachfolgend erörterten Grundsätzen werden vereinzelt auch das Gebot zur Achtung der Menschenwürde (so KOPP, VerwaltungsverfahrensR, S. 40 f.) und das Gewaltenteilungsprinzip (so KOPP aaO, S. 243 und KATHOLNIGG, DVBl. 1960, 472) herangezogen. Dem ist nicht zu folgen. Insbesondere ist nicht ersichtlich, welche konkreten Maßstäbe diesen Verfassungssätzen für den Inhalt von Auskunftspflichten zu entnehmen wären. Bei näherer Prüfung der zitierten Literaturstellen wird denn auch deutlich, daß im Grunde speziellere Rechtssätze, nämlich die Betreuungspflicht (KOPP aaO, S. 40 f.), das rechtliche Gehör (KOPP aaO, S. 243) und die Rechtsschutzgarantie (KATHOLNIGG aaO) gemeint sind.

1) MAUNZ, S. 72; MAUNZ/DÜRIG/HERZOG/SCHOLZ, 86 zu Art. 20; LEIBHOLZ/RINCK, 29 zu Art. 20; KRIEGER, S. 126, 175-177; SIEGERS, S. 40; GEITMANN, S. 100 f.; KOPP, VerwaltungsverfahrensR, S. 131; ULE, DVBl. 1963, 479; BVerfG vom 19.12. 1961, BVerfGE 13, 261-274 (271); BVerwG vom 9.5.1960, BVerwGE 10, 282-290 (288).

Der Bürger soll sich, soweit an sein eigenes Verhalten bestimmte Rechtsfolgen geknüpft sind, auf diese Rechtsfolgen einrichten können. Schutzgut des Berechenbarkeitsgrundsatzes ist also letztlich das Vertrauen des Bürgers bei seinen Dispositionen auf die Sicherheit des Rechts und die Rechtsanwendung durch die staatlichen Organe [2].

Der Berechenbarkeitsgrundsatz gewährleistet keine völlige Meßbarkeit und Vorhersehbarkeit der staatlichen Tätigkeit, sondern nur ein Mindestmaß [3]. Wieviel Berechenbarkeit im Einzelfall zu fordern ist, hängt vor allem von der jeweiligen Maßnahme und ihrer Bedeutung für den betroffenen Bürger ab.

Grundsätzlich unstreitig ist, daß es dem Gesetzgeber nicht verwehrt ist, unbestimmte Rechtsbegriffe zu verwenden und der Verwaltung Ermessensentscheidungen einzuräumen [4]. Es wird jedoch zu prüfen sein [5], ob als Ausgleich für die dadurch notwendigerweise in Kauf zu nehmende Beschränkung der Vorhersehbarkeit in bestimmten Fällen Auskünfte zu erteilen sind. Ebenso unstreitig ist umgekehrt, daß in sich unverständliche oder widersprüchliche Gesetze gegen den Berechenbarkeitsgrundsatz verstoßen [6]. Auch insoweit kommen gegebenenfalls behördliche Rechtsauskünfte als Kompensation in Betracht [7].

---

2) LEIBHOLZ/RINCK,29 zu Art. 20; SIEGERS, S. 40; KRIEGER, S. 126, 176; KOPP, VerwaltungsverfahrensR, S. 131-133; PIPKORN, Diss., S. 69 f.; BVerfG vom 19.12.1961, BVerfGE 13, 261-274 (271).
3) MAUNZ/DÜRIG/HERZOG/SCHOLZ, 86 zu Art. 20; KRIEGER, S. 175; GEITMANN, S. 100 f.; KOPP, VerwaltungsverfahrensR, S. 131; BVerfG vom 12.11.1958, BVerfGE 8, 274-332 (325).
4) MAUNZ/DÜRIG/HERZOG/SCHOLZ, 90 zu Art. 20; LEIBHOLZ/RINCK, 24, 28 a, 30 zu Art. 20; KRIEGER, S. 176 f.
5) Vgl. unten bei 29) bis 34).
6) MAUNZ/DÜRIG/HERZOG/SCHOLZ, 88 f. zu Art. 20; KRIEGER, S. 176.
7) Vgl. unten bei 22) bis 25).

Auch für die Verwaltungspraxis - und zwar gleichermaßen für die Leistungs- wie für die Eingriffsverwaltung [8] - gilt das Gebot der Verständlichkeit und Gleichmäßigkeit [9]. Dies umso mehr, als der Bürger seine Rechtskenntnisse weit häufiger aus der praktischen Erfahrung bezieht als etwa durch das Studium von Gesetzestexten [10].

II Beziehung zu Auskunftspflichten

Die Beziehung des vorstehend beschriebenen Berechenbarkeitsgrundsatzes zu behördlichen Auskunftspflichten ist offenkundig.

Die Rechtsordnung insgesamt, namentlich aber das weit verzweigte öffentliche Recht, ist für den Einzelnen nicht mehr überschaubar [11]. Die Vorstellung, daß es dem Bürger möglich sei, sich bei Anwendung zumutbarer Sorgfalt anhand der gesetzlichen Bestimmungen über seine Rechte und Pflichten selbst zu informieren, ist längst unrealistisch geworden. Vernünftigerweise ist dies auch nicht zu erwarten. Das heutige Gesetzesrecht kann, um die sachlich gebotene Differenzierung und Präzision zu erreichen, für den Laien nicht mehr in allen Einzelheiten zugänglich und verständlich sein [12]. In einem besonderen Maße zeigt sich dies in den Bereichen sogenannter komplexer Verwal-

---

8) SIEGERS, S. 40; KOPP, VerwaltungsverfahrensR, S. 133; PIPKORN, Diss., S. 70. Wohl auch KRIEGER, S. 178 f. Vgl. auch unten bei 37) und 44).
9) KRIEGER, S. 179; GEITMANN, S. 101; KOPP, VerwaltungsverfahrensR, S. 132 f.
10) Vgl. GEITMANN, S. 98, 145.
11) SCHNAPP, DOK 1977, 889; HAINES, S. 57; GEITMANN, S. 96 f.; PIPKORN, Diss., S. 70; SOZIALENQUÊTE, S. 107-112. Vgl. ferner SPIEGEL-REPORT, Der Spiegel 1978, 67-74, sowie oben § 1 I bei 4)
12) So auch GEITMANN, S. 98, 164.

tungsentscheidungen [13], bei denen die Beurteilung außerrechtlicher Kriterien im Vordergrund steht und die sich daher einer rechtlichen Determinierung weitgehend entziehen [14]. Man denke etwa an Planfeststellungsverfahren für Verkehrsanlagen, an Genehmigungsverfahren für umweltrelevante Industrievorhaben oder an Verfahren wirtschaftslenkender Art [15].

Zur Lösung des Konflikts zwischen der einerseits verfassungsrechtlich gebotenen Berechenbarkeit der staatlichen Machtäußerungen und der andererseits gezwungenermaßen häufig komplizierten oder grobmaschigen Normierung administrativer Tätigkeiten ist neben anderen staatlichen Maßnahmen [16] die Auskunftserteilung gegenüber Verfahrensbeteiligten dem Grunde nach unerläßlich. Aus dem Berechenbarkeitsgrundsatz sind also prinzipiell Auskunftspflichten im Zusammenhang mit Verwaltungsverfahren abzuleiten [17].

---

13) Zum Begriff HOPPE, S. 297-300; SCHMIDT-ASSMANN, VVDStRL 34 (1976), 223-225; SCHOLZ, VVDStRL 34 (1976), 152.
14) HOPPE, S. 299-301; BREUER, Der Staat 1977, 48 f.; SCHOLZ, VVDStRL 34 (1976), 173; SCHMIDT-ASSMANN, VVDStRL 34 (1976), 226.
15) Vgl. die Beispiele bei HOPPE, S. 298 Fn. 15 und SCHOLZ, VVDStRL 34 (1976), 175 f. Fn. 122.
16) Etwa der Öffentlichkeitsarbeit; vgl. dazu oben § 2 III bei 25).
17) So auch MERTEN, VSSR 1973, 73 f.; vgl. oben § 5 IX bei 112); KRIEGER, S. 126 f., 177-196, 220 f.; vgl. oben § 5 VII bei 87) bis 90); KOPP, VerwaltungsverfahrensR, S. 136; vgl. oben § 5 VI bei 76) und 78); PIPKORN, Diss., S. 71-73, 154, 156; DÖV 1970, 177; vgl. oben § 5 III bei 31 a) und bei 48) bis 50); ROTH, VerwA 57 (1966), 234; CORDTS, ZfZV 1960, 325; FLICK, FR 1959, 502; HEINLEIN, DStRdsch. 1956, 343; HARTZ, StbJb. 1955/56, 107 f. Zu vergleichbaren Auffassungen in der Schweiz s. unten § 37 II bei 39).

III Voraussetzungen einer Auskunftspflicht

Im konkreten Fall müssen folgende Voraussetzungen gegeben sein, damit die Behörde dem Verfahrensbeteiligten zur Auskunft verpflichtet ist:

1. Mangelnde Vorausberechenbarkeit einer zukünftigen Verwaltungshandlung [18)]

Der Beteiligte [19)] muß auskunftsbedürftig sein in einer Weise, die dem Schutzgedanken des Berechenbarkeitsgrundsatzes widerspricht. Das ist der Fall, wenn für ihn eine zukünftige Verwaltungshandlung [20)] im Rahmen des Verfahrens nicht vorausberechenbar ist. Kann er sich dagegen unter zumutbaren Anstrengungen über die Rechtslage und die zu erwartende Maßnahme selbst informieren, so wird der Berechenbarkeitsgrundsatz nicht berührt [21)].

Die mangelnde Vorausberechenbarkeit kann einmal darin bestehen, daß der Bürger im Unklaren darüber ist, ob überhaupt und gegebenenfalls unter welchen Voraussetzungen eine bestimmte Verwaltungshandlung erfolgt; weiterhin darin, daß ihm der Inhalt einer zu erwartenden Verwaltungshandlung ungewiß ist und schließlich in der Unkenntnis über den zeitlichen Ablauf des Verfahrens.

---

18) Vgl. auch unten § 11 III 2 und § 24 III 3 a.
19) Zum Begriff vgl. oben § 1 II bei 16) bis 18) mit weiteren Verweisungen.
20) So auch KRIEGER, S. 184; PIPKORN, Diss., S. 156; ROTH, VerwA 57 (1966), 234; HEINLEIN, DStRdsch. 1956, 343; HARTZ, StbJb. 1955/56, 107.
21) Ähnlich PIPKORN, Diss., S. 156; vgl. oben § 5 III bei 48) bis 50); ROTH, VerwA 57 (1966), 234; HEINLEIN, DStRdsch. 1956, 343; HARTZ, StbJb. 1955/56, 107.

In der Regel wird dies darauf beruhen, daß es dem Beteiligten an der erforderlichen Rechtskenntnis fehlt. Eine Veranlassung zu Rechtsauskünften besteht insbesondere dann, wenn die Vorausberechenbarkeit durch besonders komplizierte, unklare oder unbestimmte Rechtsvorschriften [22], durch den Erlaß noch nicht eingespielter Normen [23] oder durch eine ungleichmäßige Verwaltungspraxis [24] erschwert ist [25].

Denkbar ist aber auch, daß der Bürger Tatsacheninformationen zum Zwecke der Vorausberechnung einer Verwaltungshandlung benötigt [26], etwa Mitteilungen von Versicherungsämtern über geleistete Beitragszahlungen [27], technisches Wissen, das auf die Genehmigungsfähigkeit eines Vorhabens Einfluß hat, oder auch Feststellungen des Finanzamtes über die ortsüblichen Mieten (Mietpreisspiegel), nach denen unter bestimmten Umständen Grundstücke bewertet werden.

Ob von einer mangelnden Vorausberechenbarkeit im Einzelfall gesprochen werden kann, ist nicht objektiv - abgestellt auf die Kenntnisse und Informationsquellen eines durchschnittlichen Bürgers - sondern ausschließlich subjektiv, also bezogen auf den jeweiligen Beteiligten, zu ermitteln. Im Regelfall wird die Behörde ohne weiteres davon auszugehen haben, daß der Bürger, der um eine Auskunft nachsucht, auf ihre Hilfe ange-

---

22) So auch KRIEGER, S. 183; vgl. oben § 5 VII bei 90); PIPKORN, Diss., S. 156; vgl. oben § 5 III bei 49 a).
23) Vgl. FG Kassel vom 28.3.1957, HFR 1957, 298 f.
24) So auch KRIEGER, S. 183 Fn. 154; vgl. oben § 5 VII bei 90).
25) Vgl. auch oben bei 6) bis 10) und unten § 33 III 3.
26) So auch KRIEGER, S. 192 f., 221.
27) Vgl. BSG vom 17.11.1970, BSGE 32, 60-70.

wiesen ist. Sofern die erbetene Information jedoch ohne besondere Schwierigkeit und mit ausreichender Sicherheit auch aus anderen Quellen erhältlich ist, kann die Behörde ihn darauf verweisen. Dies kommt namentlich dann in Betracht, wenn der Beteiligte selbst über einschlägige Sachkunde verfügt oder von einem Angehörigen der rechtsberatenden Berufe vertreten wird [28)].

Bestritten ist, ob die mangelnde Vorausberechenbarkeit, die sich aus der zweifelhaften Auslegung unbestimmter Gesetzesbegriffe oder einer noch ungewissen behördlichen Ermessensübung ergibt [29)], Auskunftspflichten begründet [30)]. Während Krieger [31)] in diesen Fällen eine Auskunftspflicht wegen der Gefahr einer unerwünschten Bindungswirkung und der zu befürchtenden Arbeitsüberlastung ablehnt, bejaht sie Cordts [32)] wegen des in diesen Fällen besonders starken Auskunftsbedürfnisses.

Letzterer Auffassung ist zuzustimmen [33)]. Sofern der Beteiligte sein Auskunftsinteresse glaubhaft macht und den Sachverhalt der Behörde vollständig unterbreitet, ist nicht einzusehen, warum sie eine Vorabauskunft über die Auslegung des unbestimmten Gesetzesbegriffes oder die Ermessensausübung prinzipiell ablehnen sollte. Eine Auskunftspflicht besteht insbesondere dann, wenn die Behörde bereits gleichgelagerte Fälle zu entscheiden gehabt hat und keine Veranlassung besteht, von der bisher geübten Praxis abzuweichen. Bei schwierigen und erst-

---

28) Vgl. dazu § 33 III bei 29 a); aber auch § 11 III bei 60 a) und § 24 III bei 37) bis 41).
29) Vgl. oben bei 4).
30) Vgl. dazu auch GIESE, S. 49 f.
31) KRIEGER, S. 187-189; vgl. oben § 5 VII bei 95).
32) CORDTS, ZfZV 1960, 325.
33) Vgl. aber auch unten bei 53).

mals auftauchenden Problemen sind das Auskunftsinteresse des Bürgers einerseits und die Arbeitsbelastung für die Verwaltung andererseits gegeneinander abzuwägen. Unter Umständen bietet es sich dann als Kompromiß an, daß die Behörde ausdrücklich nur vorläufig Stellung nimmt und auf das Risiko einer abweichenden Entscheidung nach endgültiger Prüfung hinweist [34].

2. Berechtigtes Auskunftsinteresse noch vor der Verwaltungshandlung

Weiterhin ist zu fordern, daß der Beteiligte ein berechtigtes Auskunftsinteresse noch vor der Verwaltungshandlung selbst hat. Insoweit sind drei Fallgruppen zu unterscheiden:

a) Vermeidung belastender Verwaltungsmaßnahmen

Am offenkundigsten ist die Berechtigung eines Interesses an Vorabauskünften bei Anfragen zu Verbots- oder Gebotsvorschriften [35] oder über die Genehmigungspflicht eines Vorhabens [36] zwecks Meidung belastender Verwaltungsmaßnahmen. Irgendwelche Anforderungen an die Bedeutung der vorauszuberechnenden Verwaltungshandlung sind bei dieser Fallgruppe nicht zu stellen. Belastende Rechtsfolgen seines eigenen Verhaltens müssen für den Bürger unabhängig von ihrer Gewichtigkeit vorausberechenbar sein.

---

34) Zur Zulässigkeit von Gewährsvorbehalten im einzelnen unten § 33 V.

35) ZB über die mögliche Polizeiwidrigkeit eines Gewerbebetriebes; vgl. BGH vom 20.1.1966, DVBl. 1968, 23-25; oder über die Buchführungspflicht für einen Landwirt; vgl. BFH vom 9.5.1957, BStBl. 1957 III S. 291 f. Dazu auch KRIEGER, S. 190-192; vgl. oben § 5 VII bei 93); BEINHARDT, DÖV 1965, 486; vgl. oben § 5 II bei 23).

36) So auch KRIEGER, S. 190-192; vgl. oben § 5 VII bei 93); BEINHARDT, DÖV 1965, 485; vgl. oben § 5 II bei 18).

b) Herbeiführung begünstigender Verwaltungshandlungen

Der Berechenbarkeitsgrundsatz ist jedoch nicht auf Rechtssätze mit Eingriffscharakter beschränkt [37]. Der Bürger hat grundsätzlich auch ein berechtigtes Interesse daran, begünstigende Verwaltungshandlungen vorauszuberechnen, um nach Möglichkeit in den Genuß staatlicher Leistungen oder Genehmigungen zu kommen. Diesem Zweck [38] dienen etwa Anfragen, wann ein Anspruch auf eine bestimmte Steuervergünstigung besteht [39], über den Mindestbeitragssatz für die Rentenversicherung [40], über die Förderungswürdigkeit einer Ausbildung nach dem Bundesausbildungsförderungsgesetz, über die Voraussetzungen einer Güterfernverkehrsgenehmigung, einer Schankerlaubnis, einer Aufenthalts- und Arbeitserlaubnis für Ausländer, einer Baugenehmigung [41] oder der Genehmigung eines Industrievorhabens.

aa) Auskunftspflicht während eines Antragsverfahrens

Nach Einleitung eines entsprechenden Verfahrens ist ein Interesse an einer Vorabauskunft uneingeschränkt zu bejahen, wenn der Beteiligte durch Veränderung der Antragsvoraussetzungen, etwa durch eine Umgestaltung des Bauvorhabens, Verringerung der Emissionen eines Industrievorhabens mit Hilfe weiterer technischer Vorkehrungen oder durch Schaffung persönlicher Voraussetzungen für eine Schankerlaubnis, die sonst zu erwartende

---

37) Vgl. auch oben bei 8) und unten bei 44).
38) Ein typisches Gegenbeispiel ist die Belehrung über alternative lastenausgleichsrechtliche Entschädigungsarten; vgl. BVerwG vom 28.11.1974, BVerwGE 47, 225-229 (227 f.); dazu näher oben § 4 II bei 27). Ziel einer solchen Auskunft ist nicht die Herbeiführung der Voraussetzungen einer Entschädigungsart, sondern die möglichst vorteilhafte Rechtswahrnehmung, nachdem der Sachverhalt bereits verwirklicht ist. Angesprochen ist dann die Betreuungspflicht; vgl. unten § 24 III bei 53) und § 33 III bei 23).
39) Vgl. BFH vom 20.2. und 23.10.1958, BStBl. 1959 III S. 85 f.
40) Vgl. BGH vom 8.1.1968, VersR 1968, 371-373.
41) PIPKORN, Diss., S. 145 f.; vgl. auch oben § 5 III bei 47).

Ablehnung seines Antrages vermeiden will. Anderer Ansicht ist hierzu Beinhardt [42]. Er lehnt eine Auskunftspflicht, die zu einer wesentlichen Abänderung eines Antrages führt, grundsätzlich ab. Insbesondere in komplizierten Fällen genüge die begründete Auskunft, daß dem Antrag jedenfalls in der vorliegenden Form nicht stattgegeben werden könne. Andererseits befürwortet Beinhardt eine Auskunftspflicht über belastende Rechtsvorschriften [43]. Diese Differenzierung zwischen dem Anspruch des Bürgers auf Vorausberechnung belastender und begünstigender Verwaltungsentscheidungen ist jedoch nicht gerechtfertigt [44]. Die Ablehnung einer Baugenehmigung hat für den Bürger beispielsweise weit einschneidendere Bedeutung als die Festsetzung einer Säumnisgebühr für die Nichteinhaltung einer Frist zur Abgabe einer Steuererklärung. Es ist daher nicht einzusehen, daß in den erwähnten Beispielen über die Erklärungsfrist und die Möglichkeit einer Verlängerung Auskunft erteilt werden soll, nicht aber über die notwendigen Änderungen des Bauvorhabens.

bb) Auskunftspflicht vor der Antragstellung

Problematisch ist dagegen die Situation vor der Antragstellung. In diesem Stadium können Bedenken gegen die Berechtigung eines Interesses an einer Vorabauskunft auftreten.

Zunächst ist zu berücksichtigen, daß der Behörde vor Einleitung des Verfahrens der Sachverhalt meist noch nicht bekannt sein wird und der Antragswillige ihn bei einfachen Anfragen regelmäßig auch nur unvollständig und in groben Zügen schildern kann. Es besteht dann sehr leicht die Gefahr, daß die

42) BEINHARDT, DÖV 1965, 485; vgl. oben § 5 II bei 25); ferner unten § 33 III bei 24 a).
43) BEINHARDT, DÖV 1965, 486; vgl. oben § 5 II bei 23).
44) Vgl. oben bei 8) und 37).

Behörde in Unkenntnis anderer entscheidungserheblicher Fakten eine unzutreffende positive Auskunft gibt und dadurch eine Art faktischer - nicht rechtlicher - Bindungswirkung eintritt.

Konkrete, also sachverhaltsbezogene Rechtsauskünfte kommen deshalb zur Vorausberechnung einer Verwaltungsentscheidung vor Einleitung eines Antragsverfahrens grundsätzlich nur dann in Betracht, wenn es dem Antragswilligen aus gewichtigen Gründen nicht zumutbar ist, bis zur Antragstellung abzuwarten. Diese Gründe können insbesondere darin bestehen, daß es zur Vorbereitung des Antrages noch aufwendiger Berechnungen, Nachforschungen oder wirtschaftlicher Investitionen bedarf [45]. Bei Tatsachenauskünften oder abstrakten Rechtsauskünften kann die Gefahr einer Festlegung vor Klärung des gesamten entscheidungserheblichen Sachverhalts dagegen nicht eintreten, so daß bei derartigen Anfragen die vorstehende Einschränkung nicht zu machen ist.

Ein Sonderproblem ist die Erteilung von Auskünften vor der Einleitung von Genehmigungsverfahren mit Drittbeteiligung. In der Praxis werden insbesondere industrielle Großprojekte nicht selten in sogenannten "Vorverhandlungen" bereits in allen Einzelheiten geklärt und vorentschieden und damit die Genehmigungsfähigkeit des Vorhabens sichergestellt [46]. Nach Auffassung von Ule/Laubinger, die diese Problematik in ihrem Gutachten zum 52. Deutschen Juristentag 1978 diskutieren, ist eine derartige Beratung künftiger Antragsteller zu begrüßen, da sie geeignet sei, volkswirtschaftlich unerwünschte Fehlplanungen zu verhindern. Andererseits sei aber auch nicht zu verkennen, daß die

45) Vgl. auch unten bei 57).
46) Vgl. ULE/LAUBINGER, Gutachten, S. B 28. Rechtsgrundlage bei immissionsschutzrechtlichen Verfahren ist § 2 Absatz 2 der 9. BImSchV; vgl. dazu SELLNER, S. 68; BOISSERÉE/OELS/HANSMANN/SCHMITT, 1 zu B III 1.2.1; STICH, BImSchG, 7 zu § 10; FRÖBA/THOMAS, S. 176-178.

durch die Genehmigung betroffenen und im eigentlichen Verfahren zu beteiligenden Bürger [47] von den Vorverhandlungen ausgeschlossen blieben und im Verfahren deshalb kaum mehr Änderungen herbeiführen könnten [48]. Nach geltendem Recht stehe es grundsätzlich im Ermessen der Behörde, ob sie den Antragsteller vorab beraten wolle [49].

Diese Stellungnahme vermag noch nicht zu befriedigen. Stattdessen sollte anhand der jeweiligen Interessenlage differenziert werden. Wenn und soweit der Antragswillige einzelne Fragen im Hinblick auf das bevorstehende Genehmigungsverfahren nicht mit ausreichender Sicherheit selbst klären kann und ihm ein Abwarten bis zur Einleitung des Verfahrens nicht zumutbar ist [50], besteht grundsätzlich ein berechtigtes Auskunftsinteresse. Das Gebot der Unparteilichkeit [51] der Behörde und der Anspruch der betroffenen Dritten auf rechtzeitiges rechtliches Gehör [52] verbieten es der Behörde allerdings, sich in Zweifelsfragen, insbesondere hinsichtlich ihrer späteren Ermessensausübung oder bei der Beurteilung unbestimmter Gesetzesbegriffe [53], bereits verbindlich festzulegen oder gar das gesamte Vorhaben bis ins

47) Vgl. zB § 73 Absatz 6 Satz 1 VwVfG; § 10 Absatz 6 Satz 1 BImSchG; §§ 9 b Absatz 5 Nr. 1, 7 Absatz 4 Satz 3 AtG, 8 AtVfV; § 22 Absatz 1 Satz 1 AbfG; § 18 Absatz 6 Satz 1 FStrG; § 10 Absatz 5 Satz 1 LuftVG. Vgl. ferner oben § 1 II bei 16) bis 18) sowie unten § 27 I 2. Zu Differenzierungen nach dem Grad der Betroffenheit der Beteiligten vgl. unten § 20 II bei 73) und § 33 III bei 33) bis 38).
48) ULE/LAUBINGER, Gutachten, S. B 29.
49) ULE/LAUBINGER, Gutachten, S. B 28. De lege ferenda empfehlen ULE/LAUBINGER, daß wenigstens die im Genehmigungsverfahren einzuschaltenden Behörden bereits zu den Vorverhandlungen hinzugezogen würden; vgl. aaO, S. B 76.
50) Vgl. die Beispiele oben bei 45).
51) Vgl. auch oben § 6 II bei 134) und 142); unten § 27 IV.
52) Vgl. oben § 6 II bei 101); unten § 20 II bei 32) bis 36) und bei 70).
53) Vgl. dazu auch oben bei 29) bis 34).

Detail vorzuberaten [54]. Die dagegen verstoßende Praxis ist rechtswidrig [55].

c) Dispositionshilfe

Wenn der zu entscheidende Sachverhalt, wie etwa bei einer Steuerveranlagung, unabänderlich vorliegt, oder der Beteiligte zumindest nicht mehr beabsichtigt, die Entscheidungsvoraussetzungen noch zu verändern, ist ein berechtigtes Interesse an einer Vorabauskunft in der Regel zu verneinen. Dem Bürger ist dann normalerweise zuzumuten, die Entscheidung selbst abzuwarten [56].

Ausnahmen sind jedoch anzuerkennen, wenn von der Verwaltungshandlung Dispositionen des Beteiligten abhängen, die bis zum Abschluß des Verfahrens nicht mehr aufschiebbar sind und die

---

54) Ein Recht auf derartige detaillierte Vorbesprechungen ist auch nicht § 2 Absatz 2 der 9. BImSchV zu entnehmen; vgl. SELLNER, S. 68; ferner die Nachweise oben 46).

55) Ähnlich verschiedene Diskussionsbeiträge in den Beratungen der verfahrensrechtlichen Abteilung des 52. Deutschen Juristentages 1978; dazu v. MUTIUS, DÖV 1978, 759; vgl. im einzelnen die Sitzungsberichte (bei Manuskriptabschluß der vorliegenden Arbeit noch nicht erschienen).
Zu dem verwandten Problem der Beteiligung Dritter bei der Standortvorsorge durch Raumordnungs- und fachliche Entwicklungspläne vgl. BLÜMEL, DVBl. 1977, 316-320.

56) Ähnlich MERTEN, VSSR 1973, 74; vgl. oben § 5 IX bei 112); PIPKORN, DÖV 1970, 177 und Diss., S. 154; vgl. oben § 5 III bei 50); ROTH, VerwA 57 (1966), 234; CORDTS, ZfZV 1960, 325; HARTZ, StbJb. 1955/56, 107 f.
Anderer Ansicht insoweit KRIEGER, S. 178 f., 181-185 (insbesondere 182); vgl. auch oben § 5 VII bei 88); der aus dem Berechenbarkeitsgrundsatz eine generelle Rechtsauskunftspflicht auch über bereits verwirklichte Sachverhalte befürwortet. Er begründet dies mit der Notwendigkeit, dem Bürger durch Offenlegung des Verfahrens die Möglichkeit zum Mitdenken und Mithandeln durch entsprechenden Sachvortrag zu geben. Mit dieser Erwägung ist jedoch nicht der Berechenbarkeitsgrundsatz, sondern das Gebot der Gewährung rechtlichen Gehörs angesprochen.

Gefahr nachteiliger Folgen in sich bergen. Der drohende Nachteil muß allerdings bei objektiver Betrachtungsweise nicht unerhebliche Bedeutung besitzen [57].

3. Anfrage des Beteiligten [58]

Schließlich besteht eine Verpflichtung zur Erteilung einer Auskunft aus dem Berechenbarkeitsgrundsatz nur auf eine ausdrückliche Anfrage des Beteiligten hin [59]. Eine spontane Auskunft zur Gewährleistung der Berechenbarkeit ihrer Maßnahmen kann von der Behörde nicht verlangt werden, weil sie die Vorstellungen und Planungen des Beteiligten, die eine Auskunftspflicht entstehen lassen, nicht erkennen kann und auch nicht aufzuspüren braucht. Mit dem Auskunftsbegehren muß der Beteiligte sein Auskunftsinteresse glaubhaft machen, also darlegen, warum er bereits vor der Sachentscheidung über ihren voraussichtlichen Inhalt unterrichtet sein will [60].

57) So auch MERTEN, VSSR 1973, 74; vgl. oben § 5 IX bei 112); SPITALER, BB 1961, 1335.
58) Vgl. auch unten § 11 III 3; § 18 III 2 b; § 20 II 3 a; § 24 III 3 c.
59) So auch KRIEGER, S. 178, 179, 183, 186; vgl. oben § 5 VII bei 87) bis 96); HEINLEIN, DStRdsch. 1956, 343; HARTZ, StbJb. 1955/56, 107.
60) Zum Inhalt der zu erteilenden Auskünfte vgl. im einzelnen unten § 33, insbesondere bei 8).

§ 11 Die Gewährleistung effektiven Rechtsschutzes

I Allgemeine Darstellung

Das Verfassungsprinzip effektiven Rechtsschutzes besitzt wie der Berechenbarkeitsgrundsatz [1] elementare Bedeutung für die Ausgestaltung des Rechtsstaates durch das Grundgesetz [2]. Es ist abzuleiten aus dem Zusammenwirken der verstreuten prozessualen Normen des Grundgesetzes, namentlich aus der "Rechtsschutzgeneralklausel" des Art. 19 Absatz 4 GG [3]. Über die Reichweite dieser Verfassungsbestimmung gibt es freilich zwei grundsätzlich unterschiedliche Meinungen. Nach herkömmlicher, streng wortgetreuer Auslegung hat Art. 19 Absatz 4 GG eine rein prozessuale Bedeutung, indem er die Möglichkeit garantiert, gegen eine Rechtsverletzung durch die öffentliche Gewalt ein Gericht anzurufen [4]. Dem steht eine erweiternde Auslegung gegenüber, die durch diese Bestimmung auch die Durchsetzbarkeit subjektiv-öffentlicher Rechte bereits im Verwaltungsverfahren gewährleistet sieht [5].

Die Befürworter dieser im Vordringen befindlichen Auffassung verweisen vor allem auf die Unvollkommenheit des rein re-

---

1) Vgl. oben § 10 I bei 1).
2) Vgl. etwa MAUNZ, S. 150; FINKELNBURG, Effektivität, S. 169; LORENZ, S. 12-14; KOPP, VerwaltungsverfahrensR, S. 148; EVERS, Rechtsschutz, S. 67.
3) Vgl. FINKELNBURG, Effektivität, S. 169-171; OSSENBÜHL, Gutachten, S. B 168 f.; LERCHE, ZZP 78 (1965), 15 f.
4) So etwa HESSE, S. 143; MAUNZ, S. 149 f.; MERKEL, S. 75; KRIEGER, S. 157 f.; BETTERMANN, VVDStRL 17 (1959), 245.

pressiven gerichtlichen Rechtsschutzes [6] und die daraus folgende Erkenntnis, daß ein wirklich "effektiver" Rechtsschutz nur bestehe, wenn er nicht erst bei der nachträglichen Kontrolle der Verwaltungstätigkeit, sondern schon im Verwaltungsverfahren selbst, sichergestellt werde [7]. Art. 19 Absatz 4 GG habe deshalb "Vorwirkung" [8] auf das Verwaltungsverfahren.

Dem ist beizupflichten. Normzweck des Art. 19 Absatz 4 GG ist die Sicherstellung effektiven und umfassenden Rechtsschutzes gegenüber der öffentlichen Gewalt. Dies schließt notwendig Folgerungen für das Verwaltungsverfahren mit ein, wenn und soweit die Rechtswahrnehmung des Bürgers andernfalls faktisch leerliefe.

---

5) v. MUTIUS, DVBl. 1978, 670; BLÜMEL, DVBl. 1977, 316-320; derselbe, Raumplanung, S. 137-141; MARTENS, JuS 1977, 669; SCHOLZ, VVDStRL 34 (1976), 206 f., 211-215; SCHMIDT-ASSMANN, VVDStRL 34 (1976), 265-267; BLÜMEL/RONELLENFITSCH, S. 79, 86; OSSENBÜHL, Gutachten, S. B 192-B 194; LORENZ, S. 145-147, 178 f.; SCHMITT GLAESER, VVDStRL 31 (1973), 244; HÄBERLE, VVDStRL 30 (1972), 121 f., 127; BROHM, VVDStRL 30 (1972), 279, 291; KOPP, VerwaltungsverfahrensR, S. 149; PIPKORN, Diss., S. 88-90 und DÖV 1970, 174; DAGTOGLOU, JZ 1965, 321; LERCHE, ZZP 78 (1965), 16-29 und JZ 1959, 676; SCHEUNER, VVDStRL 17 (1959), 238; WERNER, JZ 1955, 349.
Richtungweisend auch die Entscheidungen des Bundesverwaltungsgerichts vom 2.9.1963, BVerwGE 16, 289-295 (292 f.); vom 29.10.1963, BVerwGE 17, 83-87 (85) und vom 27.7. 1964, BVerwGE 19, 159-162 (162). Vgl. hierzu KOPP, VerwaltungsverfahrensR, S. 149, Fn. 419; PIPKORN, Diss., S. 90; BACHOF, JZ 1966, 230; MENGER, VerwA 55 (1964) 282-284.
Zum Begriff "Rechtsschutz im Verwaltungsverfahren" eingehend KÖNIG, K., S. 69-71.
6) Vgl. etwa SCHMIDT-ASSMANN, VVDStRL 34 (1976), 264; BLÜMEL/RONELLENFITSCH, S. 86; LORENZ, S. 138 f., 144-147; HÄBERLE, VVDStRL 30 (1972), 121, 127; KOPP, VerwaltungsverfahrensR, S. 149; LERCHE, ZZP 78 (1965), 27.
7) Vgl. besonders LORENZ, S. 178 f.; BROHM, VVDStRL 30 (1972), 279; KOPP, VerwaltungsverfahrensR, S. 149; PIPKORN, Diss., S. 90; LERCHE, JZ 1959, 676.
8) SCHMIDT-ASSMANN, VVDStRL 34 (1976), 266; LERCHE, ZZP 78 (1965), 27.

Beispiele dafür, daß die konkrete Gestaltung eines Verwaltungsverfahrens im Ergebnis zur Versagung des Rechtsschutzes führen kann, sind leicht zu finden. Man denke etwa an die vom Bundesverwaltungsgericht entschiedenen Fälle sehr kurzfristiger Abrißverfügungen [9] bzw. Räumungsanordnungen [10] oder eines erzwungenen Rechtsmittelverzichts [11] oder an Fälle, in denen die Verwaltung - so auf dem Gebiet des Planungsrechts [12] - durch Realakte vollendete Tatsachen schafft [13]. Diese Beispiele zeigen, daß wirksamer Rechtsschutz ohne verwaltungsverfahrensrechtliche Garantien nicht erreichbar ist.

II Beziehung zu Auskunftspflichten

Bei diesem weiten Verständnis der Rechtsschutzgarantie liegt eine Beziehung zu behördlichen Auskunftspflichten nahe. Die Effektivität des Rechtsschutzes im Verwaltungsverfahren - insbesondere auch in förmlichen Verwaltungsverfahren und Planfeststellungsverfahren [14] - kann ebenso am Mangel notwendiger Informationen scheitern wie an Beeinträchtigungen durch die Verwaltung.

---

9) BVerwG vom 2.9.1963, BVerwGE 16, 289-295.
10) BVerwG vom 29.10.1963, BVerwGE 17, 83-87.
11) BVerwG vom 27.7.1964, BVerwGE 19, 159-162.
12) Vgl. dazu oben § 6 II bei 110).
13) Grundlegend BLÜMEL, Raumplanung, S. 137-146; derselbe, DVBl. 1975, 701 f.; vgl. ferner SCHMIDT, W., NJW 1978, 1771 Fn. 24; DAMKOWSKI, RiA 1977, 172; SCHOLZ, VVDStRL 34 (1976), 158, 160; SCHMIDT-ASSMANN, VVDStRL 34 (1976), 226, 243-245; OSSENBÜHL, Gutachten, S. B 191-B 195; LORENZ, S. 144.
14) Zur besonderen Bedeutung des Verfahrensrechtsschutzes in förmlichen und Planfeststellungsverfahren vgl. etwa BADURA in ERICHSEN/MARTENS, S. 284; HÄBERLE, Verfassungsprinzipien, S. 90; v. MUTIUS, DVBl. 1978, 666; BLÜMEL, DVBl. 1977, 316-320; BLÜMEL/RONELLENFITSCH, S. 86; LANGE, DVBl. 1975, 133 f.; ferner oben § 1 I bei 8) bis 10), § 6 II bei 99) und 102); unten § 11 III bei 50); § 20 II bei 66) und 70).

Denkbar wäre nun, die Wirkung der Rechtsschutzgarantie im Verwaltungsverfahren dahingehend zu beschränken, daß die Behörde lediglich verpflichtet sei, Beeinträchtigungen der Rechtswahrnehmung der Beteiligten zu unterlassen, nicht aber, sie hierbei positiv zu fördern. Eine solche Auslegung dieses Verfassungsprinzips als bloßes Abwehrrecht gegenüber der Verwaltung wäre jedoch rechtssystematisch unhaltbar und im Ergebnis höchst unbefriedigend. Rechtsschutz beeinhaltet schon begrifflich eine Tätigkeit des Staates im Sinne einer Bereitstellung formeller Möglichkeiten zur Durchsetzung materieller Rechte. Eine Unterscheidung zwischen Abwehr- und Leistungsrechten wäre in diesem Zusammenhang fehl am Platze. Der Rechtsschutzgarantie sind mithin grundsätzlich auch behördliche Auskunftspflichten zu entnehmen [15)].

---

15) So auch SCHMIDT-ASSMANN, VVDStRL 34 (1976), 266 Fn. 155; KOPP, VerwaltungsverfahrensR, S. 155-157; PIPKORN, Diss., S. 87-102 (100), 115, 119, 180; derselbe DÖV 1970, 174-176; vgl. oben § 5 III bei 29) und bei 34) bis 47); LERCHE, ZZP 78 (1965), 26; MENGER, VerwA 54 (1963), 294. Vgl. ferner BGH vom 13.7.1954, VerwRspr. 7 (1955), 242-249 (247); dazu auch oben § 4 I bei 16) und 17) und unten bei 43); BVerwG vom 10.7.1964, DÖV 1964, 638 f.; dazu auch oben § 4 II bei 29) bis 31); BFH vom 27.3.1961, BStBl. 1961 III, 290 f.; dazu auch oben § 4 III bei 43) und 44); VGH Mannheim vom 8.2.1977, BWVPr. 1977, 155 f.; OVG Koblenz vom 10.4.1963, DÖV 1963, 553-557 (556); OVG Lüneburg vom 21.12. 1957, DVBl. 1958, 323-325 (325); OVG Berlin vom 30.3.1955, NJW 1955, 1941.

Ablehnend BVerwG vom 6.5.1960, DÖV 1960, 553-555 (554); OVG Münster vom 17.2.1959, DÖV 1959, 757.

Terminologisch, nicht aber sachlich aA KRIEGER. Er lehnt Auskunftspflichten aus dem Gedanken des effektiven Rechtsschutzes grundsätzlich ab (S. 157 f.); befürwortet dann aber aus der "Rechtsverfolgungsgarantie" (S. 126 f.) Auskunftspflichten über Tatsachen, ohne die der Bürger ein Recht nicht ausüben kann (S. 159, 219), und weitgehende Rechtsauskunftspflichten (S. 159-163, 219); vgl. auch oben § 5 VII bei 83).

Differenzierend LORENZ, S. 258-269; ablehnend bezüglich Rechtsauskünften (S. 258-262), befürwortend bei Tatsachenauskünften (S. 262-269).

III Voraussetzungen einer Auskunftspflicht

1. Angewiesenheit auf die Auskunft zur Rechtswahrnehmung im Zusammenhang mit einem Verwaltungsverfahren

Hauptvoraussetzung einer Auskunftspflicht aufgrund der Rechtsschutzgarantie ist es, daß der Beteiligte [16] auf die Auskunft zur Wahrnehmung seiner Rechte angewiesen ist.

a) Rechtswahrnehmung im Zusammenhang mit einem Verwaltungsverfahren

Die Angewiesenheit des Beteiligten auf die Auskunft muß sich dabei beziehen auf seine Rechtswahrnehmung im Zusammenhang mit einem Verwaltungsverfahren. Nach den obigen [17] Ausführungen zum Verständnis des Verfassungsprinzips effektiven Rechtsschutzes ist mit Rechtswahrnehmung hier folgerichtig sowohl die präventive Rechtsverfolgung, die auf einen günstigen Ausgang des Verfahrens selbst zielt, wie auch der klassische repressive Rechtsschutz, also die Abwehr belastender Entscheidungen oder Maßnahmen, gemeint. Dies ist, soweit man Auskunftspflichten zur Gewährleistung effektiven Rechtsschutzes im Zusammenhang mit Verwaltungsverfahren bejaht, unproblematisch [18].

Umstritten ist jedoch, ob Auskünfte, die dem repressiven Rechtsschutz dienen sollen, auch zur Verteidigung privater Rechte zu erteilen sind [19], oder nur zur Verteidigung von Rechten gegen-

---

16) Zum Beteiligtenbegriff oben § 1 II bei 16) bis 18) mit weiteren Verweisungen.
17) Vgl. unter I.
18) Vgl. etwa KOPP, VerwaltungsverfahrensR, S. 155-157 und PIPKORN, DÖV 1970, 175.
19) So PERSCHEL, JuS 1966, 234; DAGTOGLOU, JZ 1965, 321; KATHOLNIGG, DVBl. 1960, 471; SCHACK, DVBl. 1958, 326; OVG Lüneburg vom 21.12.1957, DVBl. 1958, 325; OVG Berlin vom 30.3.1955, NJW 1955, 1941.

über der öffentlichen Gewalt [20]. Diese Frage tritt z. B. auf, wenn der Beteiligte eines belastenden Verwaltungsverfahrens die namentliche Bekanntgabe eines Informanten fordert, der über ihn Angaben gemacht hat und den er deshalb zivil- oder strafrechtlich belangen will [21].

Es ist insoweit der engeren Auffassung zu folgen, daß Art. 19 Absatz 4 GG keine Verpflichtung der Verwaltung enthält, die Rechtswahrnehmung unter Privaten zu ermöglichen oder zu fördern. Dies ergibt schon die Wortauslegung von Art. 19 Absatz 4 Satz 1 GG, der ausdrücklich nur den Rechtsschutz im Verhältnis zur öffentlichen Gewalt betrifft; aber auch Sinn und Zweck dieses Verfassungssatzes, der alle übrigen staatlichen Funktionen der Kontrolle durch die Judikative unterwerfen will. Die Sammlung von Tatsachenstoff für die Rechtsverfolgung im privaten Bereich hat mit dieser Zielsetzung ersichtlich nichts zu tun.

Verfehlt wäre es auch, einem "Justizgewährungsanspruch" [22] bzw. einer "Rechtsverfolgungsgarantie" [23], also dem Anspruch des Bürgers, seine Rechte gerichtlich zu verfolgen, die allgemeine behördliche Verpflichtung zu entnehmen, Tatsachenmaterial, das er für seine Rechtsverfolgung benötigt und anderweitig nicht erlangen kann, offenzulegen. Damit ist nicht ausgeschlossen, daß im Einzelfall eine Verpflichtung dazu entstehen könnte. Vielmehr hat die Verwaltung über ein solches Auskunftsersuchen nach pflichtgemäßem Ermessen zu entscheiden [24].

---

20) So LORENZ, S. 263 und 269 Fn. 60; KRIEGER, S. 158; PIPKORN, DÖV 1970, 175 Fn. 63; BVerwG vom 6.5.1960, DÖV 1960, 554; OVG Münster vom 17.2.1959, DÖV 1959, 757.
21) Vgl. dazu unten § 26 II 1 d; § 29 I bei 10); § 29 II 2.
22) So PERSCHEL, JuS 1966, 234.
23) So KRIEGER, S. 126 f., 159, 219. Vgl. auch oben 15).
24) So auch BVerwG vom 30.4.1965, NJW 1965, 1450; OVG Münster vom 15.1.1963, DÖV 1963, 390 und vom 7.5.1963, ZBR 1964, 288. AA PIPKORN, DÖV 1970, 173 und PERSCHEL, JuS 1966, 235. Vgl. näher unten § 29 II 2.

Es ist also festzuhalten, daß mit der Rechtswahrnehmung nur diejenige gegenüber der öffentlichen Gewalt, nicht aber die Verfolgung privater Rechte gemeint ist.

b) Dienlichkeit zur Rechtswahrnehmung

Als weiteres Merkmal ist zu beachten, daß die Auskunft z u r Rechtswahrnehmung bestimmt sein muß. Dies setzt nicht nur die subjektive Zweckrichtung des Bürgers voraus, sondern auch die objektive Eignung der Auskunft, der beabsichtigten Rechtswahrnehmung zu dienen [25]. Der Unterschied zeigt sich, wenn die Tatsache, über die der Bürger eine Auskunft wünscht, für die Rechtsverfolgung unerheblich ist oder dann, wenn die behauptete Rechtsposition entweder materiell unbegründet oder formellrechtlich nicht durchsetzbar ist [26]. In diesen Fällen besteht dann auch kein schutzwürdiges Auskunftsinteresse.

Die Auskunftspflicht kann also - dies ist hier deutlich herauszustellen - nur dazu dienen, vorhandene Rechtsschutzmög-

25) So auch das BVerwG vom 29.11.1974, NJW 1975, 1334. Andernfalls fehle das Rechtsschutzinteresse an der begehrten Auskunft. Im konkreten Fall zog das BVerwG allerdings nicht Artikel 19 Absatz 4 GG, sondern Treu und Glauben als Anspruchsgrundlage heran. Der Gedanke ist aber auf Auskunftsbegehren aus Art. 19 Absatz 4 GG übertragbar. Vgl. ferner BVerwG vom 29.5.1957, DÖV 1957, 723-725 (725); OVG Lüneburg vom 18./20.4.1967, DVBl. 1967, 859 f.; OVG Koblenz vom 10.4.1963, DÖV 1963, 553-557 (556 f.); OVG Berlin vom 29.6.1961, NJW 1961, 2083.

26) ZB bei unstreitigem Fristablauf oder wenn schon grundsätzlich keine Rechtsschutzmöglichkeiten zu Gebote stehen. Vgl. etwa BVerwG vom 10.7.1964, DÖV 1964, 639: kein Informationsanspruch, soweit keine Anhaltspunkte für Rechtsschutzmöglichkeiten gegen eine Prüfungsentscheidung; vgl. dazu auch oben § 4 II bei 29).

lichkeiten nutzbar zu machen [27]. Soweit der Rechtsschutz begrenzt ist, greift auch das Auskunftsbegehren ins Leere. Allerdings muß im Einzelfall unstreitig feststehen, daß ein Rechtsschutz nicht gegeben ist, damit die Behörde die Auskunft verweigern darf. Wenn diese Frage strittig ist, darf dieses formellrechtliche Problem nicht bereits im Vorfeld der Informationsbeschaffung faktisch entschieden werden. Dies wäre sonst eine unzulässige Blockierung des gerichtlichen Rechtsschutzes durch die Verwaltung.

Die häufig vielschichtigen Probleme der Voraussetzungen und Reichweite gerichtlichen Rechtsschutzes etwa gegenüber umweltrelevanten Vorhaben wie Verkehrsanlagen, Industrieansielungen oder Kernkraftwerken [28], gegenüber Prüfungsentscheidungen [29], dienstlichen Beurteilungen im Beamtenrecht [30] und in Eilfäl-

---

27) Vgl. OLDIGES, JurA 1970, 627; der dort den Vergleich von Rechtsschutz als Waffe und der Auskunft als Munition verwendet.

28) Vgl. etwa ULE/LAUBINGER, Gutachten, S. B 60-B 73, B 88-B 93; WINTERS, S. 102-106; SELLNER, S. 134-170; FISCHERHOF I, 5 vor § 3 AtG; SCHMIDT, W., NJW 1978, 1773 f.; OSSENBÜHL, DVBl. 1978, 1-9; BLÜMEL, DVBl. 1977, 316-320; derselbe, DVBl. 1975, 695-709; derselbe, Raumplanung, S. 145-161; derselbe, Demokratisierung, S. 23-36; STELKENS/PAGENKOPF, DVBl. 1977, 668-672; PAPIER, NJW 1977, 1714-1720; BREUER, NJW 1977, 1127-1129; WEYREUTHER, BauR 1977, 293-309.

29) Dazu STELKENS in STELKENS/BONK/LEONHARDT, 39 und 44 zu § 40; WOLFF/BACHOF, VerwR I, 31 I c 4 (S. 193 f.); STÜER, DÖV 1974, 257-264; SEMLER, NJW 1973, 1774-1777; BIRKENFELD, DStR 1972, 173-177; OLDIGES, JurA 1970, 611-634; BVerwG vom 28.4.1978, NJW 1978, 2408 f.; vom 30.8.1966, DVBl. 1966, 860-862; vom 12.5.1961 und 14.7.1961, NJW 1962, 122-124; OVG Koblenz vom 10.4.1963, DÖV 1963, 553-557; OVG Münster vom 12.9.1972, JZ 1973, 242-244 mit Anm. ERICHSEN.

30) WOLFF/BACHOF, VerwR I, § 31 I c 4 (S. 193); KONOW, ZBR 1972, 329-334; SOLTE, ZBR 1972, 109-115; KÖNIG, P. BayVBl. 1971, 44-48.

len - vorläufiger Rechtsschutz [31] - sind bei der Entscheidung über ein Auskunftsbegehren also lediglich summarisch zu prüfen. Nur wenn bereits aufgrund dieser summarischen Prüfung eindeutig feststeht, daß kein Rechtsschutz gegeben ist, kann die Auskunft der Rechtswahrnehmung nicht mehr dienen und darf dann - allerdings unter Angabe des Grundes - verweigert werden.

c) Angewiesenheit

Zur Auslegung des Merkmals der Angewiesenheit ist zurückzugehen auf den Normzweck des Art. 19 Absatz 4 GG, effektiven und umfassenden Rechtsschutz gegenüber der öffentlichen Gewalt sicherzustellen. Dieses Schutzgut wird nicht schon dann betroffen, wenn die Rechtsausübung durch den Bürger unvorteilhaft oder ungeschickt ist [32], sondern erst dann, wenn das Ob des Rechtsschutzes gefährdet ist. Hilfeleistungen gegenüber rechtlich ungewandten und sozial schwachen Bürgern haben nichts mit der Rechtsschutzgarantie zu tun, sondern sind Gegenstand der sozialstaatlichen Betreuungspflicht der Verwaltung [33] und im übrigen natürlich auch Aufgabe der rechtsberatenden Berufe und Organisationen. Der Gedanke des effektiven Rechtsschutzes ist also erst dann angesprochen, wenn eine Auskunft notwendig ist, um ein Recht überhaupt und ohne wesentliche Behinderungen ausüben zu können.

---

31) Vgl. ULE/LAUBINGER, Gutachten, S. B 69-B 71; B 91-B 93; FINKELNBURG, Effektivität, S. 172 f.; derselbe, Vorläufiger Rechtsschutz; SCHOLZ, VVDStRL 34 (1976), 194-198; SCHMIDT-ASSMANN, VVDStRL 34 (1976), 259-261; LEIPOLD, S. 38-51, 187-222.

32) Beispiele: Unzweckmäßige Gestaltung des Versicherungsverhältnisses (vgl. BSG vom 14.6.1962, MDR 1962, 1022 und vom 22.2.1972, NJW 1972, 1344; BGH vom 23.1.1964, VersR 1964, 919-932), Möglichkeit einer erfolgversprechenden erneuten Antragstellung nach Änderung der Rechtslage (vgl. BVerwG vom 6.5.1958, Buchholz 427.3 § 234 LAG Nr. 3; BGH vom 6.4.1960, NJW 1960, 1244 f.), Möglichkeit, bestimmte Steuervergünstigungen geltend zu machen (vgl. BFH vom 22.1.1960, BStBl. 1960 III, 178 f.).

33) Dazu unten § 24.

Erfüllt ist das Merkmal der Angewiesenheit typischerweise in den folgenden vier Fallgruppen:

- Wenn dem Beteiligten ein Rechtsverlust droht.
- Wenn der Beteiligte ohne die Information an der Rechtswahrnehmung überhaupt gehindert wäre bzw.
- an einer effektiven Rechtswahrnehmung oder daran,
- einen sachgerechten Antrag zu stellen oder eine Einwendung zu erheben.

aa) Abwendung eines drohenden Rechtsverlustes

Der Abwendung von sonst drohenden Rechtsverlusten dienen insbesondere Rechtsauskünfte, wie etwa Hinweise auf Ausschlußfristen [34)], Belehrungen über formelle Anforderungen an eine Rechtsmitteleinlegung [35)], Belehrungen über die Folgen rechtserheblicher Erklärungen des Bürgers [36)] oder eine Auskunft über den Mindestbeitrag zur Erlangung eines erhöhten Rentenanspruchs [37)]. Solche Auskünfte können in jedem Stadium eines Verwaltungsverfahrensa anfallen und sowohl zur präventiven wie auch zur repressiven Rechtsausübung erforderlich sein.

bb) Gewährleistung der Rechtswahrnehmung überhaupt

Auskünfte, ohne die der Bürger an der Rechtswahrnehmung überhaupt gehindert wäre, sind vor allem Tatsachenauskünfte. Als Beispiele aus der Rechtsprechung sind zu nennen Auskünfte über diffamierende verwaltungsinterne Vorgänge [38)] oder die Unterrichtung eines Dritten von einem seine rechtlichen Interessen

---

34) Vgl. BVerwG vom 16.10.1969, BVerwGE 34, 93-96 und BSG vom 23.3.1972, NJW 1972, 1389-1391.
35) Vgl. BFH vom 29.3.1966, BB 1966, 886. Dazu näher unten § 22.
36) Vgl. BVerwG vom 31.8.1960, DÖV 1961, 148 f. und vom 8.2.1957, NJW 1957, 1374 f.
37) Vgl. BGH vom 8.1.1968, VersR 1968, 371-373.
38) Vgl. VG Bremen vom 10.2.1972, ZBR 1972, 319.

berührenden Verfahren [39], etwa einem Planfeststellungsverfahren für eine Verkehrsanlage oder einem Genehmigungsverfahren für ein industrielles Vorhaben. Zwar sehen die einschlägigen Verfahrensregelungen eine Auslegung des Plans bzw. der Antragsunterlagen zur Einsicht für jedermann und eine öffentliche Bekanntmachung der Auslegung vor [40]. Damit ist jedoch nichtsichergestellt, daß jeder Betroffene auch tatsächlich Kenntnis von dem Vorhaben erlangt. Als Nebenpflicht zur Auslegungs- und Bekanntmachungspflicht haben daher die beteiligten Behörden auf Anfrage jedem Interessenten die Tatsache der Verfahrenseröffnung sowie Ort und Zeit der Auslegung auch individuell mitzuteilen.

cc) Gewährleistung einer effektiven Rechtswahrnehmung

Bei den Auskünften, die zur Gewährleistung einer effektiven Rechtswahrnehmung erforderlich werden, besteht das Problem der Abgrenzung zum Anspruch auf rechtliches Gehör [41]. Der wesentliche Unterschied zwischen diesen im übrigen eng verwandten Rechtsgrundsätzen besteht darin, daß der Gedanke des effektiven Rechtsschutzes die Rechtsverfolgung als solche gewährleistet, während es bei dem Grundsatz auf rechtliches Gehör um die rechtsstaatliche Durchführung des Verfahrens geht [42].

Ein interessantes Beispiel einer Auskunft, die zur Gewähr-

39) BGH vom 4.5.1964, Der Betrieb 1964, 1331 f.; PIPKORN, Diss., S. 116-119; vgl. oben § 5 III bei 42).
40) Vgl. etwa § 73 Absatz 3 VwVfG; § 10 Absatz 3 BImSchG iVm § 10 der 9. BImSchV; § 9 b Absatz 5 Nr. 1 AtG iVm § 6 der AtVfV; § 18 Absatz 3 FStrG. Dazu WOLFF/BACHOF, VerwR III, § 158 Rn. 13 (S. 359 f.); BONK in STELKENS/BONK/LEONHARDT, 22-26 zu § 73; ULE/LAUBINGER, Gutachten, S. B 32 f., B 76-B 79; dieselben, Lehrbuch, S. 156-158; BVerwG vom 14.4.1978, DÖV 1978, 736-738 (736 f.). Vgl. ferner oben § 6 II bei 107); unten bei 54) bis 58).
41) Dazu unten § 20 II.
42) Vgl. nur WOLFF/BACHOF, VerwR III, § 156 Rn. 39-42 (S. 336-338). Näher unten § 20.

leistung einer effektiven Rechtsverfolgung notwendig war, enthält eine BGH-Entscheidung vom 13.7.1954 [43]. Dort wurde eine Gemeinde für verpflichtet gehalten, Auskunft über die Nutzung enteigneter Grundstücke zu geben, damit der frühere Eigentümer seinen möglicherweise bestehenden Anspruch auf Rückübereignung geltend machen könne. Ohne diese Auskunft war der Kläger nicht in der Lage, seinen Anspruch zu begründen und damit effektiv wahrzunehmen.

Vergleichbare Fälle sind zB Auskünfte über die geleisteten Sozialversicherungsbeiträge für einen Rentenantrag [44], die Auskunft des Finanzamtes über den bei einem Steuerbescheid zugrundegelegten Mietpreisspiegel, damit der Betroffene sich gegen die entsprechende Festsetzung wehren kann [45] oder die Mitteilung von einer beabsichtigten Weiterleitung belastender Tatsachen über einen Beteiligten [46]. Typische Gegenbeispiele von Auskünften, die in Erfüllung des rechtlichen Gehörs erteilt werden, sind Informationen über neue tatsächliche oder rechtliche Aspekte, die sich im Laufe eines Verfahrens ergeben [47].

Wie die angeführten Beispiele gezeigt haben, handelt es sich bei dieser Gruppe von Auskünften zur Gewährleistung einer effektiven Rechtsausübung vornehmlich um Tatsachenauskünfte, die vor Einleitung eines Verfahrens anstehen.

---

43) BGH vom 13.7.1954, VerwRspr. 7 (1955), 242-249; vgl. auch oben § 4 I bei 16) und 17).
44) Vgl. BSG vom 17.11.1970, BSGE 32, 60-70 und KRIEGER, S. 153.
45) Vgl. FG München vom 4.3.1976, zitiert nach "Hannoversche Allgemeine Zeitung" vom 20.11.1976, S. 51.
46) Dazu EVERS, Privatsphäre, S. 247-250; PIPKORN, Diss., S. 115 f.; vgl. oben § 5 III bei 41); BVerwG vom 12.10.1971, MDR 1972, 265 f.
47) Vgl. unten § 20 II 2 a.

dd) Ermöglichung einer sachgerechten Antragstellung oder Erhebung einer Einwendung

Auskünfte zur Ermöglichung einer sachgerechten Antragstellung oder Erhebung einer Einwendung sind typischerweise zu schwierigen Sach- oder Rechtsfragen im Zusammenhang mit der Einleitung eines Verfahrens zu erteilen. In diesen Fällen ist - neben der Betreuungspflicht [48] - auch das Rechtsschutzprinzip berührt, wenn es darum geht, dem Betroffenen die sinnvolle Ausübung von Rechten überhaupt zu ermöglichen und nicht nur darum, die vorteilhafteste Gestaltung des Verfahrens herbeizuführen [49].

Ein wichtiges Anwendungsgebiet von Auskünften dieser Fallgruppe sind Planfeststellungsverfahren und Genehmigungsverfahren für umweltrelevante Vorhaben. Es ist anerkannt, daß in diesen Verfahren eine Stärkung des Rechtsschutzes für die Betroffenen [50] und insbesondere eine intensivere Aufklärung [51] über die meist komplizierten rechtlichen und tatsächlichen Zusammenhänge erforderlich sind. Dies hat vor allem in der mündlichen Verhandlung bzw. dem Erörterungstermin [52] und in dem Stadium der Vorbereitung des Termins [53] zu geschehen. Aber auch schon während der Auslegung [54] können individuelle Auskunftspflichten entstehen, soweit ein Betroffener oder poten-

48) Dazu unten § 24.
49) Vgl. etwa BVerwG vom 28.11.1974, BVerwGE 47, 225-229; dazu oben § 4 II bei 27) und 27 a).
50) Vgl. oben II bei 14).
51) Vgl. nur ULE/LAUBINGER, Gutachten, S. B 78; v. MUTIUS, DVBl. 1978, 666; BLÜMEL, Funktion, S. 232; BENDER, Funktion, S. 250; de WITT, S. 277; BREUER, Die Verwaltung 1977, 28; MARTENS, J., JuS 1977, 669; LANGE, DVBl. 1975, 134; ferner oben § 1 I bei 10); unten § 20 II bei 70).
52) Vgl. dazu oben § 6 II.
53) Vgl. dazu unten § 20 II 2 c bb.
54) Vgl. auch oben bei 40).

tieller Einwender [55] über die ausgelegten Unterlagen hinaus einer weiteren Information bedarf, um sich darüber schlüssig zu werden, ob und gegebenenfalls welche Einwendungen er erheben soll. Dabei kann es sich etwa um Erläuterungen der zu erwartenden Folgeerscheinungen des Vorhabens [56], aber auch um Belehrungen verfahrensrechtlicher Art [57] handeln [58].

2. Keine zumutbare andere Informationsmöglichkeit [59]

Die vorstehend aufgeführten Beispiele machen deutlich, daß das Merkmal der Angewiesenheit des Beteiligten auf eine Auskunft sehr weit reicht und deshalb - insbesondere bei Verfahren mit vielen Beteiligten - die Gefahr einer Überlastung der Behörde [60] nicht von der Hand zu weisen ist. Es ist deshalb grundsätzlich zu fordern, daß der Beteiligte zunächst eigene Anstrengungen zu unternehmen hat, bevor er bei der Verwaltung wegen einer benötigten Information nachsucht. Aufgabe der Behörde kann es nicht sein, dem Bürger lästige Mühen bei der Erledigung seiner Rechtsangelegenheiten abzunehmen. Nur wenn der Beteiligte sich die fragliche Information anderweitig überhaupt nicht oder nur unter unzumutbaren Schwierigkeiten beschaffen kann, tritt eine Auskunftspflicht der Behörde ein.

Bei Tatsachenauskünften kann sich die unzumutbare Schwierigkeit oder gar völlige Unmöglichkeit, die Information anderweitig zu beschaffen, häufig ergeben. Bestimmte Tatsachen

---

55) Zu den Begriffen vgl. oben § 1 II bei 17) und 18).
56) Vgl. LANGE, DVBl. 1975, 133.
57) Vgl. auch unten § 20 II bei 71) und 72); ferner oben § 6 I in 9).
58) Zur Zuständigkeit vgl. unten § 30.
59) Vgl. auch oben § 10 III 1; unten § 24 III 3 a.
60) Vgl. auch unten § 27 I 2.

sind nun einmal nur in behördlichen Akten verzeichnet oder dort aus verstreuten Quellen gesammelt. Aber auch bei Rechtsauskünften sind grundsätzlich - wenn auch seltener - Fälle anzuerkennen, in denen dem Bürger die eigene Informationsbeschaffung nicht zumutbar ist. Zwar stehen theoretisch jedermann alle Informationsquellen zur Klärung eines Rechtsproblems offen, insbesondere die Hinzuziehung fachlichen Rats durch Anwälte, Steuerberater oder private Interessenverbände [60 a)]. In der Praxis ist es dennoch oft so, daß die spezialisierte Behörde die zuverlässigste und am schnellsten zugängliche Stelle zur Beantwortung einer schwierigen Rechtsfrage ist.

3. Auskunftsersuchen [61)]

Die Absicht des Beteiligten, ein bestimmtes Recht auszuüben, und seine Angewiesenheit auf eine bestimmte Auskunft kann die Behörde im Regelfall von sich aus nicht erkennen. Deshalb ist schließlich die Einschränkung zu machen, daß der Beteiligte um die Auskunft zumindest schlüssig nachsuchen muß.

Der Begriff des Nachsuchens ist hierbei allerdings nicht zu eng zu verstehen. Es genügt, wenn der Bürger an die Behörde herantritt, um Informationen für eine Rechtsverfolgung zu bekommen. Die Auskunftspflicht darf nicht davon abhängig sein, daß der jeweils Vorsprechende die maßgeblichen Rechts- und Tatsachenfragen mit aller Klarheit herausstellt und ausdrücklich um Belehrung bittet [61 a)]. So hat der Beamte etwa auf den bevorstehenden Fristablauf oder auf sonstige formelle Anforde-

---

60 a) Vgl. auch unten § 24 III bei 37) bis 41).
61) Vgl. auch oben § 10 III 3; unten § 18 III 2 b; § 20 III 3 a; § 24 III 3 c.
61 a) Vgl. auch unten § 33 III bei 12).

rungen einer Antragstellung hinzuweisen, wenn jemand sich beispielsweise nach Ausbildungsförderung oder Wohngeld erkundigt. Dagegen besteht aus dem Gedanken des effektiven Rechtsschutzes keine Verpflichtung, einen Bürger über die Möglichkeit der Inanspruchnahme staatlicher Leistungen zu beraten [62] [63].

62) Einschlägig für solche Auskünfte ist allein die Betreuungspflicht; vgl. im einzelnen unten § 24.
63) Zum Inhalt der zu erteilenden Auskünfte vgl. unten § 33, insbesondere unter III bei 9) bis 13).

§ 12 Sozialstaatsprinzip

Der Verfassungsgrundsatz der Sozialstaatlichkeit kommt unmittelbar als Grundlage behördlicher Auskunftspflichten nicht in Betracht [1]. Die Sozialstaatlichkeit ist ein Strukturprinzip der verfassungsrechtlichen Ordnung und gewährleistet als solches ganze Rechtsbereiche wie das Sozialhilfe- und Sozialversicherungsrecht, Arbeitsschutzrecht, weite Teile des Mietrechts usw. Außerdem stellt sie eine Auslegungs- und Ermessensrichtlinie des geltenden Gesetzesrechts und einen Gestaltungsauftrag an den Gesetzgeber dar. Sie ist jedoch keine individuelle und konkrete Ansprüche begründende Rechtsnorm [2].

Es kann allerdings schon hier angemerkt werden, daß den Befürwortern von Auskunftspflichten aus dem Sozialstaatsprinzip [3] letztlich nicht im Ergebnis, sondern nur in der Begründung zu widersprechen ist. Die Sozialstaatlichkeit wird nämlich u. a. auch durch die verwaltungsrechtliche Pflicht der Behörde zur Betreuung des Bürgers konkretisiert. Diese Betreuungspflicht [4] ist unmittelbare Grundlage behördlicher Aus-

1) So auch MERTEN, VSSR 1973, 68; vgl. oben § 5 IX bei 108); LAUBINGER, Betreuungspflicht, S. 457.
2) Vgl. HESSE, S. 86; v. MAYDELL, S. 409 f.; HERZOG, BayVBl. 1976, 163; MAUNZ/DÜRIG/HERZOG/SCHOLZ, 175 zu Art. 20; v. MÜNCH, Grundgesetz, 19 f. zu Art. 20; MARTENS, W., VVDStRL 30 (1972), 31; MENZEL, DÖV 1972, 545; SCHREIBER, S. 148; HAMANN/LENZ, Einführung, S. 65; WEBER, W., Der Staat 1965, 415 f., 431, 433; ABENDROTH, S. 115-125; FORSTHOFF, Rechtsstaat, S. 188-191.
Differenzierend WOLFF/BACHOF, VerwR III, § 138 Rn. 4 und 9 (S. 191 f., 194).
3) KRIEGER, S. 131, 144 f., 153 f., 163 f.; vgl. oben § 5 VII bei 81) bis 83); PÜTTNER, S. 59; PIPKORN, Diss., S. 64-68 und DÖV 1970, 171 f.; vgl. oben § 5 III bei 30); BEINHARDT, DÖV 1965, 484; vgl. oben § 5 II bei 12).
4) Vgl. unten § 24.

kunftspflichten. Das dogmatische Verhältnis zwischen der Sozialstaatlichkeit und der Betreuungspflicht ist also etwa vergleichbar dem zwischen Treu und Glauben und konkreten Vertragspflichten im Zivilrecht.

§ 13 Demokratieprinzip

Demokratie [1] im Sinne des Grundgesetzes ist ein Leitprinzip der politischen Prozesse, in denen die staatliche Gewalt geschaffen und ausgeübt wird. Sie wird verwirklicht durch die Beteiligung des Volkes an diesen Prozessen und enthält als wesentliche Merkmale den Parlamentarismus, das Wahlrecht mit den Prinzipien der Gleichheit und der Mehrheitsentscheidung sowie als Voraussetzungen der politischen Willensbildung die demokratischen Grundrechte (Meinungsfreiheit, Pressefreiheit, Versammlungs- und Vereinigungsfreiheit).

Die Wahrnehmung individueller Rechte im Verwaltungsverfahren hat mit dem Demokratieprinzip keine Berührung [2]. Die rechtmäßige und sachgerechte Durchführung und Entscheidung eines konkreten Verwaltungsverfahrens ist ausschließlich eine Frage der Rechts- und Sozialstaatlichkeit. Sie wird gewährleistet durch Grundsätze wie die Gesetzmäßigkeit der Verwaltung, den Vorrang des Gesetzes, den Anspruch auf rechtliches Gehör [3],

---

1) Vgl. v. MÜNCH in ERICHSEN/MARTENS, S. 33-37; HESSE, S. 52-69; MAUNZ, S. 62-69; GEIGER, Demokratieverständnis; HAMANN/LENZ, Einführung, Ziffer 4.

2) So auch BADURA in ERICHSEN/MARTENS, S. 284; BREUER, Die Verwaltung 1977, 11 f.; MAYER, Allg. VerwR, S. 37 f.,; OSSENBÜHL, Gutachten, S. B 125 f., 128 f.; BLÜMEL, Die Verwaltung 1974, 330; derselbe, Demokratisierung, S. 23; RUPP, VVDStRL 30 (1972), 340.
Anderer Ansicht KOPP, Beteiligung, S. 390-392; derselbe, VerwaltungsverfahrensR, S. 180-191; SCHMITT GLAESER, Verwaltungsverfahren, S. 42 f.; HÄBERLE, Verfassungsprinzipien, S. 59, 91; RAUCH, S. 147-151, 157; MAETZEL, DÖV 1976, 234 (Tagungsbericht); BROHM, VVDStRL 30 (1972), 279 f.

3) Wenn der Anspruch auf rechtliches Gehör vereinzelt als auch demokratisches Gebot verstanden wird, wie etwa von SCHMITT GLAESER, VVDStRL 31 (1973), 224 oder KOPP, VerwaltungsverfahrensR, S. 189-191, so ist dies mE eine falsche Einordnung. Vgl. auch unten § 20 bei 2).

die Betreuungspflicht der Verwaltung [4] und das Gebot ordnungsgemäßer Sacherledigung [5].

Die im Zusammenhang mit der Demokratisierungs- bzw. Partizipationsdiskussion [6] angestellten Überlegungen, durch eine Teilhabe der Bürger an Verwaltungsentscheidungen die demokratischen Grundsätze Menschenwürde, Konsens und Öffentlichkeit zu effektivieren [7] stehen hierzu nicht im Widerspruch. Zum einen handelt es sich bei diesen Modellen noch um rechtspolitische Zielvorstellungen, die an die Adresse des Gesetzgebers gerichtet sind [8]. Zum anderen ist die Anwendbarkeit dieser Modelle auf Verwaltungsverfahren im engeren, in § 9

4) Vgl. unten § 24.
5) Vgl. unten § 18.
6) Vgl. ACHTERBERG, NJW 1978, 1993-1997; REDEKER, Teilhaberechte, S. 516-525; HOLLIHN, S. 85-89; RAUCH; BREUER, Die Verwaltung 1977, 1-29; DAMKOWSKI, RiA 1977, 188-192; MAETZEL, DÖV 1976, 234; SCHMIDT, W., VVDStRL 33 (1975), 207-210; OSSENBÜHL, Gutachten, S. B 119-B 130; WALTER, VVDStRL 31 (1973), 147-178; SCHMITT GLAESER, VVDStRL 31 (1973), 179-265; BLÜMEL, Die Verwaltung 1974, 329-334; derselbe, Demokratisierung, S. 9-36; KNÖPFLE, DVBl. 1974, 707-716; THIEME, Handbuch der Verwaltung, RZ. 1131-1136; KUBE, BaWüVBl. 1973, 17-23; DAGTOGLOU, DVBl. 1972, 712-719; HÄBERLE, VVDStRL 30 (1972), 125-130, 141; KISKER, DÖV 1972, 520-529; RUPP, NJW 1972, 1537-1543; HERZOG, Demokratieprinzip; STICH, Mitwirkung; DIENEL, Die Verwaltung 1971, 151-176.
Zur Rechtslage in Österreich vgl. WIMMER, N., Die Verwaltung 1974, 490-495; OBERNDORFER, DÖV 1972, 529-536.
7) Vgl. etwa OSSENBÜHL, Gutachten, S. B 127; SCHMITT GLAESER, VVDStRL 31 (1973), 221-240 (insbesondere 221, 228); BROHM, VVDStRL 30 (1972), 279 f; KOPP, VerwaltungsverfahrensR, 180-186.
8) OSSENBÜHL, Gutachten, S. B 128, 129; SCHMITT GLAESER, VVDStRL 31 (1973), 228, 236; BACHOF, VVDStRL 30 (1972), 363.

VwVfG definierten Sinne, skeptisch zu beurteilen [9]. Den Interessen der Beteiligten dürfte ein Ausbau des effektiven Rechtsschutzes im Verwaltungsverfahren und der vorläufige gerichtliche Rechtsschutz dienlicher sein als partizipative Mitwirkungsformen bzw. eine "Demokratisierung" des Verwaltungsverfahrens [10].

Im übrigen gilt für das Demokratiegebot der gleiche Einwand wie für die Sozialstaatlichkeit [11], daß es kein direkt anwendbarer Rechtssatz ist, sondern ein konkretisierungsbedürftiges Ordnungsprinzip [12].

Dem Demokratieprinzip können folglich auch keine Auskunftspflichten der Verwaltung gegenüber Verfahrensbeteiligten entnommen werden [13].

---

9) So auch BADURA in ERICHSEN/MARTENS, S. 284; BREUER, Die Verwaltung 1977, 12; OSSENBÜHL, Gutachten, S. B 129 f.; BLÜMEL, Die Verwaltung 1974, 330; derselbe, Demokratisierung, S. 23; BETTERMANN, VVDStRL 31 (1973), 275 f; IPSEN, VVDStRL 31 (1973), 295; PÜTTNER, VVDStRL 31 (1973), 273.
Anderer Auffassung WALTER, VVDStRL 31 (1973), 151, 164-166, 283; SCHMITT GLAESER, VVDStRL 31 (1973), 246 f., 257, 280 f., 304; MAURER, VVDStRL 31 (1973), 292 f.

10) So nachdrücklich auch BLÜMEL, Die Verwaltung 1974, 329 f. und Demokratisierung, in Forsthoff-Festschrift 1972, 23-25. Vgl. ferner BADURA und BREUER, beide aaO.

11) Vgl. oben § 12 bei 2).

12) HESSE, S. 52; v. MÜNCH, Grundgesetz, 12 zu Art. 20; GEIGER, Demokratieverständnis, S. 231.
Anderer Ansicht (Demokratieanspruch bei evident unerträglichen Demokratieverstößen) SCHACHTSCHNEIDER, JR 1970, 407.

13) So auch KRIEGER, S. 133. Anderer Ansicht SCHMITT GLAESER, VVDStRL 31 (1973), 225 und 262 (Leitsatz 15); HÄMMERLEIN, Öffentlichkeit und Verwaltung, S. 65.

§ 14 Gleichheitssatz

Eine Begründung von Auskunftspflichten aus dem Gebot der Gleichbehandlung (Art. 3 GG) ist unter zwei Gesichtspunkten denkbar: Zum einen unter Berufung auf Vergleichsfälle; zum anderen mit dem Ziel, ungleiche Entscheidungen gleichartiger Fälle allein aufgrund mangelnder Rechts- oder Tatsachenkenntnis eines Beteiligten zu verhindern. In beiden Fallgruppen ist jedoch eine unmittelbare Ableitung von Auskunftspflichten aus dem Gleichheitssatz im Ergebnis abzulehnen.

Bei der ersten Fallgruppe (Berufung auf Vergleichsfälle) handelt es sich nicht um ein spezifisches Problem der Auskunftspflicht, sondern um ein allgemeines der Rechtsanwendung durch die Verwaltung [1]. Die Lösung derartiger Fälle kann hier nur kurz skizziert werden:

Wenn die Auskunftserteilung im Ermessen der Behörde steht, begründet eine ständige Praxis oder eine Verwaltungsvorschrift [2] nach allgemeinen Grundsätzen ein formelles Auskunftsrecht [3]. Soweit den Vergleichsfällen eine materielle Auskunftspflicht zugrunde lag, besteht die Verpflichtung aus dem jeweiligen Rechtssatz ebenso in zukünftigen Fällen. Der Rückgriff auf den Gleichheitssatz ist dann überflüssig. War die frühere Auskunftserteilung dagegen materiell rechtswidrig, so ist eine

---

1) Vgl. hierzu etwa DAX, S. 132-137; GÖTZ, DVBl. 1968, 93-97.
2) Vgl. WOLFF/BACHOF, VerwR III, § 138 Rn. 23 (S. 201); OSSENBÜHL, Verwaltungsvorschriften, S. 448; KRIEGER, S. 92; BVerwG vom 26.10.1966, BVerwGE 25, 191-201 (197); OVG Münster vom 20.5.1975, GewA 1976, 70-72; vom 28.6.1972, NJW 1973, 110; vom 27.1.1971, NJW 1971, 1627. Vgl. auch oben § 9 bei 9).
3) Vgl. hierzu oben § 9 bei 10) und unten § 28 II bei 7) und 9).

Berufung auf den Gleichheitssatz nach herrschender Meinung [4] unzulässig. Eine Gleichheit im Unrecht gibt es nicht.

Bei der zweiten Fallgruppe (Herstellung von Chancengleichheit) verbietet sich ein Zurückgehen auf den Gleichheitssatz deshalb, weil diesem Ziel letztlich sowohl die verfahrensrechtlichen Auskunftspflichten in § 25 VwVfG, § 89 AO 1977, §§ 14, 15, 16 Absatz 3 SGB [5] als auch die ungeschriebenen Auskunftspflichten, etwa aus dem Berechenbarkeitsgrundsatz [6], dem Gebot des effektiven Rechtsschutzes [7] und insbesondere der Betreuungspflicht [8], dienen. In ihrer Gesamtheit können diese Auskunftspflichten als ein System zur Gewährleistung weitestmöglicher Chancengleichheit im Verwaltungsverfahren verstanden werden, so daß daneben für eine Ableitung von Auskunftspflichten aus dem Gleichheitssatz kein Raum mehr ist [9].

---

4) Vgl. WOLFF/BACHOF, VerwR I, § 30 I b 2 (S. 177); DÜRIG in MAUNZ/DÜRIG/HERZOG/SCHOLZ, 182 zu Art. 3; GUBELT in v. MÜNCH, Grundgesetz, 31 zu Art. 3; SCHMIDT/BLEIBTREU/KLEIN, 32 f. zu Art. 3.
Differenzierend in Fällen überwiegenden Vertrauensschutzes GÖTZ, Gleichheit im Unrecht, S. 254, 257; DVBl. 1968, 96.
5) Vgl. oben § 6 I und III.
6) Vgl. oben § 10.
7) Vgl. oben § 11.
8) Vgl. unten § 24.
9) Anderer Ansicht KOPP, VerwaltungsverfahrensR, S. 174, 177; REIFENRATH, S. 82 und SCHMIDT, R., BB 1954, 291.
In der sonstigen Literatur und in der Rechtsprechung wird der Gleichheitssatz - soweit ersichtlich - als Grundlage von Auskunftspflichten nicht diskutiert.

§ 15 Informationsfreiheit

Die Informationsfreiheit des Art. 5 Absatz 1 Satz 1 GG ist aus den gleichen Gründen wie das Demokratieprinzip [1], auf dem sie letztlich beruht, für das Verhältnis der Verwaltung zu den Verfahrensbeteiligten unergiebig [2]. Die einschlägigen rechts- und sozialstaatlichen Grundsätze, die gewährleisten, daß der Bürger im Verwaltungsverfahren die zur Wahrnehmung seiner Rechte erforderlichen Informationen erhält, verdrängen die allgemeine staatsbürgerliche Informationsfreiheit.

Im übrigen besteht nahezu Einmütigkeit darüber, daß auch außerhalb von Verwaltungsverfahren aus der Informationsfreiheit keine Auskunftspflichten der Verwaltung herzuleiten sind, weil Aufzeichnungen und sonstige Erkenntnisse der Verwaltung keine "allgemein zugängliche Quellen " im Sinne von Art. 5 Absatz 1 Satz 1 GG sind [3]. Dem ist zuzustimmen. Art. 5 Absatz 1 Satz 1 GG verbietet die staatliche Beschränkung faktisch zugänglicher Informationsquellen, gibt aber kein Recht darauf, daß der Staat selbst Informationsquellen schafft [4].

---

1) Vgl. oben § 13 bei 2) bis 5).
2) Entsprechendes gilt für die Meinungsäußerungsfreiheit, der WINDSHEIMER, S. 156-165, ein subjektiv-öffentliches Recht auf Information für Personen, die am allgemeinen Kommunikationsprozeß beteiligt sind, entnimmt.
3) FOERSTER, SKV 1974, 321; LAUBINGER, DVBl. 1972, 750; WINDSHEIMER, S. 141; REIFENRATH, S. 85; GEIGER, Informationsfreiheit, S. 123; RIDDER, S. 276; PIPKORN, Diss., S. 56; DÜWEL, S. 115; BVerwG vom 25.3.1966, DVBl. 1966, 575; VGH Mannheim vom 8.2.1977, BWVPr. 1977, 155 f.; OVG Münster vom 9.3.1972, GewA 1973, 74.
Anderer Ansicht KRIEGER, S. 106-108, 118 f., 124; BRINKMANN, I 1 b zu Art. 5.
4) Vgl. MAUNZ/DÜRIG/HERZOG/SCHOLZ, 101 zu Art. 5.

§ 16 Sonstige Freiheitsgrundrechte

Bei der Wahrnehmung von Freiheitsgrundrechten kann sich ebenso wie bei der Wahrnehmung sonstiger subjektiv-öffentlicher Rechte ein Informationsbedürfnis des Bürgers gegenüber der Verwaltung ergeben [1]. Es stellt sich daher die Frage, ob die Verwaltung in solchen Fällen auch in gleicher Weise auskunftspflichtig ist.

Dies könnte verneint werden mit dem Argument, daß Freiheitsgrundrechte reine Abwehrrechte seien und daher keine Leistungsansprüche, also auch keine Informationsrechte, begründeten. Diese Schlußfolgerung wäre jedoch verfehlt. In diesem Zusammenhang braucht auf die in jüngster Zeit unter dem Stichwort "Grundrechte als Teilhaberechte" in Bewegung geratene Diskussion [2] nicht näher eingegangen zu werden, weil die dort vorgenommene Unterscheidung von Abwehr- und Leistungsansprüchen

---

1) Vgl. zB zu Art. 6 Absatz 2 Satz 1 GG: BVerwG vom 3.7.1978, DÖV 1978, 845 f.; vom 10.7.1964, DÖV 1964, 638 f.; OVG Koblenz vom 10.4.1963, DÖV 1963, 553-557; OVG Hamburg vom 17.12.1957, VerwRspr. 11 Nr. 65.
Zu Art. 9 Absatz 3 GG: BVerwG vom 4.6.1970, BVerwGE 35, 225-232 (230).
Zu Art. 5 Absatz 3 GG: BVerwG vom 25.2.1971, BVerwGE 37, 265-271; LEPPER, DVBl. 1963, 317.
Allgemein LORENZ, S. 263, Fn. 29; KRIEGER, S. 57; PIPKORN, Diss., S. 53-56.

2) Vgl. zB BREUER, Grundrechte; REDEKER, Teilhaberechte, S. 511-516; BECKER, H.J., DÖV 1978, 573-581; SENDLER, DÖV 1978, 581-589; HESSE, S. 123 f.; MAUNZ, S. 110-112; SCHWERDTFEGER, S. 163-167; LIESEGANG, JuS 1976, 420-424; OSSENBÜHL, NJW 1976, 2100-2107; FRIESENHAHN, Verh. des 50. DJT 1974, Band II, S. G 1-G 37; BÖCKENFÖRDE, NJW 1974, 1529-1538; WIEGAND, DVBl. 1974, 657-663; HALL, JuS 1974, 87-93; HÄBERLE, Grundrechte, VVDStRL 30 (1972), 109-141; KLEIN, Grundrechte, S. 65-79; MARTENS, W., VVDStRL 30 (1972), 25-42; FRIAUF, DVBl. 1971, 674-682; SCHEUNER, DÖV 1971, 505-513; BVerfG vom 25.2.1975, BVerfGE 39, 1-68; vom 29.5.1973, BVerfGE 35, 79-170 und vom 18.7.1972, BVerfGE 33, 303-358.

auf den Sonderfall der Auskunftsgewährung nicht paßt [3].

Darüber, ob etwa das Recht auf die freie Wahl der Ausbildungsstätte die öffentliche Hand zur Erweiterung der Ausbildungsmöglichkeiten verpflichtet [4], mag man streiten, weil hierbei rechtspolitische Erwägungen (Prioritätsentscheidungen, Mittelverteilung) eine maßgebliche Rolle spielen. Demgegenüber ist eine Auskunftserteilung - ebenso die Gewährung von Akteneinsicht - eine singuläre und vom Aufwand her vergleichsweise unbedeutende Verfahrenshandlung. Es wäre ein mit dem Gedanken des effektiven Rechtsschutzes [5] unvereinbares Ergebnis, wenn die Verwaltung durch eine restriktive Verfahrenspraxis in Form von Informationsverweigerung die Wahrnehmung von Freiheitsgrundrechten vereiteln dürfte.

Den Freiheitsgrundrechten ist daher als Minimalforderung die Verpflichtung zur Erteilung von Auskünften zu entnehmen, soweit diese im Einzelfall zur Wahrnehmung des Grundrechts notwendig sind [6] [7].

---

3) Vgl. zu der entsprechenden Frage bei der Auslegung des Prinzips des effektiven Rechtsschutzes oben § 11 II.
4) Vgl. BVerfG vom 18.7.1972, BVerfGE 33, 303-358; BREUER, Grundrechte, S. 112-114; HALL, JuS 1974, 87-93; HÄBERLE, DÖV 1972, 729-740.
5) Vgl. oben § 11 II.
6) So auch LORENZ, S. 263; PIPKORN, DÖV 1970, 173 und Diss., S. 53-56; OVG Koblenz vom 10.4.1963, DÖV 1963, 553-557; OVG Hamburg vom 17.12.1957, VerwRspr. 11 Nr. 65. Vgl. ferner HESSE, VerfR, S. 127 (zumindest Recht auf Beteiligung an grundrechtsrelevanten Verfahren).
7) Zur Notwendigkeit von Auskünften für die Rechtswahrnehmung vgl. im einzelnen die oben (§ 11 III) zum effektiven Rechtsschutz entwickelten Kriterien.

§ 17 Petitionsrecht

Das Petitionsrecht des Art. 17 GG gewährleistet das Recht, sich schriftlich mit Bitten oder Beschwerden an die zuständigen Stellen und an die Volksvertretung zu wenden. Ob es auch eine Auskunftspflicht der Behörden beinhaltet, ist umstritten.

Nach Ansicht von Krieger [1] verpflichtet das Petitionsrecht zur Erteilung von Auskünften, die ohne nennenswerten Arbeitsaufwand erteilt werden können. Ähnliche Meinungen vertreten Brinkmann [2] (Auskunftspflicht, wenn kein Recht der Behörde oder eines Dritten entgegensteht) und Erdsiek [3] (Auskunftspflicht bei berechtigtem Interesse und Angewiesenheit zur Rechtsverfolgung). Pipkorn [4] leitet aus dem Petitionsrecht Auskunftspflichten über die Zuständigkeit und den Sachstand ab.

Diesen Auffassungen kann nicht zugestimmt werden. Zwar sind schriftliche Auskunftsersuchen als Petitionen im Sinne von Art. 17 GG anzusehen [5], weil sie ein Begehren enthalten. Das Petitionsrecht verpflichtet die angegangene Stelle jedoch nicht zur Erteilung der erbetenen Auskunft, sondern lediglich

---

1) KRIEGER, S. 100.
2) BRINKMANN, I 1 d zu Art. 17.
3) ERDSIEK, NJW 1960, 616.
4) PIPKORN, Diss., S. 109.
5) GIERTH, DÖV 1977, 763; MAUNZ/DÜRIG/HERZOG/SCHOLZ, 16 zu Art. 17; KRIEGER, S. 98; BRINKMANN I 1 d zu Art. 17.
Anderer Ansicht WOLFF/BACHOF, VerwR III, § 166 Rn. 20 (S. 474); MATTERN, K-H, S. 630; DAGTOGLOU in BK, 19 und 32 zu Art. 17; v. MANGOLDT/KLEIN, S. 510; SEIDEL, S. 19. Ebenso für Österreich ADAMOVICH, VerfassungsR, S. 540; PISTOTNIK, S. 31; vgl. unten § 37 I bei 11).

zur Entgegennahme, sachlichen Prüfung und Bescheidung [6]. Welchen Inhalt der Bescheid haben muß, bestimmt Art. 17 GG nicht. Sofern nicht anderweitig eine Auskunftspflicht besteht, genügt die Antwort, daß von dem Begehren Kenntnis genommen wurde, ihm aber aus bestimmten Gründen nicht stattgegeben werden könne [7]. Falls der Ablehnungsgrund darin besteht, daß eine unzuständige Stelle angerufen wurde, ist dem Bürger die zuständige Stelle zu benennen oder die Petition unter Erteilung eines Zwischenbescheides direkt an diese weiterzuleiten [8].

---

6) WOLFF/BACHOF, VerwR III, § 156 Rn. 55 (S. 342); GIERTH, DÖV 1977, 764; MAUNZ/DÜRIG/HERZOG/SCHOLZ, 16 zu Art. 17; HESSE, S. 189; MERKEL, S. 73; REIFENRATH, S. 85; KELLNER, HUBERT, S. 108; KLINGLER, E., S. 93; BEINHARDT, DÖV 1965, 483; ZEIDLER, S. 55; WEBER, R., S. 181; BVerwG vom 1.9.76, NJW 1977, 118; VGH Mannheim vom 8.2.1977, BWVPr. 1977, 155 f. Zur Rechtslage in Österreich vgl. unten § 37 I bei 11).

7) Vgl. HESSE, S. 189 (Anspruch auf einen sachlichen Bescheid über die Art der Erledigung, Begründung sei nicht erforderlich); GIERTH, DÖV 1977, 766 (Anspruch auf einen Sachbescheid positiven oder negativen Inhalts).

8) So auch WOLFF/BACHOF, VerwR III, § 156 Rn. 54 (S. 342); GIERTH, DÖV 1977, 765; KRIEGER, S. 100. Ähnlich PIPKORN, Diss., S. 109. Vgl. auch oben § 7 bei 5) und unten § 18 III bei 23); § 30 bei 9).

2. Kapitel: Verwaltungsverfahrensrechtliche Auskunftspflichten

§ 18 Die Pflicht ordnungsgemäßer Sacherledigung

I Allgemeine Darstellung

Die Pflicht zur ordnungsgemäßen Sacherledigung ist ein wesentliches Prinzip des Verwaltungsverfahrens. Sie hängt inhaltlich eng zusammen mit dem Gedanken der Verfahrensökonomie und -effizienz [1] und besagt, daß die Behörde in jedem Stadium des Verfahrens zur gewissenhaften, förderlichen und zweckdienlichen Bearbeitung gehalten ist und jede vermeidbare Schädigung der Beteiligten zu unterlassen hat [2].

Einen Niederschlag hat dieser Grundsatz in § 25 Satz 1 VwVfG, § 89 Satz 1 AO 1977 [3], § 68 Absatz 2 Satz 2 VwVfG [4] und in § 16 Absatz 3 SGB [5] gefunden; er entspricht außerdem inhaltlich weitgehend der richterlichen Aufklärungspflicht nach

---

1) Vgl. WOLFF/BACHOF, VerwR III, § 156 Rn. 31, 37 (S. 333, 335 f.); OBERMAYER, Dogmatische Probleme, S. 115-117; derselbe, Grundzüge, S. 156; BERG, Die Verwaltung 1976, 178-180; KERN, DÖV 1973, 188-193; ISENSEE, JZ 1971, 74 f.; REIFENRATH, S. 81; BECKER, F., S. 58 f.Vgl. § 10 Satz 2 VwVfG.

2) Vgl. insbesondere BGH vom 18.6.1970, VersR 1970, 1009; ferner vom 23.3.1959, BGHZ 30, 19-29 (26) und vom 29.11. 54, BGHZ 15, 305-315 (310, 312); BADURA in ERICHSEN/MARTENS, S. 294; PETERS, 8 zu § 16; HÜBSCHMANN/HEPP/SPITALER, 25 zu § 89; BENDER, Staatshaftungsrecht, S. 203; DAGTOGLOU in BK, 128 zu Art. 34; LAUBINGER, Betreuungspflicht, S. 457 f.; HÄMMERLEIN, Öffentlichkeit und Verwaltung, S. 51 f.; RAUCK, BayVBl. 1929, 257-264.

3) Vgl. oben § 6 I 1.

4) Vgl. oben § 6 II 2.

5) Vgl. oben § 6 III 3.

§ 86 Absatz 3 VwGO [6].

II Beziehung zu Auskunftspflichten

Die Beziehung des Grundsatzes der ordnungsgemäßen Sacherledigung zur Erteilung von Auskünften ist offensichtlich. Belehrungen, Hinweise, Anregungen oder Erörterungen sind geradezu typische Mittel einer gewissenhaften, förderlichen und sachdienlichen Bearbeitung des Verfahrens. Es ist daher auch unbestritten, daß die Pflicht zur ordnungsgemäßen Sacherledigung im Verwaltungsverfahren Auskunftspflichten beinhaltet [7]. Je nach der Sachlage kann die Behörde dabei verpflichtet sein, von sich aus, also spontan [8], oder auf Antrag [9] die erforderlichen Auskünfte [10] zu erteilen.

---

6) Vgl. etwa BADURA in ERICHSEN/MARTENS, S. 287; KOPP, VwVfG, 1 zu § 25; LAUBINGER, Betreuungspflicht, S. 459 f.; FELLNER, S. 355-357.
Allerdings ginge es angesichts der unterschiedlichen Funktionen der Justiz und der Verwaltung zu weit, von einer analogen Anwendung des § 86 Absatz 3 VwGO auf das Verwaltungsverfahren zu sprechen. So aber wohl KOPP, VerwaltungsverfahrensR, S. 40 f., 121, 136; PIPKORN, Diss., S. 136-146; OVG Lüneburg vom 9.2.1960, BB 1960, 643.
Wie hier gegen eine analoge Anwendung ausdrücklich KRIEGER, S. 144; REIFENRATH, S. 86; KLINGLER, S. 97; BEINHARDT, DÖV 1965, 483; HEYMANN, BayVBl. 1961, 72.

7) BADURA in ERICHSEN/MARTENS, S. 294; KOPP, VwVfG, 1 zu § 25 und 4 zu § 68; REIFENRATH, S. 81; BEINHARDT, DÖV 1965, 485; vgl. oben § 5 II bei 14); ZEIDLER, S. 55.

8) Vgl. nachfolgend III 1.

9) Vgl. nachfolgend III 2.

10) Zum Inhalt der zu erteilenden Auskünfte vgl. unten § 33, insbesondere § 33 III bei 16).

III Voraussetzungen einer Auskunftspflicht

1. Spontane Auskünfte

Eine Verpflichtung zur Erteilung spontaner Auskünfte setzt voraus, daß die Auskunft zur gewissenhaften, förderlichen und zweckdienlichen Bearbeitung der Angelegenheit notwendig ist und die Behörde dies erkennen kann.

Inhaltlich kommt diese ungeschriebene Auskunftspflicht den bereits erwähnten verfahrensgesetzlichen Regelungen in § 25 Satz 1 VwVfG, § 89 Satz 1 AO 1977, § 68 Absatz 2 Satz 2 VwVfG und § 16 Absatz 3 SGB recht nahe. Von den beiden erstgenannten Vorschriften, § 25 Satz 1 VwVfG und § 89 Satz 1 AO 1977 [11], unterscheidet sie sich jedoch dadurch, daß die ungeschriebene Auskunftspflicht zur ordnungsgemäßen Sacherledigung auf das subjektive Merkmal "versehentlich oder aus Unkenntnis" [12] nicht abstellt, sondern allein auf eine bestimmte objektive Verfahrenslage. § 68 Absatz 2 Satz 2 VwVfG - Hinweispflicht eines Verhandlungsleiters einer mündlichen Verhandlung bzw. eines Erörterungstermins [13] - und § 16 Absatz 3 SGB - Hinweispflicht der Sozialleistungsträger [14] - decken sich in ihrer Zielrichtung dagegen weitgehend mit dem allgemeinen Verfahrensgebot ordnungsgemäßer Sacherledigung [15]. Die nachfolgenden Ausführungen sind daher gleichzeitig ergänzende Auslegungsrichtlinien für diese beiden Bestimmungen.

---

11) Vgl. oben § 6 I 1.
12) Vgl. oben § 6 I 1 b.
13) Vgl. oben § 6 II 2.
14) Vgl. oben § 6 III 3.
15) Vgl. oben § 6 II bei 88) und § 6 III bei 158).

a) Notwendigkeit der Auskunft

aa) Gewissenhafte Sachbearbeitung

Die Forderung nach einer gewissenhaften Sachbearbeitung zielt auf eine sorgfältige Beschäftigung der Behörde mit den Anträgen und Erklärungen des Bürgers zur Herbeiführung richtiger, klarer und vollständiger Entscheidungsgrundlagen. Soweit ein Antrag oder eine Erklärung sich hierbei als fehlerhaft, unklar oder unvollständig herausstellt, hat die Behörde einen entsprechenden Hinweis zu geben, damit der Beteiligte den Mangel beheben kann [15 a)].

Die Begriffe Erklärung und Antrag sind in diesem Zusammenhang weit zu verstehen. Darunter fallen alle Mitwirkungshandlungen, die Grundlage der Entscheidung der Behörde sein können, also zB auch Tatsachenvortrag, Vorlage von Urkunden oder Verfahrensanträge [16)].

Unerheblich ist, ob der Fehler, zB ein Rechenfehler, zu Lasten der Behörde oder des Beteiligten gehen würde. Im Interesse einer richtigen Entscheidung hat die Behörde selbstverständlich auch Irrtümer aufzuklären, die sich für den Beteiligten nachteilig auswirken würden [17)].

bb) Förderliche Sachbearbeitung

Mit dem Gebot der förderlichen Bearbeitung werden Hinweis-

---

15 a) Vgl. BADURA in ERICHSEN/MARTENS, S. 294; KOPP, VwVfG, 1 zu § 25; BFH vom 27.11.1959, BStBl. 1960 III, 56; ferner oben § 6 I bei 12).

16) Vgl. KOPP, VwVfG, 2 zu § 25; ferner oben § 6 I bei 8).

17) Vgl. insbesondere BVerwG vom 9.9.1963, BVerwGE 16, 323-332 (331). Weitere Nachweise oben § 6 I in 12).

pflichten angesprochen, die der Beschleunigung des Verfahrens [18] und der Herbeiführung der Entscheidungsreife dienen. Wenn das Verfahren aufgrund eines vom Beteiligten zu behebenden Umstandes stockt oder zum Stillstand kommt, hat die Behörde den Beteiligten zu unterrichten und ihm anheimzugeben, das Hindernis zu beseitigen.

Darüberhinaus sind zur Verfahrensbeschleunigung aber noch Belehrungen und Hinweise zur Sach- und Rechtslage angezeigt, die dem Beteiligten die Zurücknahme oder Änderung offenkundig aussichtsloser Anträge nahelegen [18 a)]. Es ist ein Gebot der Verfahrensökonomie, derartige Anträge nicht schematisch entgegenzunehmen und zu behandeln, sondern nach Möglichkeit schon in einem frühen Stadium mit dem Beteiligten zu erörtern. Daß bei solchen Belehrungen mit einem besonderen Maß an Einfühlungsvermögen vorgegangen werden muß, damit bei dem Bürger nicht der Eindruck entsteht, er solle "abgewimmelt" werden, versteht sich von selbst.

cc) Zweckdienliche Sachbearbeitung

Das Merkmal der zweckdienlichen Bearbeitung schließlich bedeutet, daß das Verfahren einen interessengerechten Abschluß finden soll. Die Behörde hat den erkennbaren Willen der Beteiligten zu berücksichtigen und auf Anträge und Erklärungen hinzuwirken, die eine zweckmäßige und den Belangen der Beteiligten gerecht werdende Entscheidung ermöglichen. Von besonderer Bedeutung ist diese Verpflichtung bei Verfahren mit meh-

---

18) Vgl. WOLFF/BACHOF, VerwR III, § 156 Rn. 37 (S. 335 f.); BERG, Die Verwaltung 1976, 178-180; ferner WALTER/MAYER, S. 60, 89 (zum österreichischen Verfahrensrecht).

18a) Anders BEINHARDT, DÖV 1965, 486: keine Auskunftspflicht über die Chancen eines Antrages; vgl. oben § 5 II bei 26).

reren Beteiligten, deren Interessen verschiedengerichtet sind [19].

Zur Zweckdienlichkeit gehört auch, daß die Behörde unnötige Rechtsbehelfe zu vermeiden hat. Wenn sie feststellt, daß ein Antrag ganz oder teilweise abzulehnen wäre, dem Bürger aber durch eine Änderung des Antrags, eine Ergänzung seiner Tatsachenerklärungen oder durch eine spätere Antragstellung geholfen wäre, so gehört ein entsprechender Hinweis zu den Erfordernissen einer sachdienlichen Bearbeitung [20].

b) Erkennbarkeit der Notwendigkeit einer Auskunft

Die Verpflichtung zur Erteilung einer spontanen Auskunft tritt selbstverständlich nur dann ein, wenn die Behörde die vorstehend geschilderte Notwendigkeit ihres Eingreifens erkennen kann. Da das Gebot ordnungsgemäßer Sacherledigung generell nur an objektive Verfahrenssituationen anknüpft, die in der Regel offen zu Tage liegen, sind an das Merkmal der Erkennbarkeit keine hohen Anforderungen zu stellen [21]. Insbesondere bei der Entgegennahme von Anträgen oder in mündlichen Besprechungen mit Beteiligten im weiteren Verlauf des Verfahrens hat die Behörde Anhaltspunkten für Irrtümer, Mißverständnisse, Unklarheiten oder ähnliche Hemmnisse sofort nachzugehen. Aber auch die Aktenlage kann Veranlassung zu verfahrensleitenden Hinweisen oder Belehrungen ergeben.

---

19) Vgl. dazu auch oben § 6 II bei 140) und 141).
20) So auch BEINHARDT, DÖV 1965, 485; vgl. oben § 5 II bei 20) und 21); FELLNER, S. 356; OVG Lüneburg vom 9.2.1960, BB 1960, 643. Vgl. ferner unten § 24 III bei 54) bis 56) und § 33 III bei 24).
21) Insoweit unterscheidet sich die ordnungsmäßige Sacherledigung wesentlich von der Betreuungspflicht, die auch von subjektiven Momenten in der Person des Beteiligten abhängt und deshalb eine Offensichtlichkeit des Auskunftsbedürfnisses voraussetzt. Vgl. oben § 6 I 1 b; unten § 24 III 4 c.

2. Antragsauskünfte

a) Sachdienlichkeit der Auskunft [21 a)]

Wenn ein Beteiligter sich ausdrücklich um eine verfahrensfördernde Information bemüht, so ist im Unterschied zu spontanen Auskünften nicht erforderlich, daß die Auskunft zur Verfahrensleitung im oben [22)] beschriebenen Sinne notwendig ist. Es genügt ihre Sachdienlichkeit.

Zu denken ist hier etwa an Fragen zur Zuständigkeit [23)], zum funktionellen Geschäftsgang innerhalb der Behörde [24)], zum Stand der Angelegenheit [25)], zur Ratsamkeit weiteren Sachvortrags oder auch generell zu den Voraussetzungen und Aussichten eines Antrags. Die Erledigung solcher Fragen macht in der Praxis - von querulatorischen oder sehr arbeitsaufwendigen Ersuchen abgesehen [26)] - allgemein keine Schwierigkeiten, da der Verwaltung die Beantwortung einer rechtzeitigen Anfrage angenehmer ist als die Bearbeitung lückenhafter oder unsinniger Erklärungen und Anträge [27)].

---

21 a) Vgl. auch unten § 24 III 3 b.
22) Vgl. III 1 a.
23) LEONHARDT in STELKENS/BONK/LEONHARDT, 17 zu § 25; PIPKORN, Diss., S. 109; vgl. oben § 5 III bei 34). Vgl. ferner oben § 7 bei 5); § 17 bei 8); unten § 30 bei 9).
24) PIPKORN, Diss., S. 109; vgl. oben § 5 III bei 35).
25) GIESE, S. 33; KRIEGER, S. 180; vgl. oben § 5 VII bei 89; BGH vom 23.3.1959, NJW 1959, 1219 f. Weitere Nachweise oben § 5 I bei 10); § 5 II bei 22); § 5 III bei 36).
26) Vgl. dazu im Zusammenhang unten § 27 I.
27) Vgl. auch unten § 29 I bei 3).

b) Auskunftsersuchen [28)]

Eine Antragsauskunft setzt weiterhin ein Auskunftsersuchen des Beteiligten voraus. Hohe Anforderungen sind insoweit jedoch nicht zu stellen. Es genügt, wenn der Beteiligte in irgendeiner Form zu erkennen gibt, daß er zur Förderung der Angelegenheit einer Information von seiten der Behörde bedarf.

28) Vgl. auch oben § 10 III 3; § 11 III 3; unten § 20 II 3 a; § 24 III 3 c.

§ 19 Die Parteiöffentlichkeit des Verwaltungsverfahrens

Die im deutschen Verwaltungsverfahrensrecht herrschende sogenannte Parteiöffentlichkeit [1] ist eine allgemeine Verfahrensmaxime, die durch spezielle Verfahrensnormen, wie das Recht auf Akteneinsicht [2], auf Gewährung rechtlichen Gehörs [3] oder die Begründungspflicht [4], im einzelnen konkretisiert wird. Als unmittelbare Grundlage von Auskunftspflichten kommen nur diese speziellen Rechtssätze, nicht aber das Prinzip der Parteiöffentlichkeit selbst in Frage.

1) Vgl. WOLFF/BACHOF, VerwR III, § 156 Rn. 48 (S. 340); MAYER, Allg. VerwR, S. 118; SCHRÖDER, M., Die Verwaltung 1971, 301-324; MARTENS, W., Öffentlich, S. 70-74.
2) Vgl. oben § 2 I bei 4).
3) Vgl. nachfolgend § 20.
4) Vgl. unten § 21.

§ 20 Die Pflicht zur Gewährung rechtlichen Gehörs

Die Geltung des Grundsatzes der Gewährung rechtlichen Gehörs im Verwaltungsverfahren [1] ist, wenn auch mit unterschiedlichen dogmatischen Ableitungen [2], seit langem unbestritten. Die jetzt erfolgte Normierung in den §§ 28, 66 VwVfG, § 91 AO 1977 und § 34 SGB hatte daher keine rechtsbegründende, sondern lediglich eine feststellende und klärende Funktion. Auch inhaltlich geben diese Kodifizierungen weitgehend den Stand wieder, den Rechtsprechung und Literatur schon früher als ungeschriebenes Verfahrensrecht entwickelt hatten [3].

---

1) Allgemein zum rechtlichen Gehör im Verwaltungsverfahren WOLFF/BACHOF, VerwR III, § 156 Rn. 39-42, 45 (S. 336-339); BADURA in ERICHSEN/MARTENS, S. 291 f.; ULE/LAUBINGER, S. 101-105; RENKL; LORENZ, S. 239 f.; MERKEL, S. 89-99; KOPP, VerwaltungsverfahrensR, S. 30-33, 77-81, 116-120; ULE, Verwaltungsreforn, S. 64-67; LERCHE, ZZP 78 (1965), 25-29; KÖNIG, H-G., DVBl. 1959, 189-196.

2) Aus dem Rechtsstaatsprinzip: LEONHARDT in STELKENS/BONK/LEONHARDT, 5 zu § 28; BADURA in ERICHSEN/MARTENS, S. 291; BLÜMEL, Funktion, S. 231; derselbe, Masseneinwendungen, S. 557; KOPP, VwVfG, 2 zu § 28; MEYER/BORGS, 3 zu § 28; KNACK, 2 zu § 28; MERKEL, S. 94; FELLNER, S. 353; BVerfG vom 8.1.1959, BVerfGE 9, 89 (95); BVerwG vom 1.10.1963, DVBl. 1965, 25-29 (28).
Aus dem Gebot zur Achtung der Menschenwürde: KRIEGER, S. 125, 167; MAUNZ/DÜRIG/HERZOG/SCHOLZ, 5 und 92 zu Art. 103 I; v. WINTERFELD, NJW 1961, 849; ARNDT, NJW 1959, 6.
Aus dem Gesetzmäßigkeitsprinzip: OBERMAYER, Grundzüge, S. 155; ULE, DVBl. 1963, 476; SPANNER, DÖV 1958, 653.
Aus dem Rechtssatz der Interessenkenntnis WOLFF/BACHOF, VerwR III, § 156 Rn. 39 (S. 337).
Aus dem Verhältnismäßigkeitsprinzip: KÖNIG, H-G., DVBl. 1959, 190.
Vgl. auch oben § 13 in 3).

3) Vgl. etwa KOPP, VwVfG, 1 zu § 28; KNACK, 2 zu § 28.

I Beziehung zu Auskunftspflichten

Daß ein Zusammenhang der Anhörung eines Verfahrensbeteiligten mit behördlicher Auskunftstätigkeit besteht, ist einsichtig. Die Unterrichtung des Beteiligten von erheblichen Tatsachen, die ihm bislang unbekannt sind, ist ein wesentlicher Bestandteil einer ordnungsgemäßen Anhörung. Ohne diese Unterrichtung besteht auch keine Gelegenheit der Stellungnahme. Es sind dem Grundsatz der Gewährung rechtlichen Gehörs daher Auskunftspflichten zuzuordnen [4].

Die vereinzelt geäußerte Gegenmeinung [5] argumentiert damit, daß Verstöße gegen die Anhörungspflicht in der nächsthöheren Instanz geheilt werden könnten. Diese Folgerung ist jedoch irrig. Die Heilbarkeit des Verstoßes gegen eine Verfahrenspflicht besagt keinesfalls, daß die Pflicht aufgehoben ist, sondern macht lediglich den Eintritt von Rechtsfolgen von weiteren Voraussetzungen abhängig.

---

4) So auch BORGS in MEYER/BORGS, 16 zu § 28; THIEME in WANNAGAT, 10 zu § 34; KRIEGER, S. 171, 220; vgl. auch oben § 5 VII bei 84); JUNG, S. 223, 292; PIPKORN, DÖV 1970, 175 und Diss., S. 76, 94, 114-116; vgl. oben § 5 III bei 40); BVerwG vom 30.1.1968, DVBl. 1968, 430 f. und vom 30.4.1965, NJW 1965, 1450; vgl. oben § 4 II bei 32). Zur Rechtslage in Österreich und der Schweiz unten § 37 I bei 19) bis 23) und § 37 II bei 40) bis 46).

5) WOLFF, VerwR III, 3. Auflage, § 156 IV d (S. 286) - nicht mehr WOLFF/BACHOF, VerwR III, 4. Auflage, § 156 Rn. 39 (S. 337) -; REIFENRATH, S. 85 f.; BEINHARDT, DÖV 1965, 483; vgl. oben § 5 II bei 13).

II Voraussetzungen einer Auskunftspflicht

1. Bestehen einer Anhörungspflicht

Voraussetzung einer Auskunftspflicht aus dem Grundsatz der Gewährung rechtlichen Gehörs ist zunächst das Bestehen einer Anhörungspflicht.

Die Frage, wann dem Beteiligten [6)] eines Verwaltungsverfahrens rechtliches Gehör zu gewähren ist, stellt bekanntlich eines der Kernprobleme des Verwaltungsverfahrensrechts dar. Es würde den Rahmen dieser Arbeit sprengen, hier auch nur den Versuch einer erschöpfenden Behandlung dieser Thematik zu unternehmen. Einige grundlegende und zum Verständnis der weiteren Voraussetzungen einer Auskunftspflicht notwendige Hinweise mögen daher genügen.

a) Grundlagen der Anhörungspflicht

Die Anhörungspflicht ist seit dem Inkrafttreten der neuen Gesetze auf dem Gebiet des Verwaltungsverfahrensrechts, dem VwVfG, den VwVfGen der Länder, der AO 1977 und dem Allgemeinen Teil des SGB, für einen Großteil der Verwaltungsverfahren normiert. Daneben existieren noch eine ganze Anzahl von speziellen Vorschriften, die jeweils der allgemeinen Regelung vorgehen [7)]. Ergänzend und als Auslegungsmaxime sind schließlich noch die ungeschriebenen Grundsätze über das rechtliche Gehör heranzuziehen [8)].

---

6) Zum Beteiligtenbegriff oben § 1 II bei 16) bis 18) mit weiteren Verweisungen.
7) KNACK, 7 zu § 28.
8) LEONHARDT in STELKENS/BONK/LEONHARDT, 7 zu § 28; MAURER, JuS 1976, 488; TSCHIRA/SCHMITT GLAESER, S. A 29; KOPP, VwVfG, 5 zu § 28.

b) Anhörungspflicht in einfachen Verwaltungsverfahren

Die in der Praxis wichtigsten Regelungen des rechtlichen Gehörs in einfachen Verwaltungsverfahren enthalten die fast gleichlautenden § 28 VwVfG [9)], § 91 AO 1977 [10)] und § 34 SGB [11)]. Als Ausdruck der herrschenden Auffassung über den Inhalt der Anhörungspflicht sind sie im Zweifel auch über ihren eigenen Geltungsbereich hinaus anwendbar [12)].

Als Grundvoraussetzung einer Anhörung verlangen diese Bestimmungen, daß durch einen Verwaltungsakt in die Rechte eines Beteiligten eingegriffen werden soll. Es ist umstritten, ob damit eine Begrenzung auf Akte der Eingriffsverwaltung getroffen wird [13)] oder ob auch vor Verwaltungsakten, die einen Antrag ablehnen, rechtliches Gehör zu gewähren ist [14)]. Die letztere Auslegung ist vorzuziehen. Es ist nicht einzusehen, welcher Unterschied zwischen rechtsentziehenden und rechtsverweigernden Akten im Hinblick auf die Verfahrensrechte der

---

9) Zu § 28 VwVfG vgl. WOLFF/BACHOF, VerwR III, § 156 Rn. 40 f. (S. 337); BADURA in ERICHSEN/MARTENS, S. 291 f.; ULE/LAUBINGER, S. 101-105; LEONHARDT in STELKENS/BONK/LEONHARDT; BORGS in MEYER/BORGS; KNACK; KOPP, VwVfG; GÖTZ, NJW 1976, 1427; ULE, DVBl. 1976, 427 f.; MAURER, JuS 1976, 488.

10) Zu § 91 AO 1977 vgl. HÜBSCHMANN/HEPP/SPITALER; TIPKE/KRUSE; KLEIN/ORLOPP; KÜHN/KUTTER; MITTELSTEINER/SCHAUMBURG; HELLWIG, S. 138 f.

11) Zu § 34 SGB vgl. PETERS; THIEME in WANNAGAT; MAIER/HANNEMANN; SCHELLHORN in BURDENSKI/v. MAYDELL/SCHELLHORN; HAUCK/HAINES.

12) KOPP, VwVfG, 15 zu § 28.

13) So LEONHARDT in STELKENS/BONK/LEONHARDT, 10 zu § 28; KNACK, 3 zu § 28; BT-Drucksache 7/910, S. 51; PETERS, 4 zu § 34; THIEME in WANNAGAT, 9 zu § 34; HAUCK/HAINES, 5 zu § 34.

14) So die überwiegende Auffassung; vgl. WOLFF/BACHOF, VerwR III, § 156 Rn. 40 (S. 337); BADURA in ERICHSEN/MARTENS, S. 292; HÜBSCHMANN/HEPP/SPITALER, 11 zu § 91; GÖTZ, NJW 1976, 1427; KOPP, VwVfG, 4 zu § 28; BORGS in MEYER/BORGS, 9 zu § 28; MAURER, JuS 1976, 488; ULE/LAUBINGER, S. 102; SCHELLHORN in BURDENSKI/v. MAYDELL/SCHELLHORN, 15-18 zu § 34.

Beteiligten bestehen sollte. In beiden Fällen ist die Anhörung des Beteiligten ein nur selten verzichtbares Mittel zur vollständigen Ermittlung des Sachverhalts.

Die Anhörung ist nach § 28 Absatz 1 VwVfG und § 34 Absatz 1 SGB eine zwingende Rechtspflicht, nicht nur - wie zunächst vorgesehen [15] - eine Soll-Vorschrift. Anders insoweit § 91 AO 1977. Dort ist die Anhörung in das Ermessen der Finanzbehörde gestellt, wobei allerdings die Gewährung des Gehörs die Regel zu sein hat. Verstärkt ist diese Ermessensreduzierung dann, wenn von dem in der Steuererklärung vorgetragenen Sachverhalt zum Nachteil des Steuerpflichtigen wesentlich abgewichen werden soll (§ 91 Absatz 1 Satz 2 AO 1977). Als wesentlich gilt dabei jede Abweichung, die zu einer Erhöhung der Steuerfestsetzung führt [16].

§ 28 Absatz 2 VwVfG, § 91 Absatz 2 AO 1977 und § 34 Absatz 2 SGB sehen einige Ausnahmetatbestände vor, bei deren Vorliegen von der Anhörung abgesehen werden kann. Die Gewährung rechtlichen Gehörs steht dann also im Ermessen der Behörde. Im VwVfG und der AO 1977 sind die Ausnahmetatbestände als Beispiele gefaßt. Als Generalklausel gilt, daß von der Anhörung abgesehen werden kann, wenn sie nach den Umständen des Einzelfalles nicht geboten ist [17]. § 34 Absatz 2 SGB enthält dagegen eine abschließende Aufzählung der Ausnahmen. Inhaltlich stimmen die Ausnahmetatbestände in den drei Gesetzen weitgehend überein. Wegen der Einzelheiten sei verwiesen auf die Erläuterungen in der Literatur [18].

---

15) Vgl. ULE, DVBl. 1976, 427.
16) Vgl. KÜHN/KUTTER, 2 zu § 91. Anderer Ansicht HÜBSCHMANN/HEPP/SPITALER, 27 zu § 91: Es genüge jede möglicherweise entscheidungserhebliche Abweichung, auch wenn sie sich auf das steuerliche Ergebnis nicht auswirke.
17) § 28 Absatz 2 Satz 1 VwVfG, § 91 Absatz 2 Satz 1 AO 1977.
18) Vgl. besonders LEONHARDT in STELKENS/BONK/LEONHARDT, 23-32 zu § 28; HÜBSCHMANN/HEPP/SPITALER, 28-40 zu § 91; SCHELLHORN in BURDENSKI/v. MAYDELL/SCHELLHORN, 25-40 zu § 34.

Ein Anhörungsverbot besteht nach § 28 Absatz 3 VwVfG, § 91 Absatz 3 AO 1977, wenn ein zwingendes öffentliches Interesse entgegensteht. Die Kommentarliteratur nennt als Beispiele eine Gefährdung der freiheitlich-demokratischen Grundordnung, der Sicherheit des Bundes oder eines Landes [19]. Große praktische Bedeutung dürfte diese zwingende Ausnahme kaum erlangen.

c) Anhörungspflicht in förmlichen Verwaltungsverfahren

Mit Rücksicht auf den Zweck der Sonderregelung förmlicher Verwaltungsverfahren in §§ 63 - 71 VwVfG, die Rechtsstellung des Beteiligten vor Entscheidungen mit erheblichen Auswirkungen zu stärken [20], ist das rechtliche Gehör in förmlichen Verwaltungsverfahren besonders ausgeprägt.

§ 66 Absatz 1 VwVfG [21] bestimmt eine über § 28 VwVfG hinausgehende allgemeine Anhörungspflicht der Behörde vor der Entscheidung. Die Unterschiede zur Regelung für einfache Verfahren bestehen darin, daß die Anhörung nicht auf die "für die Entscheidung erheblichen Tatsachen" beschränkt ist, sich also grundsätzlich auch auf Rechtsfragen [22] erstreckt; weiterhin darin, daß sie nicht nur vor belastenden Verwaltungsakten [23], sondern in jedem Fall zu erfolgen hat und schließlich im Fehlen jeglicher Ausnahmen, wie sie § 28 Absatz 2 und 3 VwVfG vorsehen [24].

Nach § 66 Absatz 2 VwVfG [25] hat der Beteiligte ein Recht auf

19) BORGS in MEYER/BORGS, 26 zu § 28; KOPP, VwVfG, 13 zu § 28.
20) Vgl. oben § 6 II bei 93).
21) Vgl. insbesondere BONK in STELKENS/BONK/LEONHARDT, 3-5 zu § 66; KOPP, VwVfG, 2 zu § 66; ULE/LAUBINGER, S. 140.
22) Vgl. auch unten bei 79).
23) Vgl. oben bei 13) und 14).
24) Vgl. oben bei 17) und 19).
25) Vgl. insbesondere BONK in STELKENS/BONK/LEONHARDT, 6-9 zu § 66; KOPP, VwVfG, 3 und 4 zu § 66; ULE/LAUBINGER, S. 141.

Teilnahme an Beweiserhebungen [26]; ein schriftliches Gutachten [27] soll ihm zugänglich gemacht werden.

Schließlich ist die nach §§ 67, 68 VwVfG regelmäßig [28] durchzuführende mündliche Verhandlung [29] und die in ihrem Rahmen bestehende Erörterungs- [30] und Hinweispflicht [31] des Verhandlungsleiters (§ 68 Absatz 2 VwVfG) Ausdruck des verstärkten rechtlichen Gehörs in förmlichen Verwaltungsverfahren.

d) Anhörung im Rahmen der Planfeststellung

Einen weiteren Sonderfall des rechtlichen Gehörs in Verwaltungsverfahren stellt die Durchführung spezieller Anhörungsverfahren [32] im Rahmen von Planfeststellungen [33] und ihnen angenäherten Genehmigungsverfahren [34] dar. Dabei bildet der Erörterungstermin [35] das Kernstück der Gewährung rechtlichen Gehörs [36], während die vorbereitenden Phasen [37] der Ausle-

---

26) Vgl. dazu unten bei 52) bis 55).
27) Vgl. dazu unten bei 43) bis 49).
28) Zu den Ausnahmen vgl. § 67 Absatz 2 VwVfG.
29) Zu den Auskunftspflichten zur Vorbereitung mündlicher Verhandlungen vgl. unten bei 59) bis 65).
30) Vgl. oben § 6 II 1.
31) Vgl. oben § 6 II 2.
32) Vgl. etwa § 73 VwVfG; § 10 Absatz 1-6 BImSchG iVm §§ 1-19 der 9. BImSchV; §§ 7 Absatz 4, 9 b Absatz 5 Nr.1 AtG iVm §§ 1-13 der AtVfV; § 18 FStrG.
33) Zu Planfeststellungsverfahren allgemein oben § 6 II bei 94) bis 97).
34) Vgl. oben § 6 II bei 84).
35) Zum Erörterungstermin allgemein oben § 6 II bei 83) und 85). Zu Auskunftspflichten im Erörterungstermin oben § 6 II bei 112) bis 144); zu Auskunftspflichten vor Erörterungsterminen unten bei 66) bis 73).
36) Vgl. oben § 6 II bei 101).
37) Zu den Abschnitten der Planfeststellung vgl. die Übersicht bei HEIGL, S. 266.

gung [38] und der Erhebung von Einwendungen [39] noch als Elemente der Rechtsschutzgarantie [40] anzusehen sind.

2. Erforderlichkeit der Auskunft zur Ausübung des Äußerungsrechts

Wenn der Beteiligte zur sinnvollen Ausübung seines Äußerungsrechts im Einzelfall einer vorherigen [41] Auskunft bedarf, beinhaltet das Anhörungsgebot gleichzeitig eine Auskunftspflicht.

a) Bekanntgabe neuer, erheblicher Tatsachen

Die häufigste und wichtigste Information als Voraussetzung einer sinnvollen Äußerung des Beteiligten ist die Bekanntgabe entscheidungserheblicher Tatsachen, die sich erst im Verlauf des Verfahrens ergeben. Es ist ein elementares Gebot einer ordnungsgemäßen Anhörung, daß der Beteiligte über neue Fakten informiert wird, bevor sie für die Entscheidung verwertet werden [42].

---

38) Vgl. oben § 11 III bei 40) und bei 54) bis 58).
39) Vgl. etwa § 73 Absatz 4 VwVfG; § 10 Absatz 3 Satz 2 und 3 BImSchG iVm § 12 der 9. BImSchV; §§ 7 Absatz 4 Satz 3, 9 b Absatz 5 Nr. 1 AtG iVm § 7 der AtVfV; § 18 Absatz 4 FStrG; ferner die Nachweise oben § 1 II in 18).
40) Allgemein zur Rechtsschutzgarantie oben § 11. Zu Auskunftspflichten im Zusammenhang mit der Planauslegung und Erhebung von Einwendungen vgl. § 11 III bei 40) und bei 50) bis 58).
41) Vgl. näher unten § 32 bei 6) und 7).
42) Einhellige Meinung; WOLFF/BACHOF, VerwR III, § 156 Rn. 45 (S. 339); ULE/LAUBINGER, S. 102; BORGS in MEYER/BORGS, 16 zu § 28; KOPP, VwVfG, 8 zu § 28; HÜBSCHMANN/HEPP/SPITALER, 17 zu § 91; THIEME in WANNAGAT, 10 zu § 34; KRIEGER, S. 171; vgl. oben § 5 VII bei 84); MERKEL, S. 88; PIPKORN, Diss., S. 114; vgl. oben § 5 III bei 40). Nachweise für Österreich und die Schweiz unten § 37 I in 20) und § 37 II in 44).
Zur Abgrenzung von Auskünften aufgrund der Rechtsschutzgarantie oben § 11 III bei 41) bis 47).

Der Tatsachenbegriff ist in diesem Zusammenhang weit zu verstehen. Es zählen dazu insbesondere Ergebnisse eigener Ermittlungen der Behörde, Zeugenaussagen, der Inhalt von Urkunden, Sachvortrag anderer Beteiligter oder Stellungnahmen mitwirkender Behörden.

Von besonderer praktischer Bedeutung sind häufig schriftliche Sachverständigengutachten. Für sie sieht § 66 Absatz 2 Halbsatz 2 VwVfG vor, daß sie in förmlichen Verwaltungsverfahren den Beteiligten zugänglich gemacht werden "sollen" [43)], von der Behörde also in besonders gelagerten Ausnahmefällen - insbesondere wenn überwiegende Geheimhaltungspflichten [44)] entgegenstehen - zurückgehalten werden dürfen [45)]. Für einfache Verwaltungsverfahren und für Planfeststellungsverfahren fehlt eine entsprechende Regelung. Es ist jedoch auch für Sachverständigengutachten uneingeschränkt an dem Postulat [46)] festzuhalten, daß die Behörde Tatsachen nur in dem Umfange einer für einen Beteiligten ungünstigen Entscheidung zugrundelegen darf, als dieser zuvor Gelegenheit zur Stellungnahme hatte. Im Normalfall bedeutet dies, daß das Gutachten durch Gewährung von Akteneinsicht, Übersendung einer Ablichtung oder in sonstiger Weise vollinhaltlich zugänglich gemacht wird. Stehen dem überwiegende Gründe - etwa ein zu beachtendes Betriebsgeheimnis [47)] - entgegen, so muß den Beteiligten in anderer Weise eine Informationsmöglichkeit über die wesentlichen Feststellungen des Gutachtens geboten werden [48)]. Dies kann insbesondere durch

---

43) Vgl. oben bei 27).
44) Vgl. dazu unten § 26.
45) Vgl. BONK in STELKENS/BONK/LEONHARDT, 8 zu § 66; KOPP, VwVfG, 4 zu § 66; ULE/LAUBINGER, S. 141.
46) Vgl. oben bei 42).
47) Vgl. unten § 26 II bei 32).
48) WOLFF/BACHOF, VerwR III, § 156 Rn. 45 (S. 339); KOPP, VwVfG, 4 zu § 66 und 8 zu § 28.

eine beschränkte Auskunftserteilung unter Wahrung der Geheimhaltungspflicht [49] geschehen.

Die Mitteilungspflicht geht nur soweit, wie die Tatsachen entscheidungserheblich sind. Eindeutig neben der Sache liegende Dinge, etwa unsinnige Behauptungen von dritter Seite, kann und soll die Behörde aus dem Verfahren fernhalten, um von vornherein eine Konzentration auf das Wesentliche zu erreichen [50]. Im Zweifel hat die Behörde eine Tatsache jedoch als entscheidungserheblich anzusehen und den Beteiligten daher zur Stellungnahme mitzuteilen [51]. Wird eine zunächst für unwesentlich gehaltene Tatsache später aufgrund anderer Beurteilung oder durch das Hinzutreten weiterer Umstände erheblich, so ist diese Tatsache unverzüglich bekanntzugeben.

b) Mitteilungen über Ort und Termin von Beweiserhebungen

Wesentlicher Inhalt des Anhörungsrechts ist auch das Recht auf Teilnahme an Beweiserhebungen durch Vernehmung von Zeugen und Sachverständigen und durch Augenscheinseinnahme. Ausdrücklich normiert ist dieses Recht allerdings nur für das förmliche Verwaltungsverfahren [52]. Ob es auch im einfachen Verwaltungsverfahren und in Planfeststellungsverfahren gilt, ist umstritten. Die ganz überwiegende Ansicht [53] verneint ein Teilnahmerecht außerhalb förmlicher Verfahren. Einer Mindermeinung zufolge sind in einfachen Verfahren die Beteiligten

---

49) Vgl. auch unten § 26 III bei 45).
50) LEONHARDT in STELKENS/BONK/LEONHARDT, 14 zu § 28; KOPP, VwVfG, 6 zu § 28.
51) KOPP aaO.
52) § 66 Absatz 2 Halbsatz 1 VwVfG; vgl. oben bei 26).
53) ULE/LAUBINGER, Gutachten, S. B 55, B 86 (de lege ferenda aber für Einräumung eines Teilnahmerechts auch in einfachen und Planfeststellungsverfahren); dieselben, Lehrbuch, S. 99, 102, 119, 141; STELKENS in STELKENS/BONK/LEONHARDT, 4 zu § 26; BONK aaO, 6 zu § 66; BORGS in MEYER/BORGS, 3 zu § 26; KNACK, 5 zu § 26.

jedenfalls bei Beweisaufnahmen zu wichtigen Fragen hinzuzuziehen, wenn dies den Behördenbetrieb nicht wesentlich belastet [54].

Der letzteren Auffassung ist zuzustimmen. Die persönliche Mitwirkung der Beteiligten bei wesentlichen Beweisaufnahmen mit der Möglichkeit, durch sofortige Fragen und Hinweise aktiv zur Sachverhaltsklärung beizutragen, ist eine unverzichtbare Voraussetzung einer objektiven und sachgerechten Ermittlungstätigkeit [55]. Die nachträgliche Bekanntgabe der Beweisergebnisse und Anhörung der Beteiligten kann diese unmittelbare Teilnahme in der Regel nur unvollkommen ersetzen.

In Planfeststellungsverfahren mit einer Vielzahl von Beteiligten [55 a] wird deren Teilnahme an Beweisaufnahmen dagegen meist praktisch undurchführbar sein. Insoweit ist ein allgemeines Teilnahmerecht daher nicht zu befürworten. Allerdings kann auch dies nicht undifferenziert gelten. Wenn sich eine Beweisaufnahme speziell auf Fragen von unmittelbarem Interesse für

---

54) KOPP, VwVfG, 4 c zu § 26, 8 zu § 28. Für die Schweiz ebenso IMBODEN/RHINOW, S. 508 f.; vgl. auch unten § 37 II bei 42).

55) Nachdrücklich zu widersprechen ist STELKENS in STELKENS/ BONK/LEONHARDT, 2 und 4 zu § 26 ; der meint, die Beweisermittlung im Verwaltungsverfahren diene in erster Linie der Klärung durch und für die Behörde ; die Interessen des Beteiligten würden im allgemeinen Verfahren durch nachträgliche Anhörung (§ 28 VwVfG) und die Begründung des Verwaltungsaktes (§ 39 VwVfG) ausreichend gewahrt. Oberstes Gebot einer jeden Beweisaufnahme - im Verwaltungsverfahren ebenso wie im Prozeß - ist und bleibt das objektive Bestreben, die Wahrheit zu erforschen. Dieses Ziel ist zumindest gefährdet, wenn unmittelbar Betroffene von wesentlichen Ermittlungstätigkeiten ausgeschlossen werden. Vgl. zu diesem Problem im einzelnen BERG, Die Verwaltung 1976, 165-189 (167).

55 a)Vgl. dazu im Zusammenhang unten § 27 I 2.

einzelne Beteiligte bezieht, etwa auf Auswirkungen eines Vorhabens für Nachbargrundstücke, so sind diese direkt betroffenen Beteiligten zur Beweisaufnahme hinzuzuziehen, damit sie ihr Interesse bereits bei der Sachverhaltsermittlung in angemessener Weise zur Geltung bringen können.

Soweit ein Teilnahmerecht besteht, hat die Behörde das Thema sowie Ort und Termin der Beweiserhebung rechtzeitig vorher mitzuteilen [56)].

c) Auskünfte zur Vorbereitung von mündlichen Verhandlungen und Erörterungsterminen [57)]

In förmlichen Verwaltungsverfahren und in Planfeststellungsverfahren wird das rechtliche Gehör vornehmlich durch die Abhaltung der mündlichen Verhandlung bzw. des Erörterungstermines gewährt [58)]. Das Recht der Beteiligten, an diesen Verhandlungen teilzunehmen, bleibt im Ergebnis aber wenig effektiv, wenn ihnen nicht gleichzeitig Informationsrechte zur rechtzeitigen und ausreichenden Vorbereitung eingeräumt werden.

aa) Auskünfte zur Vorbereitung mündlicher Verhandlungen

In den förmlichen Verwaltungsverfahren nach §§ 63-71 VwVfG

---

56) BONK in STELKENS/BONK/LEONHARDT, 6 zu § 66; KOPP, VwVfG, 3 zu § 66; ULE/LAUBINGER, S. 141.
Abwegig BORGS in MEYER/BORGS, 2 zu § 66: Ein besonderer Hinweis auf eine vorgesehene Beweiserhebung sei auch im Rahmen förmlicher Verfahren nicht erforderlich.

57) Zu Auskunftspflichten während mündlicher Verhandlungen und Erörterungsterminen vgl. im einzelnen oben § 6 II bei 112) bis 144).

58) Vgl. dazu oben bei 29) und 36) sowie § 6 II bei 101).

werden den Beteiligten durch das Recht auf Akteneinsicht gemäß § 29 VwVfG [59], das Teilnahmerecht an Beweiserhebungen [60] und die Verpflichtung, schriftliche Gutachten im Regelfall zugänglich zu machen [61], bereits relativ weitgehende Unterrichtungsmöglichkeiten eingeräumt. Nach Maßgabe von § 66 Absatz 1 VwVfG [62] ist die Behörde darüberhinaus verpflichtet, neue entscheidungserhebliche Tatsachen den Beteiligten bekanntzugeben [63] und bei Bedarf rechtliche Hinweise zu erteilen [64]. Mit diesen Informationen werden die Beteiligten in aller Regel imstande sein, ihr Teilnahmerecht an der mündlichen Verhandlung sinnvoll auszuüben.

Eine ergänzende Auskunftspflicht tritt jedoch ein, wenn ein Beteiligter sich im Hinblick auf die bevorstehende mündliche Verhandlung um zusätzliche Aufklärung zu einer Sach- oder Rechtsfrage bemüht, die er anderweitig nicht ausreichend beantworten kann. Praktische Beispiele hierfür sind etwa Erläuterungen des Akteninhalts [65], sofern dieser aus sich selbst heraus nicht verständlich ist, oder verfahrensrechtliche Belehrungen über den Ablauf der mündlichen Verhandlung.

bb) Auskünfte zur Vorbereitung von Erörterungsterminen

In Anbetracht der erheblich beschränkteren Informationsmöglichkeiten in Planfeststellungsverfahren und den ihnen ange-

---

59) Vgl. dazu oben § 2 I bei 4).
60) Vgl. oben bei 26) und bei 52).
61) Vgl. oben bei 27) und bei 43) bis 45).
62) Vgl. oben bei 21).
63) Vgl. oben bei 42).
64) Vgl. oben bei 22) und unten bei 79).
65) Ähnlich PIPKORN, Diss., S. 111-114; vgl. oben § 5 III bei 39).

näherten Genehmigungsverfahren [66] haben Auskünfte zur Vorbereitung der in ihrem Rahmen stattfindenden Erörterungstermine eine weit höhere Bedeutung als die vorstehend behandelten Auskünfte in förmlichen Verwaltungsverfahren. Insbesondere die Einschränkung des Akteneinsichtsrechts [67] birgt die Gefahr in sich, daß die Erörterungstermine ihre Funktion [68], ausreichendes rechtliches Gehör zu gewähren und einen weitestmöglichen Interessenausgleich herbeizuführen, vielfach nicht mehr erfüllen können. Wenn Beteiligte erst im Erörterungstermin mit schwierigsten technischen Zusammenhängen konfrontiert werden, die sie im Augenblick selten erfassen, geschweige denn nachprüfen können, kann man kaum erwarten, daß sie sachlich und unvoreingenommen Stellung nehmen und bereit sind, ihre Einwendungen zurückzustellen oder an Ausgleichslösungen mitzuwirken.

Um eine sinnvolle und funktionsgerechte Gestaltung der Erörterung zu gewährleisten, ist zu verlangen, daß die Anhörungsbehörde [69] den Beteiligten alle für eine sachgerechte Vorbereitung des Erörterungstermins erforderlichen Informationsmöglichkeiten schafft [70]. Das bedeutet zunächst, daß die Behörde ihr Ermessen über die Gewährung von Akteneinsicht großzügig handhabt und sie nur dann verwehrt, wenn zwingende Praktikabilitätsgesichtspunkte oder Geheimhaltungspflichten entgegenstehen [71]. Soweit eine Akteneinsicht nicht möglich

---

66) Allgemein zum rechtlichen Gehör in diesem Verfahren oben bei 32) bis 40). Vgl. ferner § 1 I bei 8) bis 10); § 6 II bei 102) bis 111); § 11 II bei 14); § 11 III bei 50).
67) Vgl. oben § 6 II bei 108).
68) Vgl. oben § 6 II bei 98) bis 100).
69) Zur Zuständigkeit unten § 30.
70) Ähnlich LANGE, DVBl. 1975, 133 f. Vgl. ferner BADURA in ERICHSEN/MARTENS, S. 284; FICKERT, 21 zu Nr. 15 (S. 295); BLÜMEL, Funktion, S. 232; BENDER, Funktion, S. 250; de WITT, S. 277; oben in 66) mit weiteren Verweisungen.
71) So auch v. MUTIUS, DVBl. 1978, 673; KOPP, VwVfG, 3 zu § 72. Vgl. im übrigen die Nachweise oben § 6 II in 108).

ist oder das Informationsbegehren durch Akteneinsicht nicht oder nicht ausreichend befriedigt wird, hat die Behörde Auskunft zu erteilen. Dabei kann es sich etwa um Erläuterungen von Folgewirkungen des Vorhabens, Belehrungen verfahrensrechtlicher Art oder Hinweise auf denkbare Schutzvorkehrungen oder Entschädigungsansprüche (vgl. § 74 Absatz 2 VwVfG) handeln. Das Maß der zu erteilenden Auskunft wird im Einzelfall durch die Zumutbarkeit [72)] für die Behörde bestimmt und ist im übrigen auch nach dem Grad der Betroffenheit des Beteiligten [73)] zu differenzieren.

d) Erteilung rechtlicher Hinweise

Höchst umstritten ist schließlich die Frage, ob und inwieweit zur Gewährung rechtlichen Gehörs auch die Erteilung rechtlicher Hinweise zählt. Der Gesetzeswortlaut von § 28 Absatz 1 VwVfG einerseits und § 66 Absatz 1 VwVfG andererseits legt die Annahme nahe, daß in förmlichen Verwaltungsverfahren ein Rechtsgespräch zu erfolgen habe, in einfachen Verfahren dagegen grundsätzlich nicht [74)]. Als Begründung hierfür wird angegeben, daß die Verfahren andernfalls unerträglich belastet würden [75)]. In dieser undifferenzierten Weise überzeugt das jedoch nicht.

Sicherlich würde es die Verwaltung überfordern, wenn sie grundsätzlich verpflichtet sein sollte, ihre rechtlichen Überlegun-

72) Vgl. dazu allgemein unten § 27 I 2.
73) Vgl. dazu unten § 33 III bei 33) bis 38).
74) So LEONHARDT in STELKENS/BONK/LEONHARDT, 13 zu § 28; ULE/LAUBINGER, S. 103; BORGS in MEYER/BORGS, 16 zu § 28 und 1 zu § 66; KNACK, 3.3 zu § 28. Vgl. ferner HÜBSCHMANN/HEPP/SPITALER, 16 zu § 91. Zum Meinungsstand in Österreich und der Schweiz vgl. unten § 37 I bei 20) bis 22) und § 37 II bei 45) und 46).
75) So ULE/LAUBINGER, S. 103; KNACK, 3.3 zu § 28.

gen schon vor der Entscheidung darzutun [76]. Im Gegenteil sind solche rechtlichen Hinweise normalerweise nicht geboten, weil die Beteiligten auch ohne besondere Belehrung wissen, worauf es in dem Verfahren ankommt. Die laienhafte Vorstellung von der Rechtslage reicht aus, damit die Beteiligten die erheblichen Tatsachen würdigen und zu ihnen Stellung nehmen können.

Dieser Grundsatz ist jedoch zu durchbrechen, wenn die Kenntnis der entscheidenden rechtlichen Gesichtspunkte bei einem Beteiligten nicht einmal in laienhafter Weise besteht, so daß er auch bei der Würdigung und dem Vortrag des Sachverhalts "danebenliegt". Zu denken wäre etwa daran, daß ein Antrag wegen Versäumung einer Frist abgelehnt zu werden droht und die Möglichkeit einer Nachsichtgewährung zur Debatte steht oder daß ein Beteiligter in einem Verfahren wegen einer Erlaubnisentziehung ausschließlich sachbezogen vorträgt, während in Wirklichkeit die Zuverlässigkeit seiner Person im Vordergrund der rechtlichen Prüfung steht. In derartigen Fällen beinhaltet eine ordnungsgemäße Gehörsgewährung die Verpflichtung, einen entsprechenden rechtlichen Hinweis zu geben [77].

Daß im Rahmen mündlicher Verhandlungen und Erörterungstermine [78] ein Rechtsgespräch stattzufinden hat, ist unstreitig [79] und bedarf keiner näheren Begründung.

---

76) So ausdrücklich REINHARDT, S. 162; vgl. auch unten § 37 II bei 46). Anderer Ansicht offenbar KRIEGER, S. 172; vgl. oben § 5 VII bei 84) bis 86); und eindeutig SCHURZ, S. 94; vgl. unten § 37 I bei 22) und 23).

77) So auch KOPP, VwVfG, 9 zu § 28 und Verwaltungsverfahrensrecht, S. 34, 79 und 190; KÜHN/KUTTER, 2 zu § 91; KRIEGER, S. 172; HAUEISEN, DVBl. 1962, 882; KÖNIG, DVBl. 1959, 193; BVerwG vom 31.10.1963, Buchholz 234, § 24 c G 131 Nr. 2. Zu entsprechenden Auffassungen in Österreich und der Schweiz vgl. unten § 37 I bei 21) und 22); § 37 II bei 45).

78) Dazu im einzelnen oben § 6 II.

79) Vgl. nur BONK in STELKENS/BONK/LEONHARDT, 4 zu § 68; ferner oben bei 22) sowie § 6 II bei 115) und 124).

3. Auskunftsersuchen oder Erkennbarkeit des Erfordernisses einer Auskunftserteilung

a) Auskunftsersuchen [80]

Soweit bei Vorliegen der sonstigen Voraussetzungen einer Auskunftspflicht der Beteiligte sich zur Wahrung seines rechtlichen Gehörs selbst um eine Auskunft bemüht, ist diese ihm selbstverständlich zu geben.

b) Erkennbarkeit des Erfordernisses einer Auskunftserteilung [81]

Im Normalfall wird es sich bei Auskünften aufgrund der Anhörungspflicht jedoch um Hinweise auf Gesichtspunkte handeln, die dem Beteiligten bis dahin völlig unbekannt waren. Soweit die Behörde dies erkennen kann, muß sie von sich aus tätig werden und den Beteiligten über den ihm neuen Umstand unterrichten, damit er Gelegenheit hat, sich dazu zu äußern.

Zu rechtlichen Hinweisen entsteht eine Auskunftspflicht, wenn die Behörde ihre Notwendigkeit entweder anhand der objektiv sehr schwierigen Rechtslage oder aus dem Vortrag des Beteiligten erkennen kann. Im Zweifel, insbesondere bei Verfahren von weittragender Bedeutung, ist von der Behörde eine Rückfrage zu erwarten, um festzustellen, wie der Beteiligte seine Sachverhaltsausführungen rechtlich einordnet.

---

80) Vgl. auch oben § 10 III 3; § 11 III 3; § 18 III 2 b; unten § 24 III 3 c.

81) Vgl. auch oben § 18 III 1 b.

§ 21 Die Begründungspflicht [1]

I Beziehung zu Auskunftspflichten

Begründungen von Verwaltungsakten sind keine Auskünfte, sondern Bestandteil des Verwaltungsaktes, dem sie beigefügt sind. Von ihnen zu trennen sind selbständige Erläuterungen, die demgegenüber Auskünfte darstellen [2]. Es fragt sich, ob die Begründungspflicht, die in § 39 VwVfG für einfache Verwaltungsverfahren, § 69 Absatz 2 Satz 1 VwVfG für förmliche Verwaltungsverfahren, §§ 74 Absatz 1 Satz 2, 69 Absatz 2 Satz 1 VwVfG für Planfeststellungsverfahren und in § 121 AO 1977 für Besteuerungsverfahren allgemeine verfahrensgesetzliche Regelungen gefunden hat, unter bestimmten Voraussetzungen auch die Verpflichtung zu selbständigen Erläuterungen umfaßt.

Die Aufgabe, Verwaltungsakte zu begründen, steht mit den Sachzwängen einer Massenverwaltung in einem natürlichen Spannungsverhältnis, das Durchbrechungen der Begründungspflicht erforderlich macht. Dem hat der Gesetzgeber mit abschließend

---

1) Allgemein zur Begründungspflicht STELKENS in STELKENS/BONK/LEONHARDT, 1-6 zu § 39; BADURA in ERICHSEN/MARTENS, S. 307-309; KOPP, VwVfG, 1-6 zu § 39; derselbe, VerwaltungsverfahrensR, S. 47-53, 90-92, 122-124, 137-140, 159-161, 178 f., 194-196, 225 f., 244 f.; SCHEFFLER, DÖV 1977, 767-774; ULE, DVBl. 1976, 428; derselbe, VerwA 1971, 129-132; v. WALCKE-WULFFEN; SCHICK, JuS 1971, 1-9; ULE/BECKER, S. 44 f.; FELLNER, S. 357. Vgl. ferner KRIEGER, S. 196-200; dazu oben § 5 VII bei 97); PIPKORN, Diss., S. 110; dazu oben § 5 III bei 38). Zur Rechtslage in Österreich WALTER/MAYER, S. 130 f.; in der Schweiz IMBODEN/RHINOW, S. 531-537; FLEINER, S. 185.

2) Vgl. oben § 2 II bei 16) und 17).

geregelten [3] Ausnahmen Rechnung getragen.

Nach § 39 Absatz 2 VwVfG, 121 Absatz 2 AO 1977 bedarf es in einfachen Verwaltungsverfahren einer Begründung nicht [4], wenn der Verwaltungsakt dem Antrag des Betroffenen entspricht ; wenn die Begründung bereits bekannt oder ohne weiteres erkennbar ist ; bei Massen- sowie automatisch erstellten Entscheidungen, soweit eine Begründung nach den Umständen des Einzelfalles nicht geboten ist ; wenn sich dies aus einer Rechtsvorschrift ergibt und schließlich wenn eine Allgemeinverfügung öffentlich bekannt gegeben wird.

In förmlichen Verwaltungsverfahren und Planfeststellungsverfahren nach dem VwVfG ist gemäß §§ 69 Absatz 2 Satz 1, 74 Absatz 1, Satz 2, 39 Absatz 2 Nr. 1 und 2 VwVfG - enger als bei einfachen Verfahren - eine Begründung dann nicht zwingend erforderlich [5], wenn der Verwaltungsakt einem Antrag entspricht und bei Massenentscheidungen sowie automatisch erstellten Verwaltungsakten, soweit eine Begründung nach den Umständen des Einzelfalles nicht geboten ist.

---

3) STELKENS in STELKENS /BONK/LEONHARDT, 19 und 29 zu § 39. Anderer Ansicht KOPP, VwVfG, 4 und 5d zu § 39 : Über den Katalog von § 39 Absatz 2 VwVfG hinaus seien Ausnahmen zulässig, wenn eine Begründung zwingenden öffentlichen Interessen oder berechtigten Interessen Beteiligter oder Dritter widersprechen würde.
4) Vgl. im einzelnen STELKENS in STELKENS/BONK/LEONHARDT, 19-31 zu § 39 ; KNACK, 3.2 zu § 39 ; MEYER in MEYER/BORGS,7-21 zu § 39.
5) Vgl. STELKENS/BONK/LEONHARDT, 4 zu § 69, 19 und 20, 26 und 27 zu § 39 ; ULE/LAUBINGER, S. 147.

Die gesetzlichen Einschränkungen der Begründungspflicht sind zwar sachlich vertretbar [6], können aber zu Härten führen. So dürfte es in der Praxis nicht selten vorkommen, daß die Behörde guten Gewissens glaubt, ihre Auffassung über die Sach- und Rechtslage bereits hinreichend deutlich gemacht zu haben, während der Adressat in Wirklichkeit die Entscheidung durchaus noch nicht versteht. Entsprechendes gilt für die Massen- oder automatischen Bescheide. Wenn es hierzu in den Motiven für das VwVfG heißt, Formularbescheide seien " ohne weiteres aus sich heraus verständlich" [7], so klingt dies ein wenig weltfremd. Zumindest die durch automatische Einrichtungen erstellten Verwaltungsakte sind häufig alles andere als aus sich selbst heraus verständlich. In solchen und vergleichbaren Fällen sollte die Behörde deshalb auf Anfrage des Bürgers zu einer Erläuterung ihrer Entscheidungen verpflichtet sein.

Es wäre wünschenswert gewesen, wenn der Gesetzgeber in § 39 VwVfG, § 69 Absatz 2 VwVfG und § 121 AO 1977 entsprechende Regelungen getroffen hätte. Ein Grund, warum dies nicht geschehen ist, könnte gewesen sein, daß man diese Frage für unproblematisch gehalten hat. In der Tat ist es - von querulatorischen Anfragen einmal abgesehen - kaum denkbar, daß eine Behörde sich einer Bitte um Erläuterung einer Verwaltungsentscheidung widersetzt. Mangels ausdrücklicher Normierung läßt sich die ergänzende Erläuterungspflicht jedoch dem ungeschriebenen Inhalt der Begründungspflicht entnehmen.

---

6) So auch STELKENS in STELKENS/BONK/LEONHARDT, 19 und 29 zu § 39 ; ULE/BECKER, S. 44. Kritisch zur Ausnahme Nr.4 (wenn sich dies aus einer Rechtsvorschrift ergibt) dagegen SCHEFFLER, DÖV 1977, 771 ; ULE, DVBl. 1976, 428. Grundsätzlich kritisch v. WALCKE-WULFFEN, S. 61-99.
7) BT-Drucksache 7/910, S. 61.

II Voraussetzungen einer Auskunftspflicht

Die Voraussetzungen einer Verpflichtung, erläuternde Auskünfte über eine Verwaltungsentscheidung zu geben, bestehen darin, daß der Beteiligte glaubhaft macht, daß ihm die Entscheidung unverständlich ist und er deshalb um eine Erläuterung nachsucht. In letzterem unterscheidet sich die Erläuterung grundlegend von der eigentlichen Begründung, die von Amts wegen zu erfolgen hat.

Ein besonderes Interesse an der Erläuterung - etwa die Absicht, einen Rechtsbehelf einzulegen - ist dagegen nicht zu verlangen. Die Verständlichkeit von Verwaltungsentscheidungen für den jeweiligen Adressaten ist ein eigenständiges Anliegen, das keines besonderen Rechtsschutzinteresses bedarf [8].

---

8) Zum Inhalt und Umfang der Erläuterungen unten § 33 III bei 14) und 15); zur Form § 31.

§ 22 Die Rechtsbehelfsbelehrungspflicht

Die verwaltungsrechtliche Rechtsbehelfsbelehrungspflicht ist vom Gesetzgeber lediglich enumerativ geregelt [1]. Soweit eine gesetzliche Regelung fehlt, sind die Behörden nicht verpflichtet, von Amts wegen Rechtsbehelfsbelehrungen zu erteilen [2].

Damit ist die Frage besonderer Rechtsbehelfsbelehrungspflichten auf Ersuchen des Bürgers jedoch noch offen. Eine solche Pflicht ist im Ergebnis zu befürworten [3]. Angesichts der für einen Laien nicht zu durchschauenden Vielfalt der Rechtsbehelfsmöglichkeiten und dabei zu beachtenden Fristen und Formalien wäre es ein krasser Verstoß gegen den Anspruch auf Rechtsschutz nach Art. 19 Absatz 4 GG, wenn die Behörde den Bürger, der sich hierüber belehren lassen will, abweisen würde.

An die Richtigkeit [4] und Vollständigkeit [5] einer Auskunft über Rechtsbehelfe sind entsprechend den gesetzlich vorgeschriebenen Rechtsbehelfsbelehrungen strenge Anforderungen zu

---

1) ZB in §§ 59, 73 Absatz 3 Satz 1 VwGO; 154 BBauG; 57 Absatz 1 Satz 2 GWB; 11 WDO; § 18 a Absatz 4 Satz 1 FStrG. Sollvorschriften enthalten § 21 Absatz 2 Nr. 2 der 9. BImSchV; § 15 Absatz 2 Nr. 2 der AtVfV. Vgl. auch BADURA in ERICHSEN/MARTENS, S. 309, 337.
2) STELKENS in STELKENS/BONK/LEONHARDT, 8 zu § 37 und 7 zu § 79; DÜRIG in MAUNZ/DÜRIG/HERZOG/SCHOLZ, 51 zu Art. 19 Absatz 4; PIETZNER, DÖV 1978, 875; STOBER, BayVBl. 1976, 171; BENKENDORFF, DVBl. 1952, 13.
3) So auch KRIEGER, S. 200, 221; vgl. oben § 5 VII bei 98); KOPP, VerwaltungsverfahrensR, S. 124, 162; PIPKORN, Diss., S. 110; vgl. oben § 5 III bei 37); WERNER, JZ 1955, 349. Für die Schweiz vgl. auch IMBODEN/RHINOW, S. 541 f.
4) Vgl. auch unten § 33 II.
5) Vgl. auch unten § 33 III.

stellen. Mitzuteilen sind der gegebene Rechtsbehelf, die Anbringungsstelle, deren Sitz und die einzuhaltende Frist [6]. Auf Wunsch ist die Auskunft schriftlich [7] zu geben bzw. zu bestätigen.

6) Vgl. BADURA in ERICHSEN/MARTENS, S. 309; KNACK, 8 zu § 37. Für Österreich vgl. WALTER/MAYER, S. 131 f.; für die Schweiz IMBODEN/RHINOW, S. 542 f.
7) Zur Form von Auskünften allgemein unten § 31.

3. Kapitel: Materiell-verwaltungsrechtliche Auskunftspflichten

§ 23 Treu und Glauben

Die Geltung des ursprünglich im Privatrecht entwickelten Grundsatzes von Treu und Glauben auch im Bereich des Verwaltungsrechts ist allgemein anerkannt [1]. Ihm werden in verwaltungsrechtlichen Rechtsbeziehungen insbesondere der Vertrauensschutzgedanke [2], das Institut der Verwirkung [3] und allgemein das Gebot des fürsorglichen Verhaltens [4] entnommen. Nach verbreiteter Auffassung ist das Prinzip von Treu

---

1) Vgl. MAYER, Allg. VerwR, S. 28; WOLFF/BACHOF, VerwR I, § 41 I c 2 (S. 297 f.); FORSTHOFF, Lehrbuch, S. 169-173; MATTERN, G., Küchenhoff-Festgabe, S. 42; GRABITZ, DVBl. 1973, 680; BVerwG vom 31.1.1974, NJW 1974, 1440-1444 (1444). Für die Schweiz vgl. IMBODEN/RHINOW, S. 455.

2) Nach herrschender Auffassung basiert der Vertrauensschutzgedanke im öffentlichen Recht auf Treu und Glauben sowie dem Prinzip der Rechtssicherheit; vgl. etwa HUBER, S. 317-319; MAURER, Vertrauensschutzprinzip, S. 228; WOLFF/BACHOF, VerwR I, § 41 I c 2 (S. 297); dieselben, VerwR III, § 138 Rn. 29 (S. 203); OSSENBÜHL, DÖV 1972, 27. Anderer Ansicht PÜTTNER, VVDStRL 32 (1974), 206, 226 (eigenständiger Rechtsgedanke); GRABITZ, DVBl. 1973, 679-682 (Grundlage sei Art. 2 I GG); SCHMIDT, W., JuS 1973, 532 (Grundlage sei Art. 14 GG). Vgl. auch unten § 25 bei 3).

3) ERICHSEN/MARTENS, S. 136 f.; WOLFF/BACHOF, VerwR I, § 37 III e 1 (S. 265); FORSTHOFF, Lehrbuch, S. 172.

4) Vgl. WOLFF/BACHOF, VerwR I, § 41 I c 3 (S. 298); MERTEN, VSSR 1973, 71; BFH vom 9.5.1957, BStBl. 1957 III, 291 f.; IMBODEN/RHINOW, S. 458.

und Glauben auch Grundlage behördlicher Auskunftspflichten [5]. Dem ist jedoch zu widersprechen [6].

Das Gebot von Treu und Glauben ist eine Generalklausel, die der Konkretisierung in Einzelrechtssätze bedarf. Als Grundlage von Auskunftspflichten kämen zwei Ausprägungen des Grundsatzes in Betracht: Zum einen der Gedanke, daß ein Recht nicht dadurch vereitelt werden darf, daß der Anspruchsgegner dem schuldlos in Unkenntnis befindlichen Berechtigten Informationen zur Begründung seines Anspruchs vorenthält [7]; zum anderen die allgemeine Pflicht zum fürsorglichen Verhalten [8]. Beide Rechtsgedanken werden jedoch in ihrer Funktion, behördliche Auskunftspflichten gegenüber Verfahrensbeteiligten zu begründen, durch speziellere Rechtssätze verdrängt. Die Verpflichtung, anspruchsbegründende Tatsachen zu offenbaren, wird im Verhältnis zwischen Behörde und Verfahrensbeteiligten durch das Verfassungsprinzip des effektiven Rechtsschutzes [9] näher

---

5) So etwa WOLFF/BACHOF, VerwR I, § 41 I c 3 (S. 298); vgl. oben § 5 X bei 115); MERTEN, VSSR 1973, 71; vgl. oben § 5 IX bei 110) und 111); ANCKER, S. 64; vgl. oben § 5 IV bei 54); BVerwG vom 29.11.1974, NJW 1975, 1333 f.; BGH vom 13.7.1954, VerwRspr. 7 (1955), 242-249 (247); vgl. oben § 4 I bei 16) und 17); BFH vom 9.5.1957, BStBl. 1957 III, 291 f.; vom 20.12.1957,BStBl. 1958 III, 118 f.; ferner vom 9.7.1976, BStBl. 1976 II, 674 f.; vgl. oben § 4 III bei 35). Nachweise für Österreich und die Schweiz unten § 37 I bei 24) und 25); § 37 II bei 33) und bei 36) bis 39).

6) So auch PIPKORN, Diss., S. 47-49. Vgl. ferner MERKEL, S. 69-71.

7) BVerwG vom 29.11.1974, NJW 1975, 1333 f.; vgl. auch die Entscheidung vom 31.1.1974, NJW 1974, 1440-1444 (1444); dazu oben § 6 I bei 61); BGH vom 13.7.1954, VerwRspr. 7 (1955), 242-249 (247); dazu oben § 4 I bei 16) und 17).

8) WOLFF/BACHOF; MERTEN; BFH; alle wie oben in 5).

9) Vgl. im einzelnen oben § 11.

bestimmt. Die Erteilung von Auskünften als fürsorgliche Maßnahmen ist inzwischen gesetzlich normiert in § 25 VwVfG, § 89 AO 1977 und §§ 14, 15, 16 Absatz 3 SGB [10]. Sie ist darüberhinaus Bestandteil der inhaltlich sehr differenziert ausgestalteten sozialstaatlichen Betreuungspflicht [11]. Die Heranziehung des allgemeinen Treu und Glauben-Prinzips an Stelle dieser konkreteren Rechtssätze ist zumindest ungenau und sollte vermieden werden.

10) Vgl. oben § 6 I und § 6 III.
11) Vgl. nachfolgend § 24.

§ 24 Die Betreuungspflicht [1]

I Allgemeine Darstellung

Hintergrund der letztlich auf dem Sozialstaatsprinzip [2] beruhenden Betreuungspflicht [3] der Behörden gegenüber dem Bürger ist die mit der Ausweitung der Verwaltungstätigkeit gewachsene Abhängigkeit des Einzelnen von staatlichen Leistungen oder Eingriffen [4]. Diese Abhängigkeit kann leicht dazu führen, daß die sozial schwächeren Bürger durch mangelnde Rechtskenntnisse und die nur beschränkte Möglichkeit, einen Rechtsanwalt, Steuerberater oder anderweitige Hilfe in Anspruch zu nehmen, weiter benachteiligt werden [5]. Die Verwaltung hat hier auszugleichen. Ganz allgemein hat sie sich von dem Gedanken leiten zu lassen, daß sie mit dem Bürger nicht etwa einen Interessenstreit austrägt, sondern im Gegenteil ebenso seinem Wohl wie dem der Allgemeinheit verpflichtet ist.

Der Bundesgerichtshof hat dies in die Formel gekleidet, daß "ein Beamter nicht nur Vollstrecker staatlichen Willens und nicht nur Diener des Staates, sondern zugleich Helfer des Bürgers" sein solle [6]. Die Verwaltung hat deshalb - so läßt

---

1) Zur Terminologie vgl. LAUBINGER, Betreuungspflicht, S. 442 f.; UFFHAUSEN, JJb. Bd. 4 (1963/64), 193.
2) Vgl. oben § 12.
3) Allgemein zur Betreuungspflicht GIESE, S. 16-20, 29 f.; LAUBINGER, Betreuungspflicht; KRIEGER, S. 49-61, 138-164; JAKUMEIT/WILDE, SGb. 1971, 375-379; PIPKORN, Diss., S. 146-150 und DÖV 1970, 171 f.; KRAUSE, VerwA 61 (1970), 306-308; UFFHAUSEN, JJb. Bd. 4 (1963/64), 192-213.
4) Vgl. auch oben § 1 I bei 4).
5) Vgl. REDEKER, NJW 1973, 1158; SCHÄFER, DVBl. 1972, 409; SIEGERS, S. 43.
6) BGH vom 5.4.1965, NJW 1965, 1226-1228; vgl. oben § 4 I bei 8).

sich der Inhalt der Betreuungspflicht umschreiben - nach Möglichkeit dafür zu sorgen, daß der Bürger das ihm Zustehende erreicht und vermeidbare Nachteile von ihm ferngehalten werden [7].

II Beziehung zu Auskunftspflichten

Die Erteilung von Auskünften ist geradezu typischer Inhalt der Betreuungspflicht. Dies hat sich niedergeschlagen in den verfahrensgesetzlichen Regelungen § 25 VwVfG, § 89 AO 1977 und §§ 14, 15 und 16 Absatz 3 SGB [8], ist im übrigen aber schon seit langem gesicherte Erkenntnis der Rechtsprechung [9] und Literatur [10].

---

7) Ähnlich LAUBINGER, Betreuungspflicht, S. 458; vgl. oben § 5 VIII; BGH vom 27.4.1970, NJW 1970, 1414.

8) Vgl. oben § 6 I und III.

9) Nachweise oben § 4 I bei 5) und 6); § 4 II bei 23); § 4 III bei 39); § 4 IV bei 46) und 47).

10) Vgl. aus dem Bereich des allgemeinen Verwaltungsrechts etwa v. MÜNCH in ERICHSEN/MARTENS, S. 41 f.; BADURA in ERICHSEN/MARTENS, S. 294 f.; WOLFF/BACHOF, VerwR III, § 156 Rn. 46 f. (S. 339 f.); dieselben VerwR I, § 41 I c 3 (S. 298); vgl. oben § 5 X; ULE/LAUBINGER, S. 110-115; LEONHARDT in STELKENS/BONK/LEONHARDT, 2-6 zu § 25; FOERSTER, SKV 1974, 321 f.; vgl. oben § 5 XI; BENDER, Staatshaftungsrecht, S. 202-204; KRIEGER, S. 144, 218; vgl. oben § 5 VII; LAUBINGER, Betreuungspflicht, S. 451, 457; vgl. oben § 5 VIII; KRAUSE, VerwA 61 (1970), 307; DAGTOGLOU in BK, 132 f. zu Art. 34; PIPKORN, Diss., S. 146-150; vgl. oben § 5 III; REIFENRATH, S. 91 f.

Aus dem steuerrechtlichen Schrifttum HÜBSCHMANN/HEPP/SPITALER, 3 zu § 89; KÜHN/KUTTER, 2 zu § 89; TIPKE, Steuerrecht, S. 438; BARSKE, NWB Fach 2, 2457-2459; DIETZ, S. 61-77; vgl. oben § 5 V; BERGER, NWB Fach 2, 945-947.

Aus dem sozialverwaltungsrechtlichen Schrifttum RÜFNER in WANNAGAT, 4 zu § 14; GIESE, S. 20-30; SCHELLHORN in BURDENSKI/v. MAYDELL/SCHELLHORN, 62-65 zu § 14; HAUCK/HAINES, 5-9 zu § 14; HENKE, S. 13; LESSNER, SGb. 1974, 492-496; NEUMANN-DUESBURG, SGb. 1973, 114; JAKUMEIT/WILDE, SGb. 1971, 375 f.; TANNEN, DRVers. 1971, 168-174.

Zu ähnlichen Auffassungen in Österreich und der Schweiz unten § 37 I bei 18), 23) und 25); § 37 II bei 33) und 38).

III Voraussetzungen einer Auskunftspflicht

1. Meinungsstand

Über die Voraussetzungen, unter denen die behördliche Betreuungspflicht die Erteilung von Auskünften notwendig macht, bestehen gravierende Meinungsunterschiede. Die verschiedenen Auffassungen lassen sich in vier Grundrichtungen unterteilen.

a) Weites Verständnis der Betreuungspflicht

Anhänger einer sehr weit verstandenen Auskunftspflicht ist Krieger [11)]. Bei einem entsprechenden Antrag bestehe eine generelle Auskunftspflicht. Von Amts wegen sei eine Auskunft zu erteilen, wenn damit zu rechnen sei, daß der Bürger ohne eine entsprechende behördliche Information sein Ziel nicht oder nur unvollständig erreichen könne [12)].

b) Begrenzung auf die Sozialverwaltung

Eine auf die Sozialverwaltung und die von ihr betroffenen Personen begrenzte Betreuungspflicht wird vereinzelt in der Literatur [13)] und wurde zeitweilig vom Bundesgerichtshof [14)] und dem Bundesverwaltungsgericht [15)] befürwortet. Verbreitet ist die Auffassung, daß die Betreuungspflicht zwar nicht auf die Sozialverwaltung beschränkt ist, dort aber verstärkte Geltung

---

11) Vgl. oben § 5 VII bei 81) bis 83); unten bei 21) bis 23) und bei 70).
12) KRIEGER, S. 145, 218; ähnlich weit REIFENRATH, S. 91.
13) SCHREIBER, S. 160; UFFHAUSEN, JJb. 4 (1963/64), 212.
14) BGH vom 5.4.1965, NJW 1965, 1227: Betreuungspflicht gegenüber "sozial schwachen Volkskreisen"; vgl. oben § 4 I bei 8); aber auch unten in 25).
15) BVerwG vom 9.9.1963, BVerwGE 16, 323-332 (330); vgl. oben § 4 II bei 25).

besitze [16].

c) Begrenzung auf entschuldbare Unkenntnis

Einen gänzlich anderen Gesichtspunkt hat Foerster [17] in die Diskussion gebracht, indem er unter Berufung auf eine Entscheidung des Bundesverwaltungsgerichts vom 31.1.1974 [18] verlangt, daß der Auskunftsberechtigte entschuldbar im Ungewissen über die Rechtslage sein müsse. Diese Einschränkung wird in der Literatur jetzt des öfteren vorgenommen [19].

d) Mittelmeinung

Die wohl überwiegende Meinung [20] bewegt sich zwischen den dargestellten sehr weiten und sehr engen Auffassungen. Es wird einerseits eine bestimmte Auskunftsbedürftigkeit und ein sachliches Interesse an der Information gefordert sowie entweder ein ausdrückliches Auskunftsbegehren oder - für spontane Auskünfte - eine Offensichtlichkeit der Angewiesenheit auf die Auskunft. Andererseits werden Einschränkungen auf einen bestimmten Personenkreis oder eine Entschuldbarkeit der Unkenntnis nicht vorgenommen.

---

16) Vgl. etwa PETERS, 2 zu § 14; RÜFNER in WANNAGAT, 4 und 10 zu § 14; LAUBINGER, Betreuungspflicht, S. 454; KRAUSE, VerwA 61 (1970), 307; ferner oben § 6 III bei 148) und 159); unten bei 26) und 38).
17) Vgl. FOERSTER, SKV 1974, 322 und oben § 5 XI.
18) BVerwG vom 31.1.1974, NJW 1974, 1440-1444 (1444); vgl. hierzu auch oben § 6 I bei 50).
19) So von LEONHARDT in STELKENS/BONK/LEONHARDT, 15 zu § 25; KNACK, 4.3 zu § 25; vgl. auch § 6 I bei 46) und 47).
20) So etwa BENDER, Staatshaftungsrecht, S. 202 f.; LAUBINGER, Betreuungspflicht, S. 451, 455; vgl. oben § 5 VIII; PIPKORN, Diss., S. 150; vgl. oben § 5 III bei 45) und 46); BGH vom 17.9.1970, BB 1970, 1279 f.; vgl. oben § 4 I bei 8) bis 13); BSG vom 17.11.1970, BSGE 32, 60-70 (65); vgl. oben § 4 IV bei 47) bis 49).

2. Stellungnahme

Der vorstehend beschriebenen Mittelmeinung ist im Ergebnis zuzustimmen.

Die von Krieger [21] vertretene weite Auslegung der Betreuungspflicht kommt einer allgemeinen Auskunftspflicht [22] sehr nahe und würde die Verwaltung überfordern. Insbesondere kann auf eine spezifische Auskunftsbedürftigkeit [23] als Voraussetzung nicht verzichtet werden.

Eine Begrenzung der Betreuungspflicht auf die Sozialverwaltung [24] ist eindeutig abzulehnen [25]. Die Abhängigkeit des Bürgers von behördlicher Beratung ist im Bereich der Sozialverwaltung zwar besonders typisch und ausgeprägt [26], sie kann grundsätzlich aber ebenso im Bereich der allgemeinen und der Finanzverwaltung auftreten. Im übrigen widerspräche eine derartige Beschränkung der Betreuungspflicht dem Grundgedanken von § 25 VwVfG und § 89 AO 1977 [27].

Schließlich verdient auch die Verknüpfung der Betreuungspflicht mit dem Erfordernis einer entschuldbaren Unkenntnis des Beteiligten [28] keine Zustimmung. Entscheidend ist allein die objektive Auskunftsbedürftigkeit des Bürgers [29]. Daß er

21) Vgl. oben bei 11).
22) Vgl. dazu oben § 8.
23) Vgl. im einzelnen nachfolgend § 24 III 3 a und 4 a.
24) Vgl. oben bei 13) bis 16).
25) So ausdrücklich auch LAUBINGER, Betreuungspflicht, S. 454 und KRAUSE, VerwA 61 (1970), 307. Auch der BGH hat diese Beschränkung später fallengelassen; vgl. BGH vom 27.4.1970, NJW 1970, 1414 und vom 17.9.1970, BB 1970, 1279 f.; ferner die Stellungnahmen der BGH-Richter BEYER, DVBl. 1962, 618 und PAGENDARM, LM § 839 (Fe) BGB, Nr. 9.
26) Vgl. oben bei 16) sowie nachfolgend bei 38).
27) Vgl. oben § 6 I.
28) Vgl. oben bei 17) bis 19).
29) Vgl. auch oben § 6 I bei 60).

sie etwa durch Nachlässigkeit (Verlust von Unterlagen) oder andere Umstände selbst verursacht hat, kann die Auskunftspflicht der Behörde nicht von vornherein ausschließen.

Für das Entstehen einer Auskunftspflicht kommt es im Einzelfall also auf drei Kriterien an: Der Beteiligte muß in bestimmter Weise auskunftsbedürftig sein [30], er muß ein berechtigtes Sachinteresse an der Auskunft haben [31], und er muß schließlich um die Auskunft entweder ausdrücklich nachsuchen [32] oder die Notwendigkeit einer Auskunftserteilung muß für die Behörde offensichtlich sein [33]. Diese Einzelvoraussetzungen sind nachfolgend getrennt nach Antragsauskünften und spontanen Auskünften näher zu entwickeln.

3. Einzelvoraussetzungen von Antragsauskünften

a) Bewußte Auskunftsbedürftigkeit [34]

Die Verpflichtung zur Erteilung einer Auskunft auf Antrag setzt zunächst voraus, daß der Beteiligte eine bestimmte Sach- oder Rechtsfrage aus eigener Kenntnis nicht oder nicht mit ausreichender Sicherheit klären kann.

Die bewußte Auskunftsbedürftigkeit ist zu verneinen, wenn der Beteiligte in der Lage ist, sich aus anderen, ohne besondere Schwierigkeiten erreichbaren Informationsquellen, etwa amtlichen Broschüren oder Erläuterungen im Antragsvordruck [35],

---

30) Vgl. unten § 24 III 3 a und 4 a.
31) Vgl. unten § 24 III 3 b und 4 b.
32) Vgl. unten § 24 III 3 c.
33) Vgl. unten § 24 III 4 c.
34) Vgl. auch oben § 10 III 1; § 11 III 2.
35) So mehrfach der BFH; vgl. etwa BFH vom 9.7.1976, BStBl. 1976 II, 675 f.; ferner oben § 4 III bei 42).

ausreichend zu unterrichten. Allerdings sollte insoweit großzügig verfahren werden. Insbesondere bei Anfragen eines ungewandteren Beteiligten oder zu schwierigeren Rechtsfragen ist die Auskunftsbedürftigkeit grundsätzlich anzunehmen. Bei querulatorischen Auskunftsbegehren oder solchen, die offensichtlich aus Bequemlichkeit erfolgen, kann die Behörde die Auskunftserteilung dagegen ablehnen [36].

Nur begrenzt darf die Behörde den Beteiligten an einen Rechtsanwalt, Steuerberater oder sonstige private Stelle verweisen [37]. Unzulässig ist ein solches Vorgehen einmal bei Anfragen, die ohne besonderen Aufwand an Ort und Stelle erledigt werden können, des weiteren auf Sachgebieten wie namentlich dem Sozialrecht [38], für die private Rechtsberatung nur schwer verfügbar ist und schließlich gegenüber einkommensschwachen Personen, von denen aus Kostengründen die Inanspruchnahme eines Rechtsanwalts oder Steuerberaters nicht erwartet werden kann [39]. Zumutbar und angebracht ist die Hinzuziehung privater Rechtsberatung in Fällen, in denen sich eine Kontroverse mit der Ver-

---

36) Vgl. dazu näher unten § 27 I 1.
37) Zu weitgehend hierzu HEYMANN, BayVBl. 1961, 72. Allgemein zum Verhältnis zwischen Auskünften der Verwaltung und privater Rechtsberatung auch REDEKER, NJW 1973, 1158 f.; BARSKE, NWB Fach 2, 2457; DIETZ, S. 59-61, 82 f.; vgl.oben § 5 V bei 64) und 72); BERGER, NWB Fach 2, 945 f.; BVerwG vom 9.9.1963, BVerwGE 16, 323-332 (330); vgl. oben § 4 II bei 25). Vgl. ferner oben § 6 I bei 33); § 8 II bei 16); § 10 III bei 28); § 11 III bei 60 a); unten § 27 I bei 9); § 33 III bei 29 a).
38) Vgl. oben bei 26) und 16).
39) Ob die gegenwärtig noch in der Probephase befindliche kostenlose Rechtsberatung der Bevölkerung durch die Justiz bzw. Anwaltschaft eine wesentliche Entlastung für die Verwaltungsbehörden bringen kann, ist zweifelhaft. Allgemein dazu KLINGE, AnwBl. 1977, 350-355; KNOPPKE-WETZEL, JZ 1976, 145-150; HERBST, ZRP 1975, 219-222; BAUMGÄRTEL, ZRP 1975, 65-69; SCHOREIT, ZRP 1975, 62-65.

waltung abzeichnet [40] und bei Sachfragen, etwa zur steuerrechtlich günstigen Gestaltung wirtschaftlicher Vorgänge, die typischerweise zum Aufgabengebiet der rechtsberatenden Berufe gehören [41].

b) Zweckdienlichkeit der Auskunft [42]

Ein berechtigtes Interesse an der begehrten Auskunft hat der Beteiligte nur dann, wenn ihr Inhalt seiner Rechtswahrnehmung im Verfahren zweckdienlich ist. Zu eng ist insoweit die Auffassung von Ule/Laubinger [43], die fordern, daß die Auskunft zur Rechtswahrnehmung notwendig sein müsse. Sinn der Betreuungspflicht ist es nicht nur, dem Bürger seine Rechtswahrnehmung überhaupt zu gewährleisten [44], sondern ihm auch eine angemessene Unterstützung zur möglichst vorteilhaften, zweckmäßigen und rationellen Verfahrensabwicklung angedeihen zu lassen [45].

Das Merkmal der Zweckdienlichkeit ist weit auszulegen. Es soll dadurch die Verpflichtung zur Auskunftserteilung für solche Fälle ausgeschlossen werden, in denen die Frage ersichtlich mit dem Verfahren nichts zu tun hat oder ihre Beantwortung dem Beteiligten nicht nutzen kann. Die Behörde kann die Auskunftserteilung dann unter Hinweis auf das fehlende sachliche Interesse an der Auskunft ablehnen. Als zweckdienlich sind hingegen alle Informationen anzusehen, die dem Bürger die Beurtei-

---

40) Vgl. REDEKER, NJW 1973, 1159; ferner oben § 8 II bei 16).
41) BARSKE, NWB Fach 2, 2457; DIETZ, S. 59-61, 82 f.; BERGER, NWB Fach 2, 945.
42) Vgl. auch oben § 18 III 2 a.
43) ULE/LAUBINGER, S. 115.
44) In solchen Fällen ist außer der Betreuungspflicht unter Umständen auch das Verfassungsprinzip effektiven Rechtsschutzes berührt. Vgl. dazu im einzelnen oben § 11, insbesondere § 11 III 1.
45) Zum Inhalt der zu erteilenden Auskünfte vgl. näher unten § 33, insbesondere unter III bei 21) bis 28).

lung seiner materiellen Rechte und Pflichten, die Einhaltung von Fristen oder Formvorschriften sowie schließlich die Ermittlung und Überprüfung des zugrundeliegenden Sachverhalts erleichtern.

Eine thematische Begrenzung der Auskunftspflicht auf das Verfahrensrecht - wie in § 25 Satz 2 VwVfG und § 89 Satz 2 AO 1977 [46)]- oder auf das Sozialrecht - wie in § 14 SGB [47)] - wird bei der ungeschriebenen Betreuungspflicht also nicht vorgenommen.

c) Auskunftsersuchen des Beteiligten [48)]

Schließlich muß sich der Beteiligte um eine Antragsauskunft ausdrücklich bemühen. In aller Regel wird das erforderliche Ersuchen unmißverständlich erfolgen. Bei besonders unbeholfenen oder sprachungewandten Bürgern (zB Ausländern) ist gegebenenfalls nachzufragen, ob ihr Anliegen als Auskunftsersuchen verstanden werden solle. In derartigen Fällen dürfte allerdings normalerweise eine Veranlassung zu einer Auskunft von Amts wegen bestehen.

---

46) Vgl. dazu oben § 6 I bei 62) bis 64). und bei 79) bis 80).
47) Vgl. dazu oben § 6 III 1; ferner nachfolgend bei 62) bis 65).
48) Vgl. auch oben § 10 III 3; § 11 III 3; § 18 III 2 b; § 20 II 3 a.

4. Einzelvoraussetzungen von spontanen Auskünften [48 a)]

a) Unbewußte Auskunftsbedürftigkeit

Grundvoraussetzung einer spontanen Auskunft ist eine unbewußte Auskunftsbedürftigkeit des Beteiligten in Form einer Unkenntnis oder einer falschen Vorstellung über Tatsachen oder Rechtsfragen [49)]. Die typischen Beispielsfälle [50)] sind die, daß der Beteiligte irrig von einem bestimmten Verfahrensablauf oder -ergebnis ausgeht und im Vertrauen darauf nutzlose Kosten veranlaßt [51)] oder daß eindeutig vorteilhafte Antragsmöglichkeiten nicht wahrgenommen werden [52)]. Es können darüberhinaus aber zahlreiche ähnlich gelagerte Fälle eintreten, in denen ebenfalls Veranlassung zu einer Auskunft aus eigener Initiative der Behörde besteht, so bei besonders schwieriger Rechtslage, die dem Bürger eine sinnvolle Ausübung seines Wahlrechts zwischen verschiedenen Gestaltungsmöglichkeiten praktisch un-

---

48 a) Vgl. auch oben § 3 IV bei 15) mit weiteren Verweisungen.

49) Unstreitig; vgl. nur BORGS in MEYER/BORGS, 11 zu § 25; KOPP, VwVfG, 3 zu § 25; MERTEN, VSSR 1973, 71; oben § 5 IX bei 111); LAUBINGER, Betreuungspflicht, S. 455; oben § 5 VIII bei 104); KRIEGER, S. 142, 145; oben § 5 VII bei 82).

50) Vgl. im übrigen die Rechtsprechungs- und Literaturübersicht oben § 4 und § 5.

51) Vgl. etwa BGH vom 17.9.1970, BB 1970, 1279 f.; dazu auch oben § 4 I bei 11); BEINHARDT, DÖV 1965, 485; oben § 5 II bei 19); PIPKORN, Diss., S. 140, 150; oben § 5 III bei 45). Vgl. ferner unten § 25 II.

52) Vgl. BVerwG vom 19.6.1963, BVerwGE 16, 156-160; dazu oben § 4 II bei 23); BSG vom 14.6.1962, MDR 1962, 1022; oben § 4 IV bei 49); BFH vom 29.9.1971, BStBl. 1972 II, 195-197 (197); oben § 4 III bei 38); PIPKORN, Diss., S. 150. Vgl. ferner oben § 6 I bei 17) bis 22); unten § 33 III bei 26).

möglich macht [53]; bei Änderungen der Rechtslage oder der tatsächlichen Verhältnisse [54]; bei einer unmittelbar bevorstehenden Änderung der maßgeblichen Rechtsnormen [55]; bei der Notwendigkeit weiterer Verfahrenshandlungen (zusätzlicher Genehmigungen o. ä.) zur Erreichung des angestrebten Zieles [56]; bei wenig bekannten Verfahrensvorschriften, Fristen und Rechtsbehelfen [57]; wenn dem Beteiligten von der Behörde Verzichts- oder Verpflichtungserklärungen abverlangt werden [58] und schließlich dann, wenn dem Beteiligten anspruchsbegründende oder andere für seine Rechtswahrnehmung vorteilhafte Tatsachen unbekannt sind [59].

Von einer Auskunftsbedürftigkeit kann nicht gesprochen werden, wenn dem Beteiligten die Unsicherheiten einer Rechts- oder Tatsachenerwartung bewußt sind, er aber dennoch Dispositionen trifft, die objektiv als riskant einzuschätzen sind.

---

53) Vgl. BVerwG vom 28.11.1974, BVerwGE 47, 225-229 (227 f.) und vom 26.10.1966, BVerwGE 25, 191-201 (196); dazu oben § 4 II bei 27) und 27 a); LEONHARDT in STELKENS/BONK/LEONHARDT, 12 zu § 25; GIESE, S. 34; PIPKORN, Diss., S. 150; oben § 5 III bei 46); ferner oben § 6 I bei 37) bis 39); § 6 III bei 150); unten § 33 III bei 23) bis 28).

54) Vgl. LAUBINGER, Betreuungspflicht, S. 455; zu diesem oben § 5 VIII.

55) Vgl. BGH vom 6.4.1960, NJW 1960, 1244 f.; GIESE, S. 38-40; BEINHARDT, DÖV 1965, 485; oben § 5 II bei 21); ferner oben § 18 III bei 20).

56) OVG Lüneburg vom 9.2.1960, BB 1960, 643; LAUBINGER, Betreuungspflicht, S. 455; vgl. auch oben § 5 VIII. Anderer Ansicht noch RG vom 16.11.1928, JW 1929, 1798.

57) Vgl. BVerwG vom 16.10.1969, BVerwGE 34, 93-96; dazu auch oben § 4 II in 23). Gesetzliche Regelungen derartiger Hinweispflichten in §§ 15 Satz 3, 23 Absatz 4 Satz 3 VwVfG; vgl. dazu LEONHARDT in STELKENS/BONK/LEONHARDT, 10 zu § 15, 21 zu § 24.

58) BVerwG vom 9.6.1961, ZLA 1961, 317 f.; vom 31.8.1960, DÖV 1961, 148 f.; vom 8.2.1957, NJW 1957, 1374 f. Dazu auch oben § 4 II bei 28).

59) Vgl. OLG Hamburg vom 1.2.1963, MDR 1965, 593 f.: Benachrichtigung einer geschiedenen Frau, die Anspruch auf Witwenrente hat, vom Tode ihres Mannes.

Es ist dann nicht Aufgabe der Behörde, dem Bürger die Gefahr einer Fehleinschätzung nochmals vor Augen zu halten [60]. Die Beurteilung bekannter Risiken ist allein Sache des Bürgers, der sich hierzu geeigneten Rat von Seiten eines Rechtsanwalts, Steuerberaters, Architekten oder Angehörigen ähnlicher Berufe einholen kann.

Die Fälle der ungeschriebenen Betreuungspflicht gehen über den Anwendungsbereich der gesetzlichen Auskunftspflicht von § 25 Satz 1 VwVfG und § 89 Satz 1 AO 1977 deutlich hinaus. Während die gesetzliche Regelung nur an ein Versehen oder eine Unkenntnis anknüpft, die sich in unrichtigen Erklärungen oder Anträgen niederschlägt [61], erstreckt sich die ungeschriebene Betreuungspflicht über das gesamte Verfahren und verlangt kein bestimmtes fehlerhaftes Verhalten des Beteiligten. Sie kann sogar noch nach Abschluß eines Verfahrens eingreifen, wenn beispielsweise eine erneute Antragstellung empfehlenswert wäre.

Mit der Beratungspflicht der Sozialleistungsträger nach § 14 SGB hat die ungeschriebene spontane [62] Betreuungspflicht kaum Berührung [63], weil § 14 SGB keinen Zusammenhang mit einem Verfahren voraussetzt [64] und daher typischerweise erst auf Betreiben des Bürgers eingreift [65].

---

60) So auch BGH vom 20.1.1966, DVBl. 1968, 23-25; PAGENDARM, LM § 839 (Fe) BGB Nr. 9. Vgl. auch oben § 4 I bei 12) und unten § 33 III bei 28).
61) Vgl. oben § 6 I 1 a und § 6 I bei 77 a) und 78).
62) Zum Verhältnis der Auskunftspflicht auf Antrag zu § 14 SGB vgl. oben bei 47).
63) Vgl. auch SCHELLHORN in BURDENSKI/v. MAYDELL/SCHELLHORN, 62-65 zu § 14; SCHNAPP, DOK 1977, 893.
64) Vgl. oben § 6 III bei 146).
65) Vgl. oben § 6 III bei 151).

b) Gefahr eines Nachteils

Ein Interesse an einer Auskunftserteilung besitzt der Beteiligte dann, wenn ihm aufgrund seiner Unkenntnis oder seiner irrigen Vorstellung ein Nachteil droht. Dabei ist unerheblich, ob der Nachteil in einer unrichtigen oder unzweckmäßigen Rechtswahrnehmung besteht oder sich außerhalb des Verfahrens niederschlägt, sofern er nur mit dem Verfahrensgegenstand zusammenhängt. Als drohende Nachteile kommen insbesondere in Betracht : Fristversäumnisse, Verlust von Antrags- oder Gestaltungsmöglichkeiten, nutzlose Aufwendungen oder persönliche Fehldispositionen [66].

Im Unterschied zu den Antragsauskünften [67] wird man für das Entstehen einer Verpflichtung, spontane Auskünfte zu erteilen, noch verlangen müssen, daß der Nachteil, der dem Bürger durch seine Unwissenheit droht, nicht ganz unbedeutend ist. Abstrakt bestimmen läßt sich dies verständlicherweise nicht, zumal die Beurteilung, was einigermaßen bedeutend und was ganz unbedeutend ist, nicht zu letzt von den persönlichen Verhältnissen des Beteiligten abhängt. Im Zweifel, insbesondere bei mündlichen Besprechungen, in deren Verlauf eine Auskunft ohne besondere Mühe zu erteilen ist, sollte dieses Merkmal allerdings großzügig ausgelegt und das Interesse an einer Belehrung als ausreichend angesehen werden.

Wenn dem Beteiligten ein besonders schwerwiegender Schaden droht, ist er entsprechend intensiv zu belehren [67 a].

---

66) Vgl. vorstehend bei 50) bis 59).
67) Vgl. oben § 24 III 3.
67a)Vgl. unten § 33 III 4.

c) Offensichtlichkeit der Auskunftsbedürftigkeit und des drohenden Nachteils [68)]

In Übereinstimmung mit § 25 Satz 1 VwVfG und § 89 Satz 1 AO 1977 [69)] ist die Behörde auch aufgrund der ungeschriebenen Betreuungspflicht erst dann zur Erteilung spontaner Auskünfte verpflichtet, wenn die Auskunftsbedürftigkeit des Beteiligten und der ihm drohende Nachteil offensichtlich sind. Die abweichende Auffassung von Krieger [70)], spontane Auskünfte wären zu erteilen, wenn die Verwaltung "damit rechnen" könne, daß der Bürger ohne behördliche Information sein Ziel nicht oder nur unvollständig erreichen werde, geht demgegenüber zu weit. Sie hätte zur Konsequenz, daß die Verwaltung bereits aufgrund von Vermutungen tätig werden und vorbeugend Auskünfte erteilen müßte.

Eine eingehende Bestimmung des Merkmals der Offensichtlichkeit ist bereits oben [71)] im Zusammenhang mit § 25 Satz 1 VwVfG und § 89 Satz 1 AO 1977 vorgenommen worden. Insoweit bestehen zwischen der gesetzlichen Regelung und der ungeschriebenen Betreuungspflicht keine Unterschiede, so daß auf die Darstellung dort verwiesen werden kann.

---

68) Zu den geringeren Anforderungen (Erkennbarkeit statt Offensichtlichkeit) bei der ordnungsgemäßen Sacherledigung vgl. oben § 18 III bei 21).
69) Vgl. oben § 6 I 1 b.
70) Vgl. KRIEGER, S. 145, 218; ferner oben bei 12) und § 5 VII bei 82).
71) § 6 I 1 b bb.

§ 25 Vorangegangenes Verhalten

I Beziehung zu Auskunftspflichten

Der allgemeine Grundsatz, daß derjenige, der durch sein Verhalten eine Gefahrenlage herbeigeführt hat, verpflichtet ist, die notwendigen Maßnahmen zum Schutz des gefährdeten Rechtsgutes zu treffen, gilt ebenso wie im Strafrecht (Stichwort Ingerenz) und Zivilrecht (Stichwort Verkehrssicherungspflicht) auch im Verwaltungsrecht [1]. Ein Hauptanwendungsfall dieses Rechtsgedankens im Verwaltungsrecht ist der, daß dann, wenn eine Behörde durch ihr Verhalten bei einem Verfahrensbeteiligten eine falsche Vorstellung erweckt hat und ihm dadurch Nachteile drohen, sie verpflichtet ist, den Eintritt des drohenden Nachteils nach Möglichkeit zu verhindern. Als hierzu geeignete Maßnahme kommt insbesondere auch die Erteilung von Auskünften in Betracht [2]. Dogmatisch läßt sich diese Rechtspflicht auf den Vertrauensschutzgedanken im öffentlichen Recht [3] zurückführen. In erster Linie wirkt sich das Vertrauensschutz-

---

1) Vgl. WOLFF/BACHOF, VerwR I, § 64 I b 4 (= S. 561); MALORNY, JA 1975, 181 (= ÖR, S. 45); BENDER, Staatshaftungsrecht, S. 193; KRAUSE, Verwaltungshandeln, S. 337; ANCKER, S. 61; PIPKORN, Diss., S. 44; DAGTOGLOU in BK, 127 zu Art. 34.

2) Allgemein anerkannt. Vgl. nur BORGS in MEYER/BORGS, 11 zu § 25; BENDER, Staatshaftungsrecht, S. 193; KRAUSE, Verwaltungshandeln, S. 337; KRIEGER, S. 204; oben § 5 VII bei 99); BEINHARDT, DÖV 1965, 486 f.; oben § 5 II bei 16) und 24); BEYER, DVBl. 1962, 617; HEYMANN, BayVBl. 1961, 73; BGH vom 17.9.1970, BB 1970, 1279 f.; oben § 4 I bei 14) und 15) mit weiteren Nachweisen einschlägiger BGH-Entscheidungen; BVerwG vom 8.2.1957, NJW 1957, 1374 f.; oben § 4 II bei 28); BFH vom 29.3.1966, BB 1966, 886; oben § 4 III in 39); RG vom 16.5.1934, JW 1934, 2398-2400.

3) Vgl. hierzu allgemein HUBER, S. 313-336; MAURER, Vertrauensschutzprinzip, S. 223-228; WOLFF/BACHOF, VerwR III, § 138 Rn. 29 (S. 203); ERICHSEN/MARTENS, S. 204; PÜTTNER, VVDStRL 32 (1974), 200-227; SCHMIDT, W., JuS 1973, 529-537; OSSENBÜHL, DÖV 1972, 25-36; ferner oben § 23 bei 2).

prinzip zwar als Bestandsschutz oder Grundlage für Ausgleichsleistungen bei enttäuschtem Vertrauen aus [4], es kann aber auch Verhaltenspflichten auslösen, das unberechtigte Vertrauen gegebenenfalls noch so rechtzeitig zu beseitigen, daß Folgen gar nicht erst eintreten, also auch kein Bestandsschutz oder ein Ausgleich nötig wird.

II Voraussetzungen einer Auskunftspflicht

1. Vertrauenszustand (Fehlvorstellung des Beteiligten)

Voraussetzung einer Auskunftspflicht aus vorangegangenem Verhalten ist zunächst eine falsche Vorstellung oder Erwartung des Beteiligten in Bezug auf eine mit dem Verfahren zusammenhängende Rechts- oder Tatsachenfrage. Typische Beispiele sind Fehlvorstellungen über den Ablauf des Verfahrens [5], Fristen [6] und Formvorschriften [7]; weiterhin die Erwartung eines günstigen Ausgangs des Verfahrens [8] oder umgekehrt die Annahme, daß ein Rechtsbehelf aussichtslos sei [9].

2. Tatbestand der Vertrauensanknüpfung (Verhalten der Behörde)

Die Fehlvorstellung des Beteiligten muß durch ein Verhalten der Behörde veranlaßt sein. Unter Verhalten sind hierbei nicht nur positive Erklärungen oder Handlungen, sondern auch bloße

---

4) Vgl. die Fallgruppen bei HUBER, S. 313 f.; PÜTTNER, VVDStRL 32 (1974), 211-217; SCHMIDT, W., JuS 1973, 529 f.; OSSENBÜHL, DÖV 1972, 27-32.
5) BGH vom 7.5.1956, NJW 1956, 1234 f. Vgl. auch oben § 4 I bei 15).
6) BGH vom 5.7.1954, DVBl. 1955, 26-28. Vgl. auch oben § 4 I bei 15).
7) BFH vom 29.3.1966, BB 1966, 886. Vgl. auch oben § 4 III bei 39).
8) BGH vom 5.4.1965, NJW 1965, 1226-1228. Vgl. auch oben § 4 I bei 11).
9) BVerwG vom 8.2.1957, NJW 1957, 1374. Vgl. auch oben § 4 II bei 28).

Unterlassungen oder Duldungen zu verstehen, sofern der Beteiligte aus der Unterlassung oder Duldung bestimmte Schlüsse zieht. Dies ist etwa dann der Fall, wenn eine ursprünglich richtige Mitteilung der Behörde durch eine Änderung der Sachlage später unrichtig wird und der Beteiligte aufgrund des Schweigens der Behörde annimmt, die Mitteilung habe nach wie vor Gültigkeit.

Es kommt nicht darauf an, daß das Verhalten der Behörde rechtswidrig [10)], inhaltlich unrichtig [11)] oder auch nur objektiv mißverständlich [12)] war. Es genügt, daß im konkreten Fall durch das Verhalten der Behörde eine Fehlvorstellung des Beteiligten verursacht wurde. Schutzwürdig ist grundsätzlich auch der Bürger, der infolge besonderer Unerfahrenheit oder Unkenntnis ein normalerweise richtig zu deutendes Verhalten der Behörde mißversteht.

3. Vertrauensfolge (Gefahr eines Nachteils)

Dem Beteiligten muß aufgrund seiner Fehlvorstellung ein Nachteil drohen. Dies ist in zwei Formen vorstellbar: Es kann sich um Rechtsnachteile innerhalb des Verfahrens, zB durch Fristversäumnisse [13)] oder materiell ungünstige Verfahrensgestaltung handeln oder um fehlgeschlagene Aufwendungen des Beteiligten in Erwartung eines bestimmten Erfolges [14)].

---

10) Vgl. BGH vom 5.4.1965, NJW 1965, 1226-1228 (bewußte Irreführung); BGH vom 5.7.1954, DVBl. 1955, 26 (hinhaltende Behandlung und Vertröstung, wodurch der Beteiligte eine Frist versäumte); BFH vom 29.3.1966, BB 1966, 886 (fehlerhafte Sachbehandlung).
11) Hauptbeispiel: unrichtige frühere Auskunft. Vgl. RG vom 16.5.1934, JW 1934, 2398-2400; KRAUSE, Verwaltungshandeln, S. 336 f.; KLINGLER, S. 103.
12) BGH vom 4.5.1964, Der Betrieb 1964, 1332. Vgl. auch oben § 4 I bei 15).
13) Vgl. BFH vom 29.3.1966, BB 1966, 886.
14) Vgl. BGH vom 5.4.1965, NJW 1965, 1226-1228.

4. Erkennbarkeit [15]

Die vorgenannten Voraussetzungen müssen für die Behörde erkennbar sein. Wenn das Verhalten der Behörde rechtswidrig, unrichtig oder mißverständlich war, ist es für sie ohne weiteres erkennbar, daß beim Bürger dadurch falsche Vorstellungen oder Erwartungen geweckt werden können, die die Gefahr von Rechtsnachteilen oder Fehldispositionen mit sich bringen. Ob ihr Verhalten mißverständlich ist, hat die Behörde unter Zugrundelegung durchschnittlicher Kenntnisse eines Außenstehenden zu prüfen, nicht etwa am Maßstab ihrer eigenen Fachkenntnis. Eine irrige Annahme, die einer allgemeinen und naheliegenden Vorstellung entspricht, ist für die Behörde also erkennbar [16].

Beruht der Irrtum des Beteiligten dagegen auf besonderer Unkenntnis oder Unerfahrenheit, so ist er für die Behörde in der Regel nicht erkennbar. Eine Auskunftspflicht entsteht dann nur ausnahmsweise, wenn aus Erklärungen, Schriftsätzen oder Handlungen des Beteiligten offenkundig wird, daß er die Behörde mißverstanden hat. Veranlassung, dies in Erwägung zu ziehen, kann sich insbesondere aufgrund von persönlichen Besprechungen mit dem Beteiligten ergeben. Bei solchen Gelegenheiten hat der Beamte konkreten Anhaltspunkten für entstandene Irrtümer oder Mißverständnisse sofort nachzugehen [17].

---

15) Vgl. auch oben § 18 III 1 b.
16) Vgl. BGH vom 7.5.1956, NJW 1956, 1234 f.
17) Zum Inhalt und Umfang der zu erteilenden Auskunft vgl. unten § 33, insbesondere unter III bei 17). Zur Verpflichtung, die erforderliche Auskunft schnellstmöglich zu erteilen, unten § 32 bei 8).

3. ABSCHNITT

GRENZEN DER AUSKUNFTSPFLICHTEN

§ 26 Geheimhaltungspflichten [1]

Der Erteilung einer Tatsachenauskunft [2] kann im Einzelfall eine Geheimhaltungspflicht entgegenstehen. Wenn gleichzeitig die Voraussetzungen einer Auskunftspflicht vorliegen, stellt sich das Problem der Konfliktlösung zwischen den miteinander kollidierenden Pflichten [3].

Als Grundlage einer Geheimhaltungspflicht kommt die allgemeine Amtsverschwiegenheit oder eines der besonderen Geheimnisse in Betracht.

---

1) Allgemein zu den Geheimhaltungspflichten LEONHARDT in STELKENS/BONK/LEONHARDT, § 30; KNACK, § 30; BORGS in MEYER/BORGS, § 30; WOLFF/BACHOF, VerwR III, § 156 Rn. 49 (S. 340 f.) und VerwR II, § 114 II d (S. 530 f.); BEHRENDS, DOK 1977, 173-179; MERKEL, S. 119-155; DÜWEL; FISCHBACH, S. 452-469.
Zur Rechtslage in Österreich vgl. WALTER/MAYER, S. 55 f.; WALTER, S. 404-409; PALLIN, ÖJZ 1973, 141-146; TEKÜLVE, S. 23; MELICHAR, VVDStRL 17 (1959), 200-202.
Zur Rechtslage in der Schweiz vgl. IMBODEN/RHINOW, S. 520-522; SCHWARZENBACH, S. 64 f.; REAL, ZföF 1972, 145-147 und 150-154; REICHLIN, SZBl. 1952, 473-488 und 505-517.
Zu Auskunftspflichten nach österreichischem und schweizer Recht im Zusammenhang unten § 37.

2) Daß eine Geheimhaltungspflicht für Rechtsauskünfte nicht in Betracht kommt, versteht sich von selbst; vgl. nur GIESE, S. 31. Insoweit können Beschränkungen der Auskunftspflicht nur im Wege einer Ermessensreduzierung (vgl. unten § 28 II bei 7) oder mit Rücksicht auf das Gebot der Unparteilichkeit (vgl. oben § 10 III bei 51) bis 55) und unten § 27 IV) erfolgen.

3) Vgl. auch oben § 9 bei 15) sowie im einzelnen unten § 26 III.

I Die allgemeine Amtsverschwiegenheit

Die allgemeine Amtsverschwiegenheit (vgl. § 61 BBG, § 39 BRRG, § 84 VwVfG, § 353 b StGB) gilt für alle Tatsachen, die einem Träger eines öffentlichen Amtes im Zusammenhang mit den Dienstgeschäften bekannt werden, soweit sie nicht offenkundig oder unbedeutend sind oder ihre Weitergabe im dienstlichen Verkehr erfolgt.

Die Auslegung der letztgenannten Einschränkung ist umstritten. Richtigerweise wird man darunter alle Mitteilungen zu verstehen haben, die in Erfüllung eines dienstlichen Auftrages und zu dienstlichen Zwecken erfolgen [4]. Eine andere Auslegung geht dahin, hierunter nur den internen Dienstverkehr innerhalb der Verwaltung zu fassen [5]. Diese Auffassung ist jedoch zu eng, weil sie bei nahezu jeder externen Tatsachenmitteilung eines Beamten einen Konfliktfall zwischen der Amtsverschwiegenheitspflicht und einer etwaigen Informationspflicht schafft. Bei Mitteilungen zu dienstlichen Zwecken besteht hierzu angesichts der umfassenden besonderen Geheimhaltungsvorschriften kein Schutzbedürfnis.

Da Auskünfte an einen Verfahrensbeteiligten aufgrund einer materiellen Verpflichtung immer auch zu dienstlichen Zwecken erfolgen, kann in den Fällen materieller Auskunftspflichten kein Konflikt mit der allgemeinen Amtsverschwiegenheitspflicht entstehen [6].

---

4) PIEROTH/SCHLINK, WissR 1978, 134; v. MÜNCH, Bes. VerwR, Öffentlicher Dienst, S. 40; KRIEGER, S. 40; ZUCK, NJW 1971, 1107; GANSCHEZIAN-FINCK, NJW 1961, 1652.

5) BISMARK, PersV 1978, 145, 147; BONK in STELKENS/BONK/LEONHARDT, 6 zu § 84; BEHRENDS, DOK 1977, 173; GIESE, S. 45; KNACK, 3.2.1 zu § 84; KOPP, VwVfG, 2 zu § 84; BORGS in MEYER/BORGS, 6 zu § 84; SCHEERBARTH/HÖFFKEN, S. 243; DÜWEL, S. 81-85; FISCHBACH, S. 462.

6) Unzutreffend dagegen die bisweilen - etwa bei KNACK, 2.1 zu § 30 - zu findende Argumentation, die Amtsverschwiegenheitspflicht bestehe nur im Innenverhältnis Beamter-Behörde. Richtig das BVerfG vom 28.4.1970, BVerfGE 28, 191-206 (198 f.): Anspruch des Bürgers auf die Verschwiegenheit. So auch BONK aaO,3 zu § 84.

II Die besonderen Geheimhaltungspflichten

1. Besondere Geheimhaltungspflichten im öffentlichen Interesse [7)]

Die im öffentlichen Interesse zu schützenden Geheimhaltungsgegenstände sind in den Beamten- und Verfahrensgesetzen nicht enumerativ geregelt, sondern werden in den einschlägigen Bestimmungen [8)] im allgemeinen mit Generalklauseln umschrieben als Vorgänge, deren Bekanntwerden dem Wohle des Bundes oder eines Landes Nachteile bereiten oder die Erfüllung öffentlicher Aufgaben ernstlich gefährden oder erheblich erschweren würde, oder als Vorgänge, die ihrem Wesen nach geheimgehalten werden müssen. Rechtsprechung und Schrifttum haben diesen Generalklauseln verschiedene spezielle Schutzgüter entnommen, so vor allem:

a) Die Sicherheit des Staates [9)]

Aus Gründen der Staatssicherheit sind insbesondere Staatsgeheimnisse im Sinne der Definition von § 93 StGB zu wahren, also Vorgänge, deren Offenbarung die äußere Sicherheit der Bundesrepublik gefährden würde; ferner Tatsachen wie etwa Arbeitsweise und Mitarbeiter des Verfassungsschutzes [10)], die zur Abwendung von inneren Gefahren für die Bundesrepublik und die Länder geheimgehalten werden müssen.

Ein Konflikt von Auskunftspflichten gegenüber Verfahrensbeteiligten mit der Staatssicherheit wird nur selten eintreten, ist

---

7) Vgl. dazu besonders KRIEGER, S. 84-90; PIPKORN, Diss., S. 124-129, 132-135; DÜWEL, S. 97, 173-190.
8) Vgl. etwa § 39 Absatz 3 Satz 1 BRRG; § 62 Absatz 1 BBG; § 29 Absatz 2 VwVfG.
9) Vgl. MERKEL, S. 128-130; KRIEGER, S. 86; PIPKORN, Diss., S. 132 f.; DÜWEL, S. 173-175.
10) Vgl. BVerwG vom 26.1.1978, DVBl. 1978, 606 f.; Hess. VGH vom 4.2.1977, DVBl. 1977, 428-430.

aber zB vorstellbar in Verfahren der Ausländerbehörden oder in Genehmigungsverfahren für sicherheitsrelevante Vorhaben.

b) Verwaltungsinterna [11]

Zu den geheimzuhaltenden behördeninternen Vorgängen zählen namentlich im Vorbereitungsstadium befindliche Planungen [12], Entwürfe für Entscheidungen [13], innerdienstliche Beratungen oder Stellungnahmen und ähnliche im Vorfeld von Entscheidungen liegende Arbeiten oder Fakten, die bestimmungsgemäß Außenstehenden nicht zur Kenntnis gegeben werden sollen und deren Offenbarung die Unbefangenheit der Verwaltung bei der Entscheidungsfindung gefährden würde.

Dieses Geheimhaltungsinteresse kann verhältnismäßig leicht mit Auskunftspflichten kollidieren, etwa bei Anfragen zur Vorausberechnung von Verwaltungsentscheidungen [14] oder zur Wahrung des Rechtsschutzes [15].

c) Prüfungsvorgänge

Die Geheimhaltungsbedürftigkeit von Prüfungsvorgängen ist seit langem sehr umstritten. Die herkömmliche Auffassung [16], die bis in jüngste Zeit auch das Bundesverwaltungsgericht noch vertritt [17], hält Prüfungsvorgänge ihrem Wesen nach für geheim.

---

11) MERKEL, S. 136-138; DÜWEL, S. 175-182.
12) KRIEGER, S. 87; PIPKORN, Diss., S. 134 f.; BGH vom 12.3. 1964, VersR 1964, 1061.
13) Vgl. LEONHARDT in STELKENS/BONK/LEONHARDT, 15 zu § 29; WOLFF/BACHOF, VerwR III, § 156 Rn. 44 (S. 338); KOPP, VwVfG,6 a zu § 29.
14) Vgl. dazu im Zusammenhang oben § 10.
15) Vgl. dazu im Zusammenhang oben § 11.
16) KNACK, 5.3 zu § 29; EYERMANN/FRÖHLER, 5 zu § 99; DÜWEL, S. 177; FISCHBACH, S. 465.
17) BVerwG vom 8.4.1976, DVBl. 1977, 423-425 (425); vom 10.7. 1964, DÖV 1964, 638-640 (639); vom 23.2.1962, BVerwGE 14, 31-35.

Die inzwischen wohl überwiegende Meinung der Literatur [18] und der anderen Verwaltungsgerichte [19] bejaht die Informationspflicht über Prüfungsvorgänge. Dieser Mehrheitsauffassung ist zuzustimmen. Das Rechtsschutzbedürfnis des jeweiligen Prüfungskandidaten hat eindeutig Vorrang gegenüber dem - ohnehin durch eine Offenbarung der Prüfungsvorgänge gegenüber dem Beteiligten nicht ernstlich berührten - Interesse der Prüfer an der Wahrung ihrer Unabhängigkeit.

d) Gewährspersonen

Am Schutz von Gewährspersonen, vor allem dann, wenn ihnen die Vertraulichkeit zugesichert worden ist, sind sowohl die Behörde als auch der Dritte interessiert [20]. Die Verwaltung muß um die generelle Bereitschaft der Bevölkerung zur Unterstützung behördlicher Ermittlungen fürchten, der Dritte sieht sich durch die Bekanntgabe seines Namens unter Umständen rechtlichen oder persönlichen Gegenmaßnahmen des Beteiligten ausgesetzt.

Ob die Behörde den Namen einer Gewährsperson offenbart, steht in ihrem pflichtgemäßen Ermessen [21]. Die Abwägung des Geheimhaltungsinteresses an der Vertraulichkeit von Informanten mit

18) BADURA in ERICHSEN/MARTENS, S. 294; WOLFF/BACHOF, VerwR III, § 156 Rn. 44 (S. 338); BORGS in MEYER/BORGS, 23 zu § 29; KOPP, VwVfG, 6 d zu § 29; derselbe, VwGO, 2 zu § 99; MERKEL, S. 144; KRIEGER, S. 88; OLDIGES, JurA 1970, 625-629; PIPKORN, Diss., S. 128 f.
19) BayVGH vom 4.1.1978, DÖV 1978, 336; OVG Münster vom 12.9.1972, JZ 1973, 242-244 mit zustimmender Anmerkung ERICHSEN; OVG Lüneburg vom 28.2.1972, NJW 1973, 638-640; VGH Mannheim vom 4.9.1969, NJW 1969, 2254; OVG Koblenz vom 30.5.1968, NJW 1968, 1899-1901. Vgl. ferner BFH vom 2.8.1967, NJW 1967, 2379 f.
20) Vgl. MERKEL, S. 146-148.
21) Vgl. oben § 11 III bei 19) bis 24).

dem Auskunftsinteresse des Beteiligten wird daher im Zusammenhang mit der Darstellung der Ermessensentscheidung über Auskunftsbegehren näher erörtert [22].

2. Besondere Geheimhaltungspflichten im Privatinteresse [23]

a) Anspruch des Bürgers auf Wahrung seiner Privatgeheimnisse

Der Anspruch des Bürgers gegenüber der Verwaltung auf Wahrung seiner Privatgeheimnisse ist unbestritten. Er ist letztlich zurückzuführen auf die Menschenwürde, das Grundrecht auf freie Entfaltung der Persönlichkeit und auf die Eigentumsgarantie [24]. In § 30 VwVfG und § 35 SGB ist dieser Anspruch allgemein normiert worden. Daneben gibt es eine Anzahl spezieller Geheimhaltungsvorschriften [25] für besondere Privatgeheimnisse.

b) Der Begriff des Privatgeheimnisses

Der Begriff des Privatgeheimnisses ist weit zu verstehen. Es fallen darunter alle Tatsachen des persönlichen oder geschäftlichen Lebensbereichs des Beteiligten, die nicht offenkundig sind oder ihrer Bedeutung nach keiner Geheimhaltung bedürfen [26].

---

22) Vgl. unten § 29 II 2. Zu den Informantenfällen vgl. ferner oben § 4 II bei 32) und 33); § 11 III bei 21) bis 24).

23) Vgl. dazu allgemein LEONHARDT in STELKENS/BONK/LEONHARDT, 5 und 6 zu § 30; KNACK, 2.1 zu § 30; THIEME in WANNAGAT, 4 zu § 35; PETERS, 4 zu § 35; HAUCK/HAINES, 8-11 zu § 35; MERKEL, S. 130-134; KRIEGER, S. 83 f.; PIPKORN, Diss., S. 129-132; DÜWEL, S. 98-110.

24) PETERS, 2 zu § 35; KOPP, VwVfG, 1 zu § 30; KNACK, 2 zu § 30; EVERS, Privatsphäre, S. 40; DÜWEL, S. 100-103.

25) Art. 10 GG; § 30 AO 1977; § 12 StatG; § 9 KWG; § 10 Absatz 2 BImSchG. Eine Vielzahl weiterer strafbewehrter Geheimhaltungsgebote wurde durch das EGStGB vom 2.3.1974 (BGBl. I S. 469) aufgehoben und durch § 203 Absatz 2 StGB ersetzt.

26) THIEME in WANNAGAT, 4 zu § 35; BORGS in MEYER/BORGS, 6 zu § 30; DÜWEL, S. 104.

Objektiv unbedeutende Tatsachen sind dann ebenfalls zu schützen, wenn der Beteiligte aus besonderen Gründen ihre Geheimhaltung wünscht [27].

Verboten ist immer nur das unbefugte Offenbaren eines Privatgeheimnisses (vgl. etwa § 30 VwVfG, § 35 Absatz 1 SGB, § 30 Absatz 2 AO 1977, § 203 Absatz 2 StGB). Eine Befugnis zur Offenbarung besteht allgemein bei Zustimmung des Betroffenen, im Falle einer gesetzlichen Mitteilungspflicht oder wenn die Geheimhaltungspflicht aufgrund einer Güterabwägung zurücktreten muß [28].

c) Die einzelnen Privatgeheimnisse

Ihrem Gegenstand nach unterscheidet man im wesentlichen die folgenden Privatgeheimnisse:

aa) Die Intimsphäre [29]

Hierzu zählen vor allem der höchstpersönliche Lebensbereich wie Ehe und Familie, die Gefühls- und Gedankenwelt sowie die gesundheitlichen Verhältnisse eines Menschen [30].

---

27) DÜWEL, S. 104; aA KNACK, 3.2 zu § 30.
28) Vgl. LEONHARDT in STELKENS/BONK/LEONHARDT, 7-12 zu § 30; KNACK, 3.4 zu § 30; BORGS in MEYER/BORGS, 10-17 zu § 30; PETERS, 6 zu § 35; BEHRENDS, DOK 1977, 175-177; ferner unten bei 34).
29) KNACK, 3.2 zu § 30; DÜWEL, S. 100-102; EVERS, Privatsphäre, S. 58.
30) THIEME in WANNAGAT, 18 zu § 35; LEONHARDT in STELKENS/BONK/LEONHARDT, 21 zu § 29; KNACK, 5.3 zu § 29; HOLLMANN, NJW 1977, 2110 f.; LAUFS, NJW 1975, 1433-1437 (1434); THIEME, Das neue Sozialgesetzbuch, S. 72; BECKMANN, SozVers. 1973, 88-94; FISCHBACH, S. 455 f.; PAPPAI, BArbBl. 1962, 1021-1026.

bb) Der sachliche Privatbereich

Hierunter sind die Einkommens- und Vermögenslage, der Arbeitgeber, die Anschrift, Ausbildung und ähnliche Erkenntnisse über eine Person zu verstehen [31].

cc) Das Betriebs- und Geschäftsgeheimnis

Das Betriebs- und Geschäftsgeheimnis schützt alle die Unterlagen und Erkenntnisse über ein Unternehmen, deren Bekanntwerden dem Interesse des Unternehmers schaden könnte, wie Produktionsverfahren, Bilanzen, technische oder kaufmännische Pläne u. ä. [32].

dd) Das Steuergeheimnis [33]

Das Steuergeheimnis (§ 30 AO 1977) verbietet den Amtsträgern und bestimmten ihnen gleichgestellten Personen das unbefugte Offenbaren oder Verwerten von "Verhältnissen eines anderen" oder "fremden Betriebs- oder Geschäftsgeheimnissen", die ihnen in Steuerverfahren bekanntgeworden sind. Der Schutz umfaßt

---

31) Vgl. MAIER/HANNEMANN, 2 zu § 35.

32) Vgl. LEONHARDT in STELKENS/BONK/LEONHARDT, 6 zu § 30; KNACK, 3.2 zu § 30; BORGS in MEYER/BORGS, 9 zu § 30; KÜHN/KUTTER, 3 a zu § 30; BEHRENDS, DOK 1977, 175; Hess. VGH vom 24.8.1961, DÖV 1962, 757 f.

33) §§ 30 AO 1977, 355 StGB. Vgl. dazu HELLWIG, S. 28-32 und die Kommentierungen bei HÜBSCHMANN/HEPP/SPITALER; KLEIN/ORLOPP; KÜHN/KUTTER; TIPKE/KRUSE; MITTELSTEINER/SCHAUMBURG. Vgl. ferner KRUSE, S. 194-200; LEISE, Steuergeheimnis; KARWATZKI/LEISE, NWB Fach 2, 1819-1830.
Rechtsvergleichend: GEISLER, AwD BB 1970, 67-77; SCHOBESBERGER, ÖJZ 1968, 39-43 und REEGER/STOLL, Kommentar, S. 571-577 (Österreich).

also alle persönlichen, sachlichen und geschäftlichen Privatgeheimnisse, die in einem Steuerverfahren bekannt werden. Befugt ist das Offenbaren der Kenntnis nach der detaillierten Regelung in § 30 Absätze 4 und 5 AO 1977 in sechs Ausnahmefällen [34].

ee) Das Brief-, Post- und Fernmeldegeheimnis

Dem Brief-, Post und Fernmeldegeheimnis (vgl. Art. 10 GG, § 5 PostG, § 10 FernmG, § 354 StGB) unterliegen der Inhalt von Postsendungen, Telefongesprächen und telegraphischen Nachrichten einschließlich der Umstände des Postverkehrs und der Tatsache, welche Personen, von wo und mit wem den Postverkehr benutzt haben [35]. Beschränkungen dieser Geheimnisse sind spezialgesetzlich normiert aus Gründen der Staatssicherheit und der Strafverfolgung [36].

ff) Datengeheimnis [37] und Statistikgeheimnis [38]

Das Datengeheimnis (§ 5 BDSG) richtet sich an die bei der Verarbeitung geschützter personenbezogener Daten beschäftigten Personen. Es verbietet ihnen die unbefugte Nutzung der geschützten personenbezogenen Daten zu einem anderen als dem zur jeweiligen rechtmäßigen Aufgabenerfüllung gehörenden Zweck. Nicht

---

34) Vgl. HÜBSCHMANN/HEPP/SPITALER, 54-92 zu § 30; KLEIN/ORLOPP, 4 und 5 zu § 30; KÜHN/KUTTER, 4 zu § 30.

35) Vgl. im einzelnen HESSE, S. 155 f.; MAUNZ, S. 134-136; BADURA, Art. 10 in BK; WOLFF/BACHOF, VerwR I, § 33 V b 8 (S. 226); WEBER, G., Film und Recht 1971, 261-267.

36) Vgl. WOLFF/BACHOF, VerwR I, § 33 V b 8 (S. 226); WELP, DÖV 1970, 267-272.

37) Vgl. die Kommentierungen bei SIMITIS/DAMMANN/MALLMANN/REH; AUERNHAMMER.
Allgemein zum Datenschutz WOLFF/BACHOF, VerwR III, § 156 Rn. 49 (S. 340 f.) und § 166 Rn. 42-45 (S. 485-487); KRÖGER, DÖV 1977, 301-305; SIMITIS, NJW 1977, 729-737.

38) Vgl. HAMMERBACHER, DVBl. 1972, 411-414.

zur rechtmäßigen Aufgabenerfüllung gehört namentlich die Bekanntgabe oder das Zugänglichmachen von Daten unter Verstoß gegen Privatgeheimnisse der Personen, auf die sich die Daten beziehen [39].

Das Statistikgeheimnis (§ 12 StatG) verbietet den im Zusammenhang mit der Durchführung einer Bundesstatistik Auskunftsberechtigten das unbefugte [40] Offenbaren von Einzelangaben über persönliche oder sachliche Verhältnisse.

d) Konfliktfälle mit Auskunftspflichten

Fälle, in denen ein Privatgeheimnis eines Dritten dem berechtigten Auskunftsbegehren eines Verfahrensbeteiligten entgegensteht, sind verhältnismäßig selten. Denkbar sind solche Konflikte bei Verfahren mit mehreren Beteiligten (zB Genehmigungsverfahren, zu denen rechtlich betroffene Dritte hinzugezogen wurden), wenn Tatsachen aus der persönlichen oder geschäftlichen Geheimsphäre entscheidungserheblich sind und deshalb an sich zur Gewährung rechtlichen Gehörs mitgeteilt werden müßten[41]; ferner dann, wenn zur Vorausberechnung einer zukünftigen Verwaltungsentscheidung oder zur effektiven Rechtswahrnehmung Auskunft über andere Verfahren mit vergleichbarem Sachverhalt verlangt wird.

---

39) Vgl. SIMITIS/DAMMANN/MALLMANN/REH, 11 zu § 5.
40) Zu den Ausnahmen (Erlaubnis des Betroffenen, Erlaubnis durch Rechtsvorschrift, Dienstberichterstattung, Weitergabe an aufbereitende Stellen, anonymisierte Offenbarung) vgl. HAMMERBACHER, DVBl. 1972, 412 f.
41) Vgl. zB ULE, DVBl. 1976, 730 (zu § 10 Absatz 2 BImSchG); BFH vom 13.9.1972, Der Betrieb 1973, 168; ferner unten bei 45).

III Lösung der Konfliktfälle zwischen Auskunfts- und Geheimhaltungspflicht

Im Falle eines Konflikts zwischen einer Auskunfts- und einer Geheimhaltungspflicht hat die Behörde zwischen dem Auskunftsinteresse des Bürgers und dem entgegenstehenden öffentlichen oder privaten Geheimhaltungsinteresse abzuwägen [42]. Die Entscheidung hierüber ist rechtlich gebunden, also nicht in das Ermessen der Behörde gestellt [43]. Dies ergibt sich als zwangsläufige Folge daraus, daß die miteinander kollidierenden Interessen je für sich ebenfalls zwingende Rechtspflichten begründen.

1. Interessenausgleich

Für die Lösung der Problemfälle gilt zunächst das Prinzip des schonenden Ausgleichs [44]. Es ist also nach Möglichkeit ein Weg zu suchen, die widerstreitenden Interessen ganz oder teilweise in Einklang miteinander zu bringen.

Eine völlige Aufhebung der Konfliktsituation, also eine Entscheidung, die sowohl das Geheimhaltungs- als auch das Auskunftsinteresse ungeschmälert zum Zuge kommen läßt, wird sich nur ausnahmsweise anbieten. Dann hat sie aber natürlich Vorrang.

---

42) Vgl. zu diesem Abwägungsproblem insbesondere IMBODEN/RHINOW, S. 520-522; FOERSTER, SKV 1974, 322 f.; KRIEGER, S. 85 f.; LORENZ, S. 262-269; ANCKER, S. 80-83; PIPKORN, Diss., S. 107 f., 124-135; DÜWEL, S. 159-172; BVerwG vom 4.6.1970, DÖV 1971, 58-60 (59); Hess. VGH vom 24.8.1961, DÖV 1962, 757 f.
Allgemein zu Interessenabwägungen MÜLLER, GEORG, SZBl. 1972, 337-352; HUBMANN, AcP 155 (1956), 85-134; vgl. ferner unten § 29 II.

43) So auch LORENZ, S. 265 f.; KRIEGER, S. 84.

44) Vgl. dazu insbesondere DÜWEL, S. 170-172; HUBMANN, AcP 155 (1956), 123-127; BVerwG vom 4.6.1970, DÖV 1971, 58-60 (59).

Als Beispiel läßt sich der Fall anführen, daß ein Geheimnis nur im Verhältnis zu bestimmten Dritten zu schützen ist und eine Mitteilung an Personen, die selbst einer beruflichen Verschwiegenheitspflicht unterliegen, einerseits eine Weiterverbreitung an die auszuschließenden Dritten nicht erwarten läßt, andererseits dem Auskunftsinteresse aber genügt.

Wenn eine derartige Aufhebung des Konflikts nicht möglich ist, ist als zweitbeste Lösung ein beiderseits tragbarer Kompromiß zwischen dem Auskunfts- und dem Geheimhaltungsinteresse in Erwägung zu ziehen. Dieser Weg ist in der Regel gangbar, wenn der Gegenstand des Auskunftsinteresses und des Geheimhaltungsinteresses nicht völlig identisch sind, sondern sich nur berühren. Bei Auskunftsbegehren hinsichtlich anderer Verfahren zur Berechenbarkeit einer Verwaltungsentscheidung beispielsweise kommt es regelmäßig auf die Details des fremden Verfahrens nicht zwingend an, so daß sich die Auskunft ohne entscheidenden Informationsverlust weitgehend auf allgemeingehaltene Sachverhaltsschilderungen (zB Fortlassung von Orts-, Zeit- und Namensangaben) beschränken kann. Gleiches gilt für Auskünfte zur Gewährung rechtlichen Gehörs in Verfahren mit mehreren Beteiligten, wenn es um die Mitteilung geschäftlicher oder persönlicher Angelegenheiten eines Beteiligten an die anderen Beteiligten geht. Zwischen dem Geheimhaltungsinteresse und dem Auskunftsinteresse ist dann zunächst ein für beide Seiten zufriedenstellender Ausgleich zu suchen, also eine Beschränkung des Auskunftsinhalts auf ein zur sachgerechten Anhörung noch ausreichendes Maß unter Fortlassung solcher Tatsachen, an denen ein besonders starkes Geheimhaltungsbedürfnis besteht [45].

45) Vgl. IMBODEN/RHINOW, S. 521. Gesetzlich geregelter Beispielsfall § 10 Absatz 2, Absatz 3 Satz 2 BImSchG und § 10 Absatz 3 der 9. BImSchV; vgl. dazu FELDHAUS, Band 1, 5 und 8 zu § 10; STICH, BImSchG, 11 und 19 zu § 10; ULE, BImSchG, 5 zu § 10; ferner oben § 20 II bei 47) bis 49).

2. Interessenbewertung

Erst wenn weder eine Aufhebung des Konflikts noch ein Ausgleich möglich ist, spitzt sich das Problem auf eine grundsätzliche Entscheidung zwischen dem Auskunfts- und dem Geheimhaltungsinteresse zu. Es ist dann unter Würdigung aller maßgeblichen Gesichtspunkte eine Bewertung der Interessen vorzunehmen [46].

Von Bedeutung sind hierbei weniger der rechtliche Charakter der sich gegenüberstehenden Interessen als vielmehr ihre Intensität. Keine ausschlaggebende Rolle spielt die Unterscheidung, ob dem Auskunftsinteresse ein öffentliches oder ein privates Geheimhaltungsinteresse gegenübersteht. Insbesondere ist ein Grundsatz des Inhalts, öffentliche Geheimhaltungsinteressen gingen privaten Informationsinteressen vor, nicht anzuerkennen [47]. Ebenso falsch ist allerdings die umgekehrte Regel, das Privatinteresse sei normalerweise höher zu veranschlagen [48]. In Wahrheit sagt die Einordnung eines Interesses als öffentlich oder privat über seine Stärke nichts aus. Beide Interessenarten weisen eine Skala auf, die von höchstwertigen Rechtsgütern bis zu fast bedeutungslosen Belangen reicht.

Auch die Rechtsgrundlage für die Auskunftspflicht ist von untergeordneter Bedeutung. So gibt etwa die Feststellung, die Auskunft sei zur Gewährleistung effektiven Rechtsschutzes erforderlich, also verfassungsrechtlich legitimiert, für die Bewertung des Auskunftsinteresses nicht viel her. Eine Auskunft dient nämlich immer einem weiterführenden Zweck, dem möglichst

---

46) Zum folgenden vgl. vor allem MÜLLER, GEORG, SZBl. 1972, 341-352; DÜWEL, S. 165-169; EVERS, Privatsphäre, S. 46-54.
47) LAUBINGER, DVBl. 1972, 750; MÜLLER, GEORG, SZBl. 1972, 342; DÜWEL, S. 166; EVERS, Privatsphäre, S. 49. Widersprüchlich KRIEGER, S. 85 einerseits und S. 86 andererseits.
48) Dieser Auffassung jedoch ANCKER, S. 82.

vorteilhaften Abschluß des Verfahrens oder der Meidung von Nachteilen im Zusammenhang mit dem Verfahren. Ausschlaggebend für die Bewertung des Auskunftsinteresses ist die Bedeutung dieses Sachzweckes und nicht der Rang des Rechtssatzes, der die verfahrensrechtlichen Mittel zur Verwirklichung des Sachinteresses gewährleistet.

Entscheidend ist nach alledem also die Interessenintensität im konkreten Einzelfall. Die vor die Entscheidung gestellte Behörde hat zu überlegen, welche Folgen eine Zurücksetzung des einen und des anderen Interesses jeweils mutmaßlich verursachen wird und welche der beiden Alternativen die weniger schweren Nachteile hat.

Führt eine der beiden Lösungsmöglichkeiten nur mit Wahrscheinlichkeit, nicht aber mit Sicherheit zu Nachteilen, so ist sie im Zweifel, also bei sonstiger Gleichwertigkeit der Interessen, vorzuziehen. Dies kommt vor allem bei der Verletzung von Geheimnissen in Betracht. So ist die Offenbarung eines Betriebsgeheimnisses nicht schon als solche ein Schaden, sondern erst seine Ausnutzung zum Nachteil des betroffenen Inhabers. Aber auch die Nichterteilung einer Auskunft muß den Beteiligten nicht immer zwangsläufig treffen. Eine Reihe von Auskunftspflichten, etwa zur Gewährleistung rechtlichen Gehörs [49], besteht schon wegen der Gefahr von Nachteilen.

Führen beide Alternativen mit Sicherheit oder gleich hoher Wahrscheinlichkeit zu Nachteilen, muß festgestellt werden, welche weniger schwer wiegen. In vielen Fällen bestehen über das Ergebnis dieser Abwägung gesicherte Erkenntnisse. So ist insbesondere der Kernbereich der Privatgeheimnisse eines Bürgers in aller Regel höher zu bewerten als das Auskunftsinter-

49) Vgl. oben § 20 II 2.

esse eines anderen Bürgers. Vorrang besitzen durchweg auch Staatsgeheimnisse. Umgekehrt ist das Rechtsschutzinteresse eines Steuerpflichtigen höherrangig als das Steuergeheimnis bezüglich Mietzinsangaben aus anderen Verfahren, auf die sich das Finanzamt als Grundlage für die Berechnung der "üblichen Miete" beruft [50].

Für die noch verbleibenden Problemfälle lassen sich weitere allgemeine Entscheidungskriterien nur noch schwer finden. Die Behörde hat dann nach den in der Rechtsgemeinschaft anerkannten Wertmaßstäben zu beurteilen, ob die Pflicht zur Auskunftserteilung oder zur Geheimhaltung stärker ist, und die stärkere zu befolgen.

---

50) So zutreffend das FG München in einer Entscheidung vom 4.3.1976, zitiert nach der Hannoverschen Allgemeinen Zeitung vom 20.11.1976, S. 51.

§ 27 Verweigerungsinteressen

Verweigerungsinteressen sind Gesichtspunkte, die die Behörde zwar nicht verpflichten, aber unter Umständen berechtigen, keine Auskunft zu erteilen [1]. Wenn im Einzelfall die positiven Voraussetzungen einer Auskunftspflicht mit einem beachtlichen Verweigerungsinteresse der Verwaltung zusammentreffen, hat eine Abwägung zwischen ihnen stattzufinden, die zu drei Ergebnissen führen kann:

- Es ist ein Kompromiß zwischen der Auskunftspflicht und dem Verweigerungsinteresse möglich. Dann besteht eine insoweit abgeschwächte Auskunftspflicht.
- Eine Kompromißlösung bietet sich nicht an. Die Auskunftspflicht ist höherrangig gegenüber dem Verweigerungsinteresse. Dann ist Auskunft zu geben.
- Ein Kompromiß ist nicht möglich. Das Gegeninteresse ist höher zu bewerten als die Auskunftspflicht. Dann darf die Behörde die Auskunft verweigern bzw. untätig bleiben, es besteht ein Verweigerungs<u>recht</u>.

Im Ergebnis ist das Fehlen eines Verweigerungsrechts also eine negative Voraussetzung einer materiellen besonderen Auskunftspflicht. Die Entscheidung hierüber ist demgemäß eine sogenannte gebundene Entscheidung und keine Ermessensangelegenheit.

Die verschiedenen Verweigerungsinteressen lassen sich auf fünf Hauptgesichtspunkte zurückführen:

---

1) Vgl. auch oben § 9 bei 3) und bei 11) bis 14).

I Unzumutbarkeit [2)]

1. Generelle Unzumutbarkeit

Die Erteilung einer Auskunft ist generell unzumutbar, wenn das Ersuchen übermäßig, schikanös [3)] oder in beleidigender Form [4)] gehalten ist.

Übermäßig ist es etwa, wenn der Beteiligte mehrere Sachverhaltsvariationen vorträgt und die jeweilige Rechtslage geschildert bekommen will [5)]. Auch die Schwierigkeit oder der besondere Umfang einer erbetenen Auskunft kann ihre Erteilung unzumutbar machen. Allerdings ist dies unter gebührender Berücksichtigung der Interessenlage des Bürgers zu beurteilen: Je wichtiger die Angelegenheit für den Beteiligten ist, desto mehr Mühe und Aufwand ist auch von der Behörde zu erwarten [6)].

Als schikanös wäre es beispielsweise anzusehen, wenn eine Frage bereits ausreichend beantwortet wurde und der Beteiligte, ohne daß sich neue Gesichtspunkte ergeben hätten, eine nochmalige Überprüfung und Erklärung verlangt.

Die Auskunftserteilung ist dagegen nicht unzumutbar, wenn der

---

2) Zur Unzumutbarkeit im öffentlichen Recht allgemein LÜCKE, DÖV 1974, 769-771.
3) Vgl. BVerwG vom 29.11.1974, NJW 1975, 1333 f.; OVG Münster vom 28.6.1972, NJW 1973, 110 f.
4) Vgl. VGH Mannheim vom 8.2.1977, BWVPr. 1977, 155 f. = JuS 1977, 771 f.
5) Vgl. SPITALER, BB 1961, 1335; HEINLEIN, DStRdsch. 1956, 343.
6) Vgl. dazu näher unten § 33 III 4.

zuständige Beamte mit anderen Aufgaben überlastet ist [7]. Ebensowenig wie eine materielle Verwaltungsaufgabe wegen Überlastung unerledigt bleiben darf, kann die Erfüllung formeller Pflichten daran scheitern. Zulässig ist es lediglich, die Auskunftserteilung wegen der Vordringlichkeit anderer Aufgaben kurzzeitig zurückzustellen. Zuvor hat sich der Beamte allerdings zu vergewissern, wie lange die Anfrage äußerstenfalls unbearbeitet bleiben kann, ohne daß die Beantwortung wegen Zeitablaufs wertlos wird [8].

In Fällen gänzlicher Unzumutbarkeit besteht ein Verweigerungsrecht. Die Ablehnung ist kurz zu begründen. Sofern es tunlich erscheint, ist dem Antragsteller nahezulegen, sein Auskunftsersuchen zu beschränken oder sich an andere Stellen (Rechtsanwalt, Steuerberater o. ä.) zu wenden [9].

Wenn das Auskunftsverlangen nur teilweise unzumutbar ist, besteht auch nur insoweit ein Verweigerungsrecht. Dem Beteiligten ist dann eine auf das zumutbare Maß beschränkte Auskunft zu erteilen und der Grund für die Beschränkung kurz zu erläutern.

---

7) So auch LAUBINGER, Betreuungspflicht, S. 451; vgl. oben § 5 VIII bei 103); MERKEL, S. 103; DIETZ, S. 86; vgl. oben § 5 V bei 74); v. VOIGT, S. 166; BERGER, NWB Fach 2, 946, 948; vgl. weiter BEHRENDS, DOK 1977, 179. Starke Betonung dieses Gesichtspunktes dagegen bei KRIEGER, S. 184, 188; vgl. zu diesem auch oben § 5 VII; HEINLEIN, DStRdsch. 1956, 343; BSG vom 22.2.1972, NJW 1972, 1344; vgl. oben § 4 IV bei 48) und 49); BFH vom 22.1.1960, BStBl. 1960 III, 178 f.; vgl. oben § 4 III bei 40 a) und § 6 I bei 20). Vgl. zu diesem Aspekt ferner oben § 8 II bei 17) und allgemein GAISBAUER, SKV 1972, 301 f.
8) Vgl. auch unten § 32.
9) Vgl. dazu aber auch § 24 III bei 37) bis 41).

2. Unzumutbarkeit speziell in Verfahren mit mehreren Beteiligten

In Verfahren mit einer Mehrzahl von Beteiligten [10] kann der Behörde nicht unbeschränkt zugemutet werden, daß sie jedem einzelnen Beteiligten in vollem Umfange auskunftspflichtig ist.

Soweit es sich um ein sogenanntes Massenverfahren [11] handelt und gemäß § 17 oder § 18 VwVfG eine Vertretung mehrerer Beteiligter stattfindet [12], ist der Behörde analog zu der Regelung in § 29 Absatz 1 Satz 3 VwVfG für die Akteneinsicht [13] das Recht zuzubilligen, eine Auskunftserteilung gegenüber den Vertretenen abzulehnen und diese darauf zu verweisen, das Auskunftsbegehren über den Vertreter zu wiederholen. Ebenso hat die Behörde etwaige spontane Auskünfte ausschließlich an den Vertreter zu richten. Durch eine solche Handhabung wird vermieden, daß die Behörde die gleiche Auskunft mehrfach erteilen muß, und es wird weiterhin sichergestellt, daß die Informationen, die der Vertreter zur Wahrung der Interessen der Vertretenen (vgl. § 19 Absatz 1 Satz 1 VwVfG) benötigt, auch tatsächlich vollständig bei ihm zusammenlaufen.

---

10) Hauptfälle sind Planfeststellungsverfahren und umweltrelevante Genehmigungsverfahren; vgl. oben § 1 I bei 7) und 8), § 6 II bei 94) bis 97), § 20 II bei 32) bis 40). Zum Beteiligtenbegriff vgl. oben § 1 II bei 16) bis 18) und § 10 III bei 47).

11) Zur Problematik von Massenbeteiligungen vgl. allgemein BLÜMEL, Masseneinwendungen; ULE/LAUBINGER, S. 175-186; v. MUTIUS, DVBl. 1978, 667 und 673 f.; KOPP, Der Beteiligtenbegriff, S. 180-182; ULE, DVBl. 1976, 426 f.

12) Vgl. LEONHARDT in STELKENS/BONK/LEONHARDT, Kommentierung zu §§ 17 und 18; v. MUTIUS, DVBl. 1978, 674; KOPP, VwVfG, Kommentierung zu §§ 17 und 18; BORGS in MEYER/BORGS, Kommentierung zu §§ 17 und 18; ULE/LAUBINGER, S. 179-184.

13) Vgl. LEONHARDT in STELKENS/BONK/LEONHARDT, 16 zu § 29; v. MUTIUS, DVBl. 1978, 674; KNACK, 4.1 zu § 29; BORGS in MEYER/BORGS, 14 zu § 29; ULE/LAUBINGER, S. 184.

In sonstigen Verfahren mit mehreren Beteiligten ist die Behörde dagegen grundsätzlich allen Beteiligten gegenüber individuell auskunftspflichtig [14]. Eine Unzumutbarkeit kommt dann nach allgemeinen Grundsätzen [15] nur bei schikanösen oder übermäßigen Anfragen in Betracht.

II Unmöglichkeit

Es versteht sich von selbst, daß die Verwaltung nicht verpflichtet sein kann, eine Auskunft zu erteilen, wenn ihr dies aus tatsächlichen Gründen unmöglich ist [16]. Von einer tatsächlichen Unmöglichkeit der Auskunftserteilung ist zu sprechen, wenn - abgestellt auf die Kenntnisse und Fähigkeiten eines pflichtgetreuen Durchschnittsbeamten [17] - die an die Behörde herangetragene Frage von ihr nicht beantwortet werden kann. Die Gründe hierfür können verschiedenartig sein. Vorstellbar ist etwa, daß der Bürger sich nach Tatsachen erkundigt, über die der Behörde selbst auch keine Erkenntnisse vorliegen. Sofern sie sich die erbetene Information jedoch ohne besonderen Aufwand - etwa durch einen Anruf bei einer anderen Dienststelle - verschaffen kann, hat sie sich darum zu bemühen. Entsprechendes gilt, wenn die Ermittlungen der Behörde zu einem Tatsachenkomplex noch andauern. Weiterhin kann es sein, daß die Verwaltung mit bestimmten Rechtsfragen überfordert ist. So etwa, wenn der verwaltungsinterne Meinungsbildungsprozeß zu einem Rechtsproblem noch nicht abgeschlossen oder die Rechtsfrage in einem anderen Verfahren erst gerichtlich zu entscheiden ist.

---

14) Zur Abstufung des Auskunftsinteresses nach dem Grad der Betroffenheit vgl. oben § 20 II bei 73) sowie unten § 33 III bei 33) bis 38).
15) Vgl. oben bei 3) bis 9).
16) Vgl. LEONHARDT in STELKENS/BONK/LEONHARDT, 18 zu § 25; KNACK, 4.4 zu § 25; FOERSTER, SKV 1974, 322.
17) GIESE, S. 34 f., BGH vom 26.9.1957, NJW 1957, 1873 f. (1874).

III Mängel des Auskunftsersuchens

Ein weiterer, der Unmöglichkeit sehr ähnlicher Verweigerungsgrund liegt vor, wenn das Auskunftsersuchen des Bürgers unverständlich, unbestimmt oder unvollständig ist [18]. Dem Bürger ist dann allerdings zunächst anheimzugeben, seine Frage zu präzisieren bzw. die Angaben zu vervollständigen. Unterbleibt eine solche Ergänzung, so entfällt die Auskunftspflicht.

IV Gefahr der Parteilichkeit

Bei Verfahren mit mehreren Beteiligten, deren Interessen nicht gleichgerichtet sind, ist ein sehr wesentlicher Gesichtspunkt die Pflicht der Behörde zur unparteilichen Gestaltung des Verfahrens [19]. Dies gilt insbesondere für die Führung der mündlichen Verhandlung in förmlichen Verwaltungsverfahren und Planfeststellungsverfahren [20]. In dieser und in vergleichbaren Verfahrenssituationen hat die Verwaltung eine richterähnliche Stellung. Sie hat sich deshalb jeglicher einseitigen Beratung zu enthalten, die den Anschein der Parteilichkeit erwecken könnte.

Zu beachten ist dieser Gedanke aber auch bei sonstigen Auskünften. Umfang und Intensität einer Beratung ist an der sachlichen Notwendigkeit auszurichten und darf niemals zu einer persönlichen Bevorzugung einzelner Beteiligter geraten [21].

---

18) Vgl. DIETZ, S. 83 f.; v. VOIGT, S. 168 f.
19) Vgl. auch oben § 10 III bei 51).
20) §§ 68, 73 Absatz 6 letzter Satz VwVfG. Vgl. KOPP, VwVfG, 4 zu § 68; ULE/LAUBINGER, S. 162; FICKERT, 2 und 13 zu Nr. 20 (S. 328, 333 f.); ferner oben § 6 II bei 134) und 142).
21) So auch DIETZ, S. 78 f.; vgl. oben § 5 V bei 70); MAASSEN, Regelungen, S. 90.

V Gefahr unerwünschter Rechtsfolgen

Von nur untergeordneter Bedeutung ist das Interesse der Verwaltung, mögliche unerwünschte Rechtsfolgen einer Auskunftserteilung zu vermeiden. Völlig unbeachtlich ist die - fiskalische - Erwägung, daß die Auskunft sich unter Umständen als unrichtig herausstellen und dann Haftungsfolgen [22)] auslösen könnte. Dem hat die Behörde durch gewissenhafte Prüfung der in Rede stehenden Sach- oder Rechtsfrage vorzubeugen. Notfalls ist dem Haftungsrisiko durch einen Vorbehalt zu begegnen [23)].

In begrenztem Maße ist die Gefahr unerwünschter Bindungswirkungen von Rechtsauskünften [24)] beachtlich. Solange ein Problem

22) Dazu GAISBAUER, ZBR 1972, 180 f. und NDBZ 1968, 41 f.; SCHNITZERLING, Das Standesamt 1970, 352; JAKUMEIT/WILDE, SGb. 1971, 376-379; PIPKORN, Diss., S. 177; KLINGLER, S. 103-111; BEYER, DVBl. 1962, 613-622; BGH vom 27.4.1970, NJW 1970, 1414 und vom 8.1.1976, BayVBl. 1976, 694-696.

23) Vgl. näher unten § 33 V.

24) Zu den Voraussetzungen einer Verbindlichkeit von Auskünften vgl. HÜBSCHMANN/HEPP/SPITALER, 34 zu § 89 und 10-13 vor § 204; PETERS, 10 zu § 14; RÜFNER in WANNAGAT, 12 und 13 zu § 14; HUBER, S. 332-335; MÜLLER, H., S. 47-52; HAUEISEN, DVBl. 1973, 741 f.; KRIEGER, S. 208-210; BLENCKE, NWB Fach 2, S. 2267-2270; KRAUSE, Verwaltungshandeln, S. 334 f.; ANCKER, S. 125-154; PIPKORN, Diss., S. 158-176; KELLNER, HUBERT, S. 46-76, 86-101, 119-179; NAKE, Der Betrieb 1960, 1193-1195; RAATZ, StWa 1959, 126-130; BFH vom 10.10.1972, Der Betrieb 1972, 2446; vom 22.8.1957, BStBl. 1957 III, 366-368; BSG vom 23.3.1972, NJW 1972, 1389 f. Zur Rechtslage in der Schweiz vgl. IMBODEN/RHINOW, S. 469-472; GUENG, SZBl. 1970, 449-465, 473-489, 497-512; VG Solothurn vom 27.5.1975, SJZ 1976, 174-176.
Zur Verbindlichkeit von Zusagen und Zusicherungen FIEDLER, S. 221-256; KREBS, VerwA 69 (1978), 85-91; HÜBSCHMANN/HEPP/SPITALER, 37 und 38 zu § 89 und 2 vor § 204; STELKENS in STELKENS/BONK/LEONHARDT, 5-28 zu § 38; MEYER in MEYER/BORGS, 14-29 zu § 38; ULE/LAUBINGER, S. 204 f.; KOPP, VwVfG, 4-7 zu § 38; KNACK, 3-6 zu § 38; WOLFF/BACHOF, VerwR I, § 45 II b 2 (S. 367 f.); TIPKE, Steuerrecht, S. 432 f.; HELLWIG, S. 61-64 und 153-155; KLEIN/ORLOPP, §§ 204-207; MÜLLER, H., S. 53-128; MAYER, JZ 1964, 677-680; KIMMINICH, JuS 1963, 268-273; vgl. ferner oben § 2 IV bei 31).
Zur Abgrenzung von Auskünften und Zusagen oben § 2 IV.

tatsächlich oder rechtlich nicht ausreichend geklärt ist, kann die Behörde zur Vermeidung einer vorzeitigen Festlegung die Auskunft je nach Sachlage völlig verweigern oder nur unter einem entsprechenden Vorbehalt [23] erteilen.

23) Vgl. näher unten § 33 V.

4. ABSCHNITT

ERMESSENSENTSCHEIDUNGEN ÜBER DIE AUSKUNFTSERTEILUNG

In den beiden vorangegangenen Abschnitten sind die Voraussetzungen [1] und die Ausschlußgründe [2] der ungeschriebenen Auskunftspflichten dargestellt worden. In den Fällen, in denen die Behörde nun weder materiell auskunftspflichtig noch aufgrund einer Geheimhaltungspflicht zur Verschwiegenheit verpflichtet ist, hat sie über ein ausdrückliches Auskunftsbegehren eines Beteiligten nach pflichtgemäßem Ermessen zu entscheiden [3]. Derartige Ermessensfälle liegen etwa vor, wenn der Beteiligte nicht auskunftsbedürftig ist, weil ihm andere zumutbare Informationsmöglichkeiten zur Verfügung stehen [4], oder wenn dem Beteiligten ein Abwarten bis zur Sachentscheidung zumutbar wäre [5] oder auch bei Anfragen, die der Verfolgung zivilrechtlicher Positionen außerhalb des Verwaltungsverfahrens dienen [6].

Die Art des der Verwaltung in solchen Fällen eingeräumten Ermessens ist zunächst ein Entschließungsermessen, ob die erbetene Auskunft erteilt wird oder nicht, und gegebenenfalls noch ein Auswahlermessen über Form, Inhalt und Umfang der Auskunftserteilung. Für die Ausübung des Ermessens gelten verschiedene Rechtsmäßigkeitskriterien, die gerichtlich nachprüfbar sind, sowie Zweckmäßigkeitsgesichtspunkte, die der Kontrolle der

1) §§ 10 bis 25.
2) §§ 26, 27.
3) Vgl. oben § 9 bei 18) und 25).
4) Vgl. oben § 10 III bei 21); § 11 III bei 59) und § 24 III bei 34).
5) Vgl. oben § 10 III 2.
6) Vg. oben § 11 III bei 19) bis 24).

nächsthöheren Verwaltungsinstanz unterliegen [7].

7) So die herrschende Ermessenslehre; vgl. etwa ERICHSEN/MARTENS, S. 165 f.; ULE/LAUBINGER, S. 224; WOLFF/BACHOF, VerwR I, § 31 II c 4 (S. 199). Näher zu der Problematik MEYER in MEYER/BORGS, Kommentierung zu § 40; SCHOLZ, VVDStRL 34 (1976), 164-170; SCHMIDT, NJW 1975, 1753-1758; WOLFF/BACHOF, VerwR I, § 31 II a (S. 194-196); BULLINGER, NJW 1974, 769-773; SCHMIDT-EICHSTAEDT, AöR 98 (1973), 173-195; BACHOF, JZ 1972, 641-646; OSSENBÜHL, DÖV 1970, 84-90.

§ 28 Die Rechtmäßigkeit der Ermessensausübung

Zur Rechtmäßigkeit der Ermessensausübung gehört die Einhaltung der Grenzen des Ermessens und die Vermeidung eines objektiven oder subjektiven Fehlgebrauchs des Ermessens [1].

I Einhaltung der Ermessensgrenzen

Die Behörde muß ihr Ermessen überhaupt ausüben. Nimmt sie beispielsweise irrig an, der Auskunftserteilung stehe eine - objektiv nicht eingreifende - Geheimhaltungspflicht oder gar ein generelles Verbot von Auskünften bestimmter Art entgegen, so liegt ein Fall von Ermessensunterlassung [2] vor.

Umgekehrt darf die Behörde die Grenzen des ihr gesetzten Ermessens nicht überschreiten [3]. Form und Inhalt der Auskunft und das Verfahren der Auskunftserteilung müssen sich im Rahmen des Ermessensspielraums halten. Insoweit bestehen jedoch für Ermessensauskünfte keine Besonderheiten im Vergleich zu gebundenen Auskünften. Es kann deshalb auf die zusammenfassende Darstellung der Erfüllung der Auskunftspflicht im nächsten Abschnitt [4] verwiesen werden.

---

1) Zusammenfassend zu den Ermessensfehlern STELKENS in STELKENS/BONK/LEONHARDT, 23-29 zu § 40; ERICHSEN/MARTENS, S. 166-169; WOLFF/BACHOF, VerwR I, § 31 II d (S. 199-202); KNACK, 9 zu § 40.
2) Vgl. STELKENS in STELKENS/BONK/LEONHARDT, 23 zu § 40; ERICHSEN/MARTENS, S. 166; WOLFF/BACHOF, VerwR I, § 31 II d 1 (S. 200); KNACK, 9.2 zu § 40; ULE/LAUBINGER, S. 224.
3) Vgl. STELKENS aaO; ERICHSEN/MARTENS aaO; WOLFF/BACHOF, VerwR I, § 31 II d 1 (S. 199 f.); KNACK, 9.3 zu § 40; ULE/LAUBINGER, aaO.
4) §§ 30-33.

II Vermeidung eines objektiven Ermessensfehlgebrauchs

Ein objektiver Ermessensfehlgebrauch [5] liegt vor, wenn Rechtsgrundsätze wie der Gleichheitssatz, das Übermaßverbot oder der Vertrauensschutzgedanke verletzt werden. Für die Entscheidung, ob eine Auskunft erteilt wird, ist insbesondere der Gleichheitssatz [6] von Bedeutung. Wenn sich eine tatsächliche Übung eingespielt hat, Auskünfte bestimmter Art zu geben oder zu verweigern, so ist davon ohne sachlichen Grund nicht abzuweichen [7]. Der Vertrauensschutzgedanke [8] ist angesprochen, wenn die Behörde bei einem Beteiligten die berechtigte Erwartung geweckt hat, sie werde ihm zu gegebener Zeit über bestimmte Fragen Auskunft geben. Auch dann wäre es objektiv ermessensfehlerhaft, die Auskunft später zu verweigern.

In Fällen der vorgenannten Art reduziert sich das Ermessen für die Behörde auf nur eine rechtlich zulässige Entscheidung. Ist dies die Erteilung einer Auskunft, so hat der Beteiligte hierauf einen Anspruch [9]. Gleiches gilt, wenn die Abwägung der Interessen, die für und gegen die Auskunftsgewährung sprechen, zu einem ganz eindeutigen, vernünftigerweise nicht bestreitbaren Ergebnis führen. Darauf ist bei der Behandlung der Zweckmäßigkeit der Ermessensausübung [10] zurückzukommen.

---

5) Vgl. STELKENS aaO, 24-27 zu § 40; WOLFF/BACHOF, VerwR I, § 31 II d 2 (S. 201); KNACK, 9.5 zu § 40; KOPP, VwVfG, 5 zu § 40; ULE/LAUBINGER, S. 223 f.
6) Vgl. oben § 14.
7) Vgl. oben § 9 bei 24) und 27); § 14 bei 3).
8) Vgl. dazu auch oben § 23 bei 2) und § 25 bei 3).
9) Vgl. STELKENS in STELKENS/BONK/LEONHARDT, 22 zu § 40; ERICHSEN/MARTENS, S. 168 f.; WOLFF/BACHOF, VerwR I, § 31 II e 2 (S. 203); KNACK, 10.3 zu § 40; KOPP, VwVfG, 7 zu § 40; ferner oben § 9 bei 22) bis 24); § 14 bei 3).
10) Vgl. unten § 29 II bei 15).

III Vermeidung eines subjektiven Ermessensfehlgebrauchs

Ein subjektiver Ermessensfehlgebrauch [11] liegt vor, wenn die Behörde bei der Entscheidung über die Auskunftserteilung Interessengesichtspunkte, etwa besondere persönliche Umstände des Beteiligten, unberücksichtigt gelassen hat oder aus unsachlichen Motiven [12] heraus entschieden hat.

11) Vgl. STELKENS in STELKENS/BONK/LEONHARDT, 28 zu § 40; ERICHSEN/MARTENS, S. 167; WOLFF/BACHOF, VerwR I, § 31 II d 2 (S. 201 f.); KNACK, 9.4 zu § 40; ULE/LAUBINGER, S. 224.

12) Vgl. VGH Mannheim vom 8.2.1977, BWVPr. 1977, 155 f.: kein Ermessensfehler, wenn die Erteilung laufender umfangreicher Auskünfte verweigert wird und das Auskunftsverlangen zudem in beleidigender Form gehalten ist.

§ 29 Die Zweckmäßigkeit der Ermessensausübung

Zweckmäßige Ermessensausübung [1] ist gleichbedeutend mit sachlicher Abwägung der beteiligten öffentlichen und Einzelinteressen. Diese wiederum setzt voraus, daß zunächst die für oder gegen eine Auskunftserteilung sprechenden Interessen festgestellt und erkannt werden.

I Interessenfeststellung

1. Positive Auskunftsinteressen

Das wichtigste Kriterium für eine Auskunftserteilung ist das von dem Beteiligten verfolgte Sachinteresse, zu dessen Verwirklichung er die Information benötigt [2]. In der Regel ergibt sich der Zweck einer Auskunft unmittelbar aus der Fragestellung. Ist dies ausnahmsweise einmal nicht der Fall, so ist nicht etwa schon deswegen die Auskunftserteilung zu verweigern, sondern zunächst durch Rückfrage zu klären, warum der Beteiligte die Information wünscht.

Neben dem Auskunftsinteresse des Beteiligten hat die Verwaltung auch ihr generelles Eigeninteresse an einem offenen und guten Verhältnis zu den Verfahrensbeteiligten und an deren möglichst hohem Informationsstand zu berücksichtigen. Mit Bürgern, die sich - auch in Kleinigkeiten - höflich und hilfsbereit behandelt fühlen und die in der Lage sind mitzudenken, hat es auch die Behörde leichter [3].

---

1) Allgemein dazu WOLFF/BACHOF, VerwR I, § 31 II c 3 (S. 197-199); KNACK, 8 und 10 zu § 40; KOPP, VwVfG, 4 zu § 40; ERICHSEN/MARTENS, S. 167.
2) Vgl. dazu auch unten § 33 III 1 und 4.
3) Vgl. SCHNAPP, DOK 1977, 889; ferner oben § 18 III bei 27).

2. Auskunftsverweigerungsinteressen [4)]

Beachtliche gegen eine Auskunftserteilung sprechende Gesichtspunkte können insbesondere sein:

- Der mit der Auskunftserteilung verbundene Arbeitsaufwand [5)],
- eine besondere tatsächliche oder rechtliche Schwierigkeit der begehrten Auskunft [6)],
- Mängel des Auskunftsersuchens [7)], etwa eine beleidigende Form der Anfrage [8)],
- die Gefahr einer frühzeitigen Bindung bei noch ungeklärter Sach- oder Rechtslage [9)],
- die Zusage der Vertraulichkeit einer Information von dritter Seite [10)].

Ein etwa vorhandenes persönliches Interesse eines sachbearbeitenden Beamten an der Verweigerung der Auskunft darf die Ermessensentscheidung selbstverständlich nicht beeinflussen [11)]. Unerheblich ist ferner der Gedanke an ein unter Umständen auftauchendes Haftungsrisiko im Falle einer falschen Auskunft [12)].

---

4) Vgl. dazu im einzelnen § 27.
5) Vgl. näher oben § 27 I 1.
6) Vgl. näher oben § 27 I und II.
7) Vgl. näher oben § 27 III.
8) Vgl. VGH Mannheim vom 8.2.1977, BWVPr. 1977, 155 f.; ferner oben § 27 I bei 4).
9) Vgl. näher oben § 27 II und § 27 V bei 24).
10) Vgl. nachfolgend bei 17) bis 21).
11) Vgl. VG Bremen vom 10.2.1972, ZBR 1972, 319.
12) Vgl. oben § 27 V bei 22).

II Interessenabwägung [13)]

Die festgestellten Interessen sind gerecht und billig gegeneinander abzuwägen. Vorrangig ist dabei zu berücksichtigen, welche Bedeutung [14)] die Angelegenheit für den Beteiligten hat. Handelt es sich lediglich um einen unerheblichen Zeitgewinn bzw. eine Mühe, die der Bürger sich ersparen will, wird ein etwaiges Gegeninteresse der Behörde in aller Regel überwiegen. Bei einem bedeutenden Auskunftsinteresse können dagegen nur besonders gewichtige Gegeninteressen durchgreifen.

1. Ermessensreduzierung auf Null [15)]

Wenn gegen die Auskunftserteilung kein beachtlicher Verweigerungsgesichtspunkt spricht, die Anfrage insbesondere ohne nennenswerte Schwierigkeiten "aus dem Stand" erledigt werden kann, wäre eine Nichterteilung im Ergebnis schikanös und deshalb ermessensfehlerhaft [16)]. In solchen Fällen ist das einzig richtige Ergebnis der Interessenabwägung, die begehrte Auskunft zu geben.

2. Informantenfälle

Ein besonderes Problem ist die Interessenabwägung in den sogenannten Informantenfällen [17)], in denen der Beteiligte den Namen einer Gewährsperson zu erfahren wünscht, die ihn belastet hat. Die Behörde hat dann pflichtgemäß darüber zu entscheiden,

---

13) Allgemein zur Interessenabwägung auch oben § 26 III 2.
14) Vgl. auch unten § 33 III 4.
15) Vgl. oben § 28 II bei 9); ferner § 9 bei 22) bis 24).
16) Ähnlich MÜLLER, H., S. 45.
17) Vgl. auch oben bei 10); ferner § 4 II bei 32) und 33); § 11 III bei 21) bis 24); § 26 II 1 d; unten § 35 bei 9).

ob im Einzelfall das Rechtsverfolgungsinteresse und der Schutz der Ehre des Beteiligten oder das Interesse der Verwaltung an der ungestörten Mitarbeit der Bevölkerung oder bestimmter Informanten an behördlichen Ermittlungen und das des Dritten an der vertraulichen Behandlung überwiegt [18]. Maßgebliche Gesichtspunkte können dabei einerseits die Bedeutung der belastenden Angaben sein, andererseits eine etwaige vom Dritten glaubhaft gemachte Gefahr unangemessener Repressalien durch den Beteiligten. Im Falle einer schuldhaften Falschanschuldigung oder Verleumdung überwiegt im allgemeinen das Rechtsschutzinteresse des Beteiligten [19].

Hat die Behörde die Vertraulichkeit bei Erhalt der Information ausdrücklich zugesichert, so ist sie an diese Zusage grundsätzlich gebunden [20]. Wenn der Dritte allerdings vorsätzlich oder fahrlässig falsche Anschuldigungen erhoben hat, geht das Rechtsverfolgungsinteresse einer Zusage in der Regel vor [21]. In Fällen eindeutig vorsätzlicher Falschanschuldigungen ist die Bekanntgabe des Informanten sogar die einzig ermessensfehlerfreie Entscheidung.

---

18) Vgl. zu dieser Problematik HÜBSCHMANN/HEPP/SPITALER, 93-96 zu § 30; BORGS in MEYER/BORGS, 22 zu § 29; PLONKA, Die Polizei 1975, 80-86; MERKEL, S. 146-155; KRIEGER, S. 88-90; ZUCK, NJW 1972, 471; MEYER-HENTSCHEL, SKV 1970, 8-10; ANCKER, S. 78-80; PIPKORN, Diss., S. 132; PERSCHEL, JuS 1966, 231-237; DÜWEL, S. 182-190; BVerwG vom 30.4.1965, NJW 1965, 1450 f.; OVG Münster vom 7.5.1963, ZBR 1964, 287 f. und vom 15.1.1963, DÖV 1963, 390 f.; BayVerwGH vom 15.10.1957, NJW 1958, 643-645.Aus schweizer Sicht IMBODEN/RHINOW,S.521 f.

19) Vgl. etwa HÜBSCHMANN/HEPP/SPITALER, 93 und 95 zu § 30; MERKEL, S. 152; PERSCHEL, JuS 1966, 236; DÜWEL, S. 187.

20) So auch BVerwG vom 30.4.1965, NJW 1965, 1450 f.; KRIEGER, S. 90; MEYER-HENTSCHEL, SKV 1970, 9; DÜWEL, S. 189. Kritisch MERKEL, S. 154 f.; PERSCHEL, JuS 1966, 236 f.

21) Unstreitig; vgl. nur BVerwG; KRIEGER; DÜWEL; MERKEL; alle aaO.

5. ABSCHNITT

DIE ERFÜLLUNG DER AUSKUNFTSPFLICHT

§ 30 Zuständigkeit zur Auskunftserteilung

Zuständig zur Auskunftserteilung [1] ist die Behörde, bei der das Verfahren läuft. Bei Planfeststellungsverfahren nach dem VwVfG ist die Trennung zwischen der Anhörungsbehörde [2] und der Feststellungsbehörde [3] zu beachten [4]. Zuständig für Auskünfte im Stadium der Auslegung [5] und Erörterung [6] ist die Anhörungsbehörde. Spätere Auskünfte, etwa zur Erläuterung des Planfeststellungsbeschlusses [7], hat die Feststellungsbehörde zu geben.

Innerhalb der Behörde sind der Sachbearbeiter und dessen Dienstvorgesetzten zuständig [8]. In mündlichen Verhandlungen und Erörterungsterminen [6] ist zunächst der Verhandlungsleiter zur Erteilung der gebotenen Hinweise und Aufklärungen zuständig. Die Beantwortung gezielter Sachfragen kann er jedoch anderen Anwesenden, etwa dem Träger des Vorhabens, einem Vertreter einer mitwirkenden Fachbehörde oder einem Sachverständigen, überlassen.

---

1) Vgl. auch oben § 7 bei 4).
2) Vgl. § 73 VwVfG.
3) Vgl. § 74 Absatz 1 VwVfG.
4) Vgl. dazu allgemein WOLFF/BACHOF, VerwR III, § 158 Rn. 12 (S. 359); ULE/LAUBINGER, S. 155.
5) Vgl. oben § 11 III bei 40) und bei 54) bis 58).
6) Vgl. oben § 6 II.
7) Vgl. oben § 21.
8) KRIEGER, S. 90; KLINGLER, S. 94 f.; ZEIDLER, S. 52 f.

Wendet sich ein Bürger mit seinem Auskunftsgesuch an eine falsche Stelle, so ist ihm die zuständige Stelle zu benennen [9].

---

9) KRIEGER, S. 141; PIPKORN, Diss., S. 109; vgl. oben § 5 III bei 34); KLINGLER, S. 94; ZEIDLER, S. 52. Vgl. ferner oben § 7 bei 5); § 17 bei 8); § 18 III bei 23).

§ 31 Form der Auskünfte

Sofern der Beteiligte nicht ausdrücklich um eine schriftliche Auskunft gebeten hat, steht es der Behörde frei, ob sie sich mündlich oder schriftlich äußert [1]. Zweckmäßigerweise wird sie die gleiche Form wählen wie der Beteiligte.

Einem Wunsch nach schriftlicher Auskunftserteilung bzw. nach schriftlicher Bestätigung [2] einer mündlichen Auskunft ist nachzukommen, wenn daran ein berechtigtes Interesse besteht [3], weil zB der Auskunftsinhalt von weittragender oder langfristiger Bedeutung ist, die Auskunft zu Beweiszwecken gegenüber Dritten benötigt wird oder zur sachgerechten Auswertung eine Fixierung der Mitteilung erforderlich ist [4].

---

1) Vgl. PETERS, 4 zu § 14; HENKE, S. 14; KRIEGER, S. 210 f.; KELLNER, HUBERT, S. 114; BEINHARDT, DÖV 1965, 482 Fn. 16; ZEIDLER, S. 19 Fn. 43.

2) Vgl. zu der analogen Frage einer Bestätigungspflicht mündlicher Verwaltungsakte § 37 Absatz 2 Satz 2 VwVfG; dazu STELKENS in STELKENS/BONK/LEONHARDT, 19-23 zu § 37.

3) Vgl. auch PETERS, 8 zu § 14; HAUCK/HAINES, 9 zu § 14. Noch weitergehend VG Bremen vom 10.2.1972, ZBR 1972, 319; eine schriftliche Auskunft dürfe nur verweigert werden, wenn dafür außerordentliche Gesichtspunkte ins Feld geführt werden können.
Ablehnend gegenüber einer Bestätigungspflicht hinsichtlich einer Beratung nach § 14 SGB RÜFNER in WANNAGAT, 7 zu § 14; HENKE, S. 14; SCHELLHORN in BURDENSKI/v. MAYDELL/SCHELLHORN, 19 zu § 14. Allgemein zu § 14 SGB oben § 6 III 1.

4) Vgl. auch PETERS, 8 zu § 14; HAUCK/HAINES, 9 zu § 14. Zur Verpflichtung, eine Rechtsbehelfsbelehrung auf Wunsch schriftlich zu bestätigen, oben § 22 bei 7).

§ 32 Pflichten in zeitlicher Hinsicht

Nicht selten spielt bei der Erteilung von Auskünften der Zeitfaktor eine wesentliche Rolle [1]. Dies gilt insbesondere für Auskünfte aufgrund des Berechenbarkeitsgrundsatzes [2], der Anhörungspflicht [3] und vorangegangenen Verhaltens [4].

Auskünfte aufgrund des Berechenbarkeitsgrundsatzes müssen so rechtzeitig gegeben werden, daß der Beteiligte seine Dispositionen [5] noch genügend danach ausrichten kann. Hinweise, die zur Gewährung rechtlichen Gehörs notwendig sind [6], sind so frühzeitig zu erteilen, daß der Beteiligte ausreichend Gelegenheit hat, eigene Ermittlungen und Rückfragen anzustellen, fachlichen Rat einzuholen und alle sonstigen sachdienlichen Schritte zur Vorbereitung seiner Stellungnahme zu ergreifen [7]. Schließlich ist besondere Eile geboten, wenn dem Bürger aufgrund vorangegangener Fehlinformationen durch die Behörde [8] ein Nachteil zu erwachsen droht.

---

1) Vgl. KRIEGER, S. 212 f.; PETERS, 6 zu § 14; ferner oben § 6 III 3.
2) Oben § 10.
3) Oben § 20.
4) Oben § 25.
5) Dazu näher oben § 10 III 2.
6) Dazu näher oben § 20 II 2.
7) Vgl. BORGS in MEYER/BORGS, 13 zu § 28; KNACK, 3.4 und 3.6 zu § 28; KOPP, VwVfG, 3 zu § 28; KRIEGER, S. 172; KÖNIG, H.-G., DVBl. 1959, 193. Allgemein zur Bedeutung des Zeitfaktors für das rechtliche Gehör WOLFF/BACHOF, VerwR III, § 156 Rn. 40 (S. 337); OVG Lüneburg vom 3.6.1971, DVBl. 1973, 505-507 (506) mit Anm. BLÜMEL.
8) Dazu näher oben § 25 II 2.

Ganz allgemein gilt, daß die Erteilung einer Auskunft so zeitig zu erfolgen hat, daß der die Auskunftspflicht begründende Schutzzweck nicht gefährdet wird. Ansonsten gehört es zu den selbstverständlichen Verwaltungsbefugnissen, gleichzeitig anfallende Aufgaben in der Reihenfolge ihrer Wichtigkeit zu erledigen.

§ 33 Inhalt der Auskünfte

Auskünfte, auch wenn sie freiwillig erteilt werden, müssen richtig, klar und vollständig sein [1]. Daneben hat die Behörde auch die gebotene Höflichkeit zu wahren [2]. Schließlich stellt sich die Frage, ob und unter welchen Voraussetzungen die Behörde eine Auskunft mit einem Gewährsvorbehalt versehen darf [3].

I Richtigkeit [4]

Daß eine Auskunft nicht unrichtig sein darf, versteht sich von selbst [5]. Bei einer Auskunft zu schwierigen Rechtsfragen kann es strittig sein, was als richtig zu gelten hat. In einem solchen Fall darf sich die Behörde nicht damit begnügen, kommentarlos ihre Rechtsansicht mitzuteilen, sondern sie hat dann den Streitstand zumindest kurz zu umreißen [6].

---

1) Allgemeine Ansicht; vgl. BGH vom 23.2.1978, DVBl. 1978, 704-707 (705); vom 30.6.1977, NJW 1978, 371-373 (372); vom 8.1.1976, BayVBl. 1976, 694-696; vom 27.4.1970, NJW 1970, 1414; vom 8.1.1968, VersR 1968, 371-373 und vom 23.1.1964, VersR 1964, 919-923; dazu auch oben § 4 I bei 19); BSG vom 23.3.1972, NJW 1972, 1389 f. Aus der Literatur LEONHARDT in STELKENS/BONK/LEONHARDT, 19 zu § 25; BADURA in ERICHSEN/MARTENS, S. 294; HÜBSCHMANN/HEPP/SPITALER, 36 zu § 89; PIETZNER, DÖV 1978, 876; STOBER, VR 1978, 425; CLASEN, BlGBW 1978, 134; GIESE, S. 31; FOERSTER, SKV 1974, 323 f.; KRÖNINGER, SozVers. 1973, 87; KRIEGER, S. 205-208; HAUEISEN, DVBl. 1973, 741; GAISBAUER, ZBR 1972, 180 f. und NDBZ 1968, 41 f.; KRAUSE, Verwaltungshandeln, S. 333 f.; JAKUMEIT/WILDE, SGb. 1971, 376; SCHNITZERLING, Das Standesamt 1970, 352; PIPKORN, Diss., S. 67; KLINGLER, S. 102; HEYMANN, BayBgm. 1964, 98; BEYER, DVBl. 1962, 613-622.
2) Vgl. näher unten § 33 IV.
3) Vgl. näher unten § 33 V.
4) Ausführlich hierzu GIESE, S. 33-40.
5) Zur Richtigkeit einer Rechtsbehelfsbelehrung vgl. oben § 22 bei 4) bis 6).
6) Ähnlich KRIEGER, S. 206 f.

II Klarheit

Wann eine Auskunft klar und unmißverständlich ist, ist aus der Sicht des jeweiligen Empfängers zu beurteilen. Die Behörde hat sich insoweit also auf die Erwartungen und die Auffassungsgabe des Bürgers einzustellen [7]. Besonders bei schwierigen Rechtsfragen ist darauf zu achten, daß der Beteiligte die richtigen Schlüsse zieht. Wenn die Behörde daran begründete Zweifel hat, so hat sie sich notfalls durch eine Rückfrage zu vergewissern.

III Vollständigkeit

Wie umfangreich und eingehend eine Auskunft sein muß, um als vollständig gelten zu können, hängt von verschiedenen Kriterien ab.

1. Der Zweck der Auskunft

Auskünfte zur Vorausberechnung einer zukünftigen Verwaltungshandlung [8] werden in der Regel verhältnismäßig ausführlich sein müssen, um ihr Ziel zu erreichen. Dem Beteiligten muß entweder eine völlige Gewißheit oder - soweit dies nicht zu erreichen ist - eine weitestmögliche Kalkulierbarkeit der Rechtslage vermittelt werden.

Ähnliches gilt für rechtsbelehrende Auskünfte zur Gewährleistung effektiven Rechtsschutzes [9] und des rechtlichen Gehörs [10]. Der Beteiligte ist über den Auskunftsgegenstand

---

7) Vgl. GIESE, S. 32.
8) Vgl. oben § 10.
9) Vgl. oben § 11.
10) Vgl. oben § 20.

umfassend zu unterrichten [11], auch und gerade über solche Aspekte, die er selbst übersehen haben sollte [12]. Eine Beratung über die Vor- und Nachteile verschiedener Alternativen der Rechtswahrnehmung [13] wird bei diesen Auskünften dagegen nicht geschuldet.

Eine Erläuterung einer Verwaltungsentscheidung [14] muß so erschöpfend sein, daß dem Beteiligten die wesentlichen Entscheidungsgründe und der Tenor der Verwaltungsentscheidung sowohl in tatsächlicher als auch in rechtlicher Hinsicht verständlich werden. Bei der Erläuterung einer Ermessensentscheidung sind, wie dies in § 39 Absatz 1 Satz 3 VwVfG für die Begründungen ausdrücklich vorgeschrieben ist, die Gesichtspunkte deutlich zu machen, von denen die Behörde bei der Ausübung ihres Ermessens ausgegangen ist. Es ist dem Bürger also darzulegen, daß und welche Belange die Behörde abgewogen hat und warum sie letztlich andere denkbare Entscheidungsalternativen verworfen hat [15].

Verfahrensleitende Hinweise zur ordnungsgemäßen Sacherledigung [16], Aufklärungen von Irrtümern [17] und Tatsachenauskünfte [18] werden im allgemeinen weniger ausführlich sein müssen.

---

11) Vgl. auch oben § 22 am Ende (Anforderungen an eine Auskunft über Rechtsbehelfe).
12) Vgl. auch oben § 11 III bei 61 a).
13) Anders bei betreuenden Auskünften, vgl. nachfolgend bei 23).
14) Vgl. oben § 21.
15) Vgl. STELKENS in STELKENS/BONK/LEONHARDT, 14-17 zu § 39; BADURA in ERICHSEN/MARTENS, S. 308; SCHEFFLER, DÖV 1977, 769-771; KNACK, 6.3 und 6.4 zu § 39; MEYER in MEYER/BORGS, 27 f. zu § 39; KOPP, VwVfG, 3 b zu § 39; v. WELCK, ZRP 1971, 124-126; BVerwG vom 15.6.1971, DÖV 1971, 744-746 (745).
16) Vgl. oben § 18.
17) Vgl. oben § 18 III bei 15 a); § 24 III bei 51); § 25 II bei 5) bis 9).
18) Vgl. oben § 3 VI bei 24) bis 28) mit weiteren Verweisungen.

Wenn ausnahmsweise doch umfangreiche Informationen zu erteilen sind, steht es im Ermessen der Behörde [19], ob sie eine Auskunft gibt oder Akteneinsicht [20] gewährt.

Am weitesten gehen die Anforderungen an die Vollständigkeit von Auskünften aufgrund der Betreuungspflicht [21]. Da es hier vornehmlich darum geht, ungewandteren Beteiligten die Hilfe zu geben, deren sie bedürfen, um ihre Rechte möglichst auszuschöpfen, muß der zuständige Beamte bei Bedarf ein umfassendes Beratungsgespräch mit dem zu betreuenden Bürger führen, um den vorliegenden Sachverhalt vollständig zu klären und dann die gebotenen rechtlichen Hinweise und Belehrungen geben zu können [22]. Inhalt einer Beratung muß gegebenenfalls auch die Aufklärung über alternative Entscheidungsmöglichkeiten [23] sein oder der Hinweis auf die Ratsamkeit, einen Antrag abzuändern [24]. Im Gegensatz zu Beinhardt [24 a] gilt dies insbesondere auch dann, wenn der Antrag oder die gewählte Gestaltung des Rechtsverhältnisses wesentlich abzuändern sind. Die Rechtsausführun-

---

19) Vgl. auch oben vor § 28.
20) Zum Recht auf Akteneinsicht vgl. oben § 2 I bei 4) und § 6 II bei 108).
21) Vgl. dazu im Zusammenhang oben § 24. Vgl. ferner oben § 6 I, besonders § 6 I 1 c.
22) Vgl. BVerwG vom 28.11.1974, BVerwGE 47, 225-229 (227 f.); dazu auch oben § 4 II bei 27); BORGS in MEYER/BORGS, 8 zu § 25; SCHELLHORN in BURDENSKI/v. MAYDELL/SCHELLHORN, 11-14 zu § 14 und in BlStSozArbR 1975, 364; GIESE, S. 33 f.; ferner oben § 6 III bei 150).
23) BVerwG aaO; oben § 4 II bei 27) und 27 a); LEONHARDT in STELKENS/BONK/LEONHARDT, 12 zu § 25; RÜFNER in WANNAGAT, 4 zu § 14; GIESE, S. 34; PIPKORN, Diss., S. 150; vgl. oben § 5 III bei 46). Vgl. ferner oben § 6 I bei 37) bis 39); § 6 III bei 150); § 24 III bei 53).
24) BORGS in MEYER/BORGS, 11 zu § 25; HÜBSCHMANN/HEPP/SPITALER, 14 zu § 89; LAUBINGER, Betreuungspflicht, S. 455; vgl. oben § 5 VIII bei 104); KRIEGER, S. 142; vgl. oben § 5 VII bei 81) und 82); PIPKORN, Diss., S. 145; vgl. oben § 5 III bei 44) und 47). Vgl. ferner oben § 18 III bei 20).
24 a) BEINHARDT, DÖV 1965, 485 Fn. 64 und 69; vgl. oben § 5 II bei 20) und 25); ferner § 10 III bei 42) bis 44).

gen müssen so verständlich gefaßt werden, daß der Beteiligte die notwendigen praktischen Folgerungen daraus ziehen kann [25]. Ergebnis einer solchen Beratung wird es häufig sein, dem Bürger eine förmliche Antragstellung anheimzustellen und ihm die erforderliche Unterstützung dabei zu geben [26]. Die Beratungspflicht endet jedoch grundsätzlich dort, wo der Beteiligte aufgrund ausreichender Informationen selbstverantwortlich zu entscheiden hat, wie er sich verhält [27]. Handelt er einem Rat der Behörde zuwider, braucht er auf die möglichen Folgen nicht nochmals hingewiesen zu werden [28].

2. Die Sachkunde des Beteiligten

Weiterhin ist allgemein die Sachkunde und Auffassungsgabe des Beteiligten zu berücksichtigen [29]. Welchen Kenntnisstand die Behörde voraussetzen kann, hat sie im Zweifel durch Rückfrage zu klären.

Bei Beteiligten, die fachlich vertreten sind [29 a] oder selbst sachkundig sind, wird die Behörde sich unter Umständen an Stelle einer Rechtsbelehrung oder Aufklärung einer schwierigen

25) Vgl. GIESE, S. 32, 34; KRAUSE, VerwA 61 (1970), 307; ferner oben § 33 II.
26) Vgl. LEONHARDT in STELKENS/BONK/LEONHARDT, 10 zu § 25; BORGS in MEYER/BORGS, 10 zu § 25; GIESE, S. 33; LAUBINGER, Betreuungspflicht, S. 456; vgl. oben § 5 VIII bei 105); BVerwG vom 19.6.1963, BVerwGE 16, 156-160 (159). Vgl. ferner oben § 24 III bei 52) mit weiteren Nachweisen.
27) So auch BVerwG vom 28.11.1974, BVerwGE 47, 225-229 (227 f.); vgl. oben § 4 II bei 27 a). Vgl. ferner oben § 6 III bei 162).
28) PAGENDARM, LM § 839 (Fe) BGB Nr. 9; vgl. auch oben § 4 I bei 12); § 24 III bei 60).
29) Vgl. KNACK, 3.1 zu § 25; FOERSTER, SKV 1974, 322; LAUBINGER, Betreuungspflicht, S. 454-456; BGH vom 5.4.1965, NJW 1965, 1226-1227 (1227).
29 a) Vgl. auch § 24 III bei 37) bis 41).

Tatsachenfrage auf einen Nachweis der einschlägigen Gesetzesstelle, maßgeblicher Rechtsprechung, einschlägiger Fachliteratur oder einer anderen Informationsquelle beschränken können.

Gegenüber ungewandteren und sozial schwächeren Beteiligten wird die Auskunft dagegen in der Regel eingehender ausfallen müssen [29 b)].

3. Der Gegenstand der Auskunft

Von Bedeutung für den erforderlichen Umfang einer Auskunft ist ferner der objektive Schwierigkeitsgrad des Auskunftsgegenstandes. Die Auskunft muß umso eingehender sein, je komplizierter die jeweilige Sach- oder Rechtsfrage ist [30)]. Veranlassung zu einer besonders detaillierten Erläuterung besteht, wenn die maßgeblichen Rechtsnormen schwer verständlich sind [31)].

4. Das Gewicht des Auskunftsinteresses

Schließlich hat die Behörde darauf Rücksicht zu nehmen, was für den Beteiligten auf dem Spiel steht. Je größer der dem Beteiligten drohende Nachteil ist, je bedeutender die Dispositionen sind, die er aufgrund der Auskunft treffen will, des-

---

29 b) Allgemein anerkannt; vgl. etwa WOLFF/BACHOF, VerwR I, § 64 I b 4 (S. 561); oben § 5 X bei 118); LAUBINGER, Betreuungspflicht, S. 455 f.; oben § 5 VIIIbei 104); DIETZ, S. 79-82; oben § 5 V bei 71). Vgl. ferner § 6 I bei 30); § 24 III bei 14) und 25).

30) Vgl. BORGS in MEYER/BORGS, 4 zu § 25; LAUBINGER, Betreuungspflicht, S. 455 f.; BVerwG vom 26.10.1966, BVerwGE 25, 191-201 (196); BGH vom 5.4.1965, NJW 1965, 1226-1228 (1227); ferner oben § 6 I bei 34) mit weiteren Verweisungen.

31) So auch KRIEGER, S. 183; vgl. oben § 5 VII bei 90); PIPKORN, Diss., S. 156); vgl. oben § 5 III bei 49 a). Vgl. ferner § 10 III bei 22).

to sorgfältiger und gründlicher hat diese zu erfolgen [32].

In Planfeststellungsverfahren [33] ist insbesondere auf den Grad der Betroffenheit [34] des Beteiligten abzustellen. Ein unmittelbar Betroffener [35] hat generell ein stärkeres Auskunftsinteresse als jemand, der lediglich eine Einwendung erhoben hat [36]. Letzterer ist bekanntlich bereits zu beteiligen, wenn durch das Vorhaben nur seine Belange berührt werden [37] bzw sogar ohne jede Voraussetzung [38].

---

32) BORGS in MEYER/BORGS, 4 zu § 25; FOERSTER, SKV 1974, 322; DIETZ, S. 62. Vgl. auch BSG vom 17.5.1973, 793 f. Dort hatte der Sozialversicherungsträger es versäumt, im Zusammenhang mit der Auskunft über die Gründe des Wegfalls der Erwerbsunfähigkeitsrente auf die naheliegende Möglichkeit der Berufsunfähigkeitsrente hinzuweisen, obwohl der Rentenempfänger um Aufklärung gebeten hatte mit dem Hinweis: "da ich nun leider auf die Rente angewiesen bin, welche ... sowieso knapp bemessen ist". Vgl. ferner oben § 6 I bei 35); § 10 III bei 45) und 57); § 24 III 4 b.

33) Zu Auskünften im Rahmen von Planfeststellungsverfahren vgl. oben § 6 II bei 112) bis 117), 136) bis 141); § 11 III bei 40) und bei 50) bis 58); § 20 II bei 66) bis 73).

34) Zur Abstufung der Beteiligungsrechte nach dem Grad der Betroffenheit allgemein BLÜMEL, Funktion, S. 227-233; derselbe, Masseneinwendungen, S. 555 Fn. 88, 560 f.; KOPP, VwVfG, 5 und 6 zu § 73; LANGE, DVBl. 1975, 130-135; OSSENBÜHL, Gutachten, S. B 177. Vgl. auch oben § 20 II bei 73).

35) Zum Begriff oben § 1 I 17).

36) Zum Begriff oben § 1 I 18).

37) So zB § 73 Absatz 4 Satz 1 VwVfG; § 18 Absatz 4 FStrG. Vgl. BONK in STELKENS/BONK/LEONHARDT, 37 und 38 zu § 73; KOPP, VwVfG, 5 und 6 zu § 73; ULE/LAUBINGER, S. 158 f.; dieselben, Gutachten, S. B 38-B 40; KODAL, S. 837.

38) So zB § 10 Absatz 3 Satz 2 Halbsatz 2 BImSchG; § 9 b Absatz 5 Nr. 1 AtG iVm § 7 Absatz 1 Satz 1 AtVfV. Vgl. dazu ULE/LAUBINGER, Gutachten, S. B 38; SELLNER, S. 81; FELDHAUS, Band 1, 9 zu § 10; ULE, BImSchG, 8 zu § 10; de WITT, S. 275 f.; WINTERS, S. 87.

IV Höflichkeit

Neben der Sachdienlichkeit der Auskunft hat die Behörde immer auch auf eine höfliche und korrekte Abfassung zu achten [39]. Dies gilt insbesondere gegenüber schwierigen Beteiligten und dann, wenn eine ungünstige Auskunft gegeben werden muß. Der Bürger sollte nie berechtigterweise den Eindruck haben, "abgewimmelt" worden zu sein.

V Zulässigkeit eines Gewährsvorbehaltes

1. Meinungsstand

Darüber, ob und wann eine Auskunft mit einem Gewährsvorbehalt versehen werden darf, gehen die Auffassungen weit auseinander. Vereinzelt finden sich Extremmeinungen, ein Vorbehalt sei generell zulässig [40] bzw. ausnahmslos unzulässig [41]. Meist wird jedoch differenziert. Nach wohl überwiegender Ansicht [42] ist eine Freizeichnungsklausel nicht erlaubt, wenn die Behörde zu der Auskunft verpflichtet ist. Bei freiwilligen Auskünften könne dagegen die Gewähr ausgeschlossen werden. Eine andere Auffassung stellt darauf ab, ob der Empfänger zur Vermeidung folgenschwerer Nachteile auf sichere Kenntnis angewiesen ist [43].

---

39) Vgl. THIEME, Verwaltungslehre, S. 349; KRIEGER, S. 212; LANDWEHRMANN, Der Landkreis 1972, 398; GIACOMETTI, Bundesstaatsrecht, S. 675; WILHELM, Verwaltungs-Praxis 1965, 76-78; HÄMMERLEIN, Öffentlichkeit und Verwaltung, S. 118-122; RAUCK, BayVBl. 1929, 257-264.

40) KELLNER, HUBERT, S. 110; ADAM, RiA 1963, 230.

41) BUHREN, SKV 1976, 199.

42) BORGS in MEYER/BORGS, 16 zu § 25; FOERSTER, SKV 1974, 322; KRIEGER, S. 208; ANCKER, S. 143; KLINGLER, S. 106; ZEIDLER, S. 19 f.; HEYMANN, BayVBl. 1961, 73.

43) MÜLLER, H., S. 45 f.; MERTEN, VSSR 1973, 81; vgl. oben § 5 IX bei 113); PIPKORN, Diss., S. 157; vgl. oben § 5 III bei 51).

Schließlich wird danach unterschieden, ob der Auskunftsgegenstand eindeutig zu klären ist oder nicht [44].

2. Stellungnahme

Der letztgenannten Auffassung ist beizupflichten. Wenn der Beamte die an ihn gerichtete Frage mit Sicherheit beantworten kann, hat er den Beteiligten vorbehaltlos zu informieren, um ihm eine sichere Grundlage für seine von der Auskunft abhängigen Entscheidungen zu geben [45]. Ob es sich hierbei um eine besonders folgenschwere Entscheidung handelt und ob die Auskunft freiwillig erteilt wird, ist insoweit unerheblich.

Bei noch ungeklärter Sach- oder Rechtslage, bei sehr schwierigen Gegenständen oder bei einer unter Zeitdruck zu erteilenden Auskunft wird eine abschließende Feststellung des öfteren nicht möglich sein [46]. In solchen Fällen ist der Beteiligte auf die bestehende Unsicherheit hinzuweisen, um ein unberechtigtes Vertrauen in die Verbindlichkeit der Auskunft erst gar nicht entstehen zu lassen.

---

44) KNACK, 4.4 zu § 25; PETERS, 7 zu § 14; KRAUSE, Verwaltungshandeln, S. 334; MONREAL, S. 154.

45) Zu der Frage, wann die Behörde eine Zusage oder Zusicherung zu geben hat, vgl. STELKENS in STELKENS/BONK/LEONHARDT, 17 zu § 38; KOPP, VwVfG, 3 zu § 38; PÜTTNER, JA 1975, 390 (= ÖR, S. 110); MERTEN, VSSR 1973, 81 f.; PIEPER, VerwA 1968, 236-239; PFANDER, S. 384-391; REIFENRATH, S. 99 f.; KELLNER, HUBERT, S. 110-114; ZEIDLER, S. 61 f. Zur Abgrenzung zwischen Auskunft und Zusage bzw. Zusicherung oben § 2 IV.

46) Vgl. auch oben § 10 III bei 34); § 27 II; § 27 V bei 23).

6. ABSCHNITT

RECHTSBEHELFE GEGEN AUSKUNFTSVERWEIGERUNGEN

§ 34 Art der Rechtsbehelfe

I Formlose Rechtsbehelfe [1]

Wenn die Behörde eine erbetene Auskunft ablehnt oder dem Auskunftsbegehren ohne besondere Erklärung nicht nachkommt, so hat der Beteiligte jederzeit anstelle oder neben förmlichen Rechtsbehelfen die Möglichkeit, eine Gegenvorstellung an die Auskunftsbehörde oder eine formlose Beschwerde an deren Aufsichtsbehörde zu richten.

II Allgemeine Leistungsklage oder Verpflichtungsklage

Welche förmlichen Rechtsbehelfe [2] den Beteiligten zu Gebote stehen, ist streitig. Einer verbreiteten Auffassung zufolge ist der Anspruch [3] auf Auskunftserteilung im Wege einer allgemeinen Leistungsklage [4] zu verfolgen [5]. Dem liegt die An-

---

1) Zu formlosen Rechtsbehelfen allgemein WOLFF/BACHOF, VerwR III, § 161 Rn. 6-13 (S. 399-402).
2) Zu den förmlichen Rechtsbehelfen allgemein WOLFF/BACHOF, VerwR III, § 161 Rn. 14-29 (S. 402-408).
3) Zum Anspruch auf Auskunftserteilung vgl. oben § 9 bei 4) bis 10).
4) Zur allgemeinen verwaltungsgerichtlichen Leistungsklage vgl. ULE, Studienbuch, S. 128 f.; REDEKER/v. OERTZEN, 153-163 zu § 42; EYERMANN/FRÖHLER, 4 und 9 zu § 42.
5) So REDEKER/v. OERTZEN, 53 und 158 zu § 42; PETERS, 3 zu § 14; RÜFNER in WANNAGAT, 9 zu § 14; BUHREN, SKV 1976, 201; KRIEGER, S. 217; KRAUSE, Verwaltungshandeln, S. 338 f.; PERSCHEL, JuS 1966, 231; BEINHARDT, DÖV 1965, 482 Fn. 20; DÜWEL, S. 224; KAMPMANN, S. 13; OBERMAYER, NJW 1962, 1472. Offen gelassen von VGH Mannheim, BWVPr. 1977, 155 f.

sicht zugrunde, daß Auskünfte als schlichte Verwaltungshandlungen zu qualifizieren seien und einen Verwaltungsakt weder darstellen noch voraussetzen.

Die Auffassung, daß Auskünfte selbst keine Verwaltungsakte darstellen, ist ganz herrschend [6]. Eine vor allem im älteren Schrifttum anzufindende Mindermeinung [7] sieht eine Auskunft ausnahmsweise dann als Verwaltungsakt an, wenn sie die Behörde bindet. Diese Mindermeinung verkennt jedoch den gravierenden Unterschied zwischen der gezielten Herbeiführung einer Rechtsfolge - Verwaltungsakt [8] - und der absichtslos eintretenden Bindung aufgrund eines Vertrauenszustandes [9]. Der Zweck einer Auskunft erschöpft sich in der Wissensmitteilung,

---

6) Vgl. ERICHSEN/MARTENS, S. 148; BORGS in MEYER/BORGS, 5 zu § 25; REDEKER/v. OERTZEN, 53 zu § 42; HÜBSCHMANN/HEPP/SPITALER, 10 vor § 204; PETERS, 2 zu § 14; HAUCK/HAINES, 10 zu § 14; SCHNAPP, DOK 1977, 891; MÜLLER, H., S. 21-23; REIFENRATH, S. 48-52; v. VOIGT, S. 27-29; MONREAL, S. 39-45; KAMPMANN, S. 9-13; BEINHARDT, DÖV 1965, 482. Vgl. ferner oben § 2 II 1.

7) ZEIDLER, S. 38 f.; BOETTCHER, StuW 1962, Sp. 12
Noch weitergehend (jede Auskunft sei ein Verwaltungsakt) BARSKE, StWa 1958, Beilage 9, S. 37.
Differenzierend WOLFF/BACHOF, VerwR I, § 45 II a 3 (S. 365) und KRIEGER, S. 217 (Auskünfte seien dann Verwaltungsakte, wenn sie ein Tatbestandsmerkmal verbindlich feststellen, wie etwa bei bestimmten behördlichen Bescheinigungen). Nach der hier vertretenen Auffassung stellen solche Bescheinigungen allerdings keine Auskünfte dar; vgl. oben § 2 II 2.

8) Dazu, daß es sich um einen Verwaltungsakt nur bei einer auf die Herbeiführung einer Rechtsfolge gerichteten Maßnahme handelt, vgl. besonders ERICHSEN/MARTENS, S. 146; ferner WOLFF/BACHOF, VerwR I, § 46 V a (S. 380).

9) Vgl. auch KRIEGER, S. 216 f.; MONREAL, S. 39-45; REIFENRATH, S. 48-52; KAMPMANN, S. 9-13.

sie ist daher unabhängig von ihrem Inhalt und etwaigen Folgewirkungen ausnahmslos eine schlichte Verwaltungshandlung und kein Verwaltungsakt.

Von der Auskunft selbst ist die ihr vorausgehende Entscheidung der Behörde, ob sie Auskunft erteilt oder nicht, rechtlich scharf zu trennen [10]. Dies gilt auch dann, wenn ein Auskunftsersuchen auf der Stelle erledigt wird, also die - positive - Entscheidung über das Auskunftsbegehren nicht gesondert, sondern schlüssig mit der Auskunftserteilung bekanntgemacht wird [11].

Ob die Entscheidung über das Auskunftsersuchen einen Verwaltungsakt darstellt, wird unterschiedlich beantwortet. Diejenigen, die eine Klage auf Auskunft als allgemeine Leistungsklage einstufen [12], werten sie als Verwaltungshandlung ohne Regelungswirkung; die Gegenauffassung [13] sieht in der Entscheidung einen Verwaltungsakt; vermittelnde Auffassungen schließlich werten nur die Ablehnung einer Auskunft als Verwaltungsakt [14] oder nur die Entscheidung über ein Auskunftsbegehren, welches den Gegenstand eines eigenen Verfahrens bildet [15].

---

10) So sehr deutlich auch KOPP, VwGO, 9 b zu § 42; HAUCK/HAINES, 10 zu § 14; BVerwG vom 25.2.1969, DVBl. 1969, 700-702 (702); BETTERMANN, DVBl. 1969, 704.
11) Sogenannter "konkludenter Verwaltungsakt"; vgl. STELKENS in STELKENS/BONK/LEONHARDT, 54 zu § 35; KOPP, VwGO, 9 b zu § 42; WOLFF/BACHOF, VerwR I, § 46 V a (S. 381).
12) Vgl. die Nachweise oben 5).
13) KOPP, VwGO, 9 b zu § 42; HAUCK/HAINES, 10 zu § 14; HENKE, S. 14; PLONKA, Die Polizei 1975, 85; MEYER-HENTSCHEL, SKV 1970, 122 f.; OLG Hamm vom 8.2.1973, NJW 1973, 1089 f.; VG Bremen vom 10.2.1972, ZBR 1972, 319.
14) KRIEGER, S. 215; BETTERMANN, DVBl. 1969, 704.
15) BORGS in MEYER/BORGS, 5 zu § 25; WOLFF/BACHOF, VerwR I, § 45 II a 3 (S. 365); BVerwG vom 25.2.1969, DVBl. 1969, 700-702 (701 f.). Gegen die Auffassung des BVerwG ausdrücklich ERICHSEN/MARTENS, S. 261 Fn. 2.

Auszugehen ist bei einer Stellungnahme zu dieser Streitfrage von einer Analyse und Bewertung der Erwägungen, die die Behörde dazu führen, eine beantragte Auskunft zu geben oder zu verweigern [16]. Die Behörde hat zunächst die Voraussetzungen einer Auskunftspflicht zu prüfen; bei einer Auskunft aufgrund des Berechenbarkeitsgrundsatzes zB die mangelnde Vorausberechenbarkeit einer zukünftigen Verwaltungshandlung und das Vorhandensein eines Auskunftsinteresses [17]. Wenn der Beteiligte eine Tatsacheninformation begehrt, hat die Behörde etwaige Geheimhaltungspflichten [18] zu berücksichtigen. Schließlich hat sie eventuelle Verweigerungsinteressen [19] mit dem Auskunftsinteresse abzuwägen. Kommt sie zu dem Ergebnis, daß eine materielle Auskunftspflicht nicht besteht, hat die Behörde Ermessensüberlegungen [20] anzustellen, ob sie dennoch Auskunft erteilt oder nicht. Bei einem solchen Vorgang handelt es sich um die Subsumtion eines konkreten Lebenssachverhaltes unter verschiedene Rechtssätze mit dem Ergebnis einer einseitigen, verbindlichen Regelung eines Einzelfalles. Die Entscheidung, Auskunft zu geben oder zu verweigern, ist folglich generell ein Verwaltungsakt [21].

Die richtige Klageart zur Durchsetzung eines Auskunftsanspruchs ist somit nicht die allgemeine Leistungsklage, sondern die Verpflichtungsklage [22] gemäß § 42 Absatz 1 VwGO.

---

16) Vgl. auch BVerwG vom 25.2.1969, DVBl. 1969, 702.
17) Vgl. oben § 10 III.
18) Vgl. oben § 26.
19) Vgl. oben § 27.
20) Vgl. oben § 28 und § 29.
21) Ein analoger Fall ist die Entscheidung über die Gewährung oder Versagung von Akteneinsicht. Insoweit ist es absolut hM, daß diese Entscheidung ein Verwaltungsakt ist; vgl. LEONHARDT in STELKENS/BONK/LEONHARDT, 29 zu § 29; BORGS in MEYER/BORGS, 25 zu § 29; KOPP, VwVfG, 8 zu § 29; KNACK, 8 zu § 29; OVG Lüneburg vom 22.1.1975, MDR 1975, 786-788 (787). Zur Akteneinsicht vgl. im übrigen oben § 2 I 3) und 4); § 6 II bei 108); § 20 II bei 67) und 71); § 33 III bei 20).
22) So auch KOPP, VwGO, 9 b zu § 42; HAUCK/HAINES, 10 zu § 14; HENKE, S. 14. Weitere Nachweise oben in 13).

§ 35 Zulässigkeit der Rechtsbehelfe

Bei der Wahrnehmung eines formlosen Rechtsbehelfs [1] sind keine besonderen Zulässigkeitsvoraussetzungen zu beachten [2].

Vor der Erhebung einer Verpflichtungsklage [3] muß der Beteiligte abgesehen von den allgemeinen Zulässigkeitsvoraussetzungen für verwaltungsgerichtliche Klagen [4] in der Regel zunächst ein Widerspruchsverfahren durchführen (§ 68 VwGO). Wenn die Behörde ein Auskunftsersuchen allerdings nicht ausdrücklich ablehnt, sondern lediglich über längere Zeit unbeantwortet läßt, so besteht unter den Voraussetzungen von § 75 VwGO die Möglichkeit, auch ohne vorherige Durchführung eines Widerspruchsverfahrens eine sogenannte Untätigkeitsklage [5] zu erheben.

Für die förmlichen Rechtsbehelfe (Widerspruch und Klage), nicht dagegen für formlose Rechtsbehelfe [6], ist ferner die besondere Zulässigkeitsbeschränkung durch § 97 Nr. 2 VwVfG, § 44 a VwGO [7] von wesentlicher Bedeutung. Danach können Rechtsbehelfe gegen behördliche Verfahrenshandlungen nur gleichzeitig mit den gegen die Sachentscheidung zulässigen Rechtsbehelfen geltend gemacht werden. Soweit Auskünfte als Verfahrenshandlungen

---

1) Vgl. oben § 34 I.
2) Vgl. WOLFF/BACHOF, VerwR III, § 161 Rn. 6-13 (S. 399-402).
3) Vgl. oben § 34 II.
4) Vgl. dazu etwa ULE, Studienbuch, S. 121-124, 164-171.
5) Vgl. ULE, Studienbuch, S. 183-185; EYERMANN/FRÖHLER, 1-11 zu § 75; KOPP, VwGO, 1-7 zu § 75; REDEKER/v. OERTZEN, 1-17 zu § 75.
6) Vgl. STELKENS in STELKENS/BONK/LEONHARDT, 8 zu § 97 Nr. 2.
7) Vgl. dazu STELKENS in STELKENS/BONK/LEONHARDT, 1-13 zu § 97 Nr. 2; KOPP, VwGO, § 44 a; EYERMANN/FRÖHLER, § 44 a; MEYER in MEYER/BORGS, 14-21 zu § 97.

anzusehen sind, kann der Beteiligte also keinen gesonderten Rechtsbehelf auf Erteilung der begehrten Auskunft einlegen, sondern er muß die Sachentscheidung abwarten und dann gegen diese vorgehen, wobei er - gegebenenfalls neben weiteren Gründen - die Tatsache der Auskunftsverweigerung vortragen kann.

Sinn und Zweck dieser Regelung verlangen jedoch eine einschränkende Auslegung des Begriffs der Verfahrenshandlung. Und zwar sind Verfahrenshandlungen nur solche Maßnahmen der Behörde, die ausschließlich das Verfahren und seinen Fortgang betreffen, also weder die Sachentscheidung vorwegnehmen noch Rechtswirkungen über den Verfahrensgegenstand hinaus entfalten [8]. Bei einer Entscheidung über die Erteilung oder Versagung einer Auskunft ist dies nur dann der Fall, wenn das Auskunftsinteresse des Beteiligten auf die Wahrnehmung seiner Rechte im Verfahren beschränkt ist. Besteht der Zweck des Auskunftsbegehrens hingegen darin, Rechte außerhalb des Verfahrens wahrzunehmen oder Nachteile für Rechtsgüter abzuwenden, die mit dem eigentlichen Verfahrensgegenstand nicht identisch sind, so greift eine etwaige Verweigerung der Auskunft über das Verfahren hinaus. Es wäre dann unsinnig, den Beteiligten auf einen Rechtsbehelf gegen die Sachentscheidung zu verweisen. Als Beispiele solcher Fälle sind anzuführen die Auskunft über zukünftiges Verwaltungshandeln als Grundlage für Dispositionen des Beteiligten und das Begehren, den oder die Namen von Gewährspersonen zu erfahren [9]. In derartigen Fällen ist ein selbständiger Rechtsbehelf auf Auskunftserteilung als zulässig zu erachten.

---

8) Vgl. PLAGEMANN, H., NJW 1978, 2261; KOPP, VwGO, 2 zu § 44 a; MEYER in MEYER/BORGS, 16 zu § 97.

9) Vgl. dazu oben § 29 II 2 mit weiteren Verweisungen in 17).

§ 36 Begründetheit der Rechtsbehelfe

Ein Rechtsbehelf gegen eine Auskunftsverweigerung ist begründet, wenn die Voraussetzungen einer Auskunftspflicht vorliegen [1] und keine höherrangige Geheimhaltungspflicht [2] oder ein Verweigerungsrecht [3] entgegensteht. Der Beteiligte hat dann ein subjektiv-öffentliches Recht [4] auf die Erteilung der begehrten Auskunft.

Liegt die Auskunftserteilung im Ermessen der Behörde [5], so wird auf formlose Rechtsbehelfe und einen Widerspruch hin die Zweckmäßigkeit [6] und Rechtmäßigkeit der Auskunftsverweigerung kontrolliert [7]. Mit einer Klage kann dagegen nur das Recht des Beteiligten auf fehlerfreie Ermessensausübung [8] geltend gemacht werden. Beim Vorliegen von Ermessensfehlern ergeht in der Regel ein Bescheidungsurteil nach § 113 Absatz 4 Satz 2 VwGO [9], im Falle einer Ermessensreduzierung auf Null [10] ausnahmsweise ein Sachurteil [11].

---

1) Vgl. oben §§ 10-25.
2) Vgl. oben § 26.
3) Vgl. oben § 27.
4) Vgl. oben § 9 bei 4) bis 10).
5) Vgl. oben § 28 und § 29.
6) Ausgenommen den Fall, daß die Beschwerdebehörde - wie etwa in Selbstverwaltungsangelegenheiten - auf die Rechtsaufsicht beschränkt ist; vgl. WOLFF/BACHOF, VerwR III, § 161 Rn. 11 (S. 401).
7) Vgl. WOLFF/BACHOF, VerwR III, § 161 Rn. 11 und 25 (S. 401 und 407). Vgl. ferner oben vor § 28 bei 7).
8) Vgl. WOLFF/BACHOF, VerwR I, § 31 II 3 (S. 202 f.); RANDELZHOFER, BayVBl. 1975, 573-578 und 607-612; HOFFMANN BECKING, JuS 1973, 615-619 und DVBl. 1970, 850-857; BVerwG vom 7.1.1972, BVerwGE 39, 235.
9) ULE, Studienbuch, S. 240. Vgl. auch VGH Mannheim vom 8.2.1977, BWVPr. 1977, 155 f. (entsprechende Anwendbarkeit bei Leistungsklagen).
10) Vgl. dazu oben § 9 bei 22) bis 24); § 28 II bei 9) und § 29 II bei 15).
11) Vgl. ULE, Studienbuch, S. 240.

DRITTER TEIL
RECHTSVERGLEICHENDER AUSBLICK UND ZUSAMMENFASSUNG

§ 37 Rechtsvergleichender Ausblick

Die Auskunftspflicht der Behörden im Zusammenhang mit Verwaltungsverfahren ist ein allgemeineres Problem, das von den Besonderheiten des jeweiligen nationalen Rechts kaum berührt wird. Ein rechtsvergleichender Ausblick kann daher für die Einschätzung des Problemstandes bei uns in der Bundesrepublik Deutschland sicherlich einige weitere Aufschlüsse geben. Am Schluß dieser Untersuchung soll deshalb noch eine Darstellung der in den beiden Nachbarländern Österreich und Schweiz geltenden Grundsätze und Meinungen stehen.

I Österreich

1. Gesetzliche Regelungen [1)]

Eine spezielle gesetzliche Regelung der Auskunftspflicht [2)]

1) Zur Rechtslage in der Bundesrepublik Deutschland vgl. oben § 6; zur Rechtslage in der Schweiz unten § 37 II 1.
2) Dagegen gibt es in § 17 ÖAVG eine sogar sehr detaillierte Regelung der Akteneinsicht. Erläuterungen dazu bei WALTER/MAYER, S. 52-56; MANNLICHER/QUELL, § 17; NOVAK, ÖJZ 1973, 253-258; HELLBLING I, S. 158-163 und ADAMOVICH, VerwR, S. 226 f. Zur Akteneinsicht nach dem Recht in der Bundesrepublik Deutschland vgl. oben § 2 I bei 4) und § 6 II bei 108).

existiert im österreichischen Verwaltungsrecht [3] nicht. Es gibt jedoch mehrere allgemeinere Bestimmungen, bei deren Auslegung diskutiert wird, ob ihnen eine Auskunftspflicht entnommen werden kann.

Zum einen handelt es sich hierbei um § 13 Absatz 3 ÖAVG, der wörtlich lautet:

> "Formgebrechen schriftlicher Eingaben wie auch das Fehlen einer Unterschrift berechtigen an sich die Behörde noch nicht zur Zurückweisung; sie hat deren Behebung von Amts wegen zu veranlassen und kann dem Einschreiter die Behebung der Formgebrechen oder die schriftliche Bestätigung telegraphischer oder mündlicher Anbringen mit der Wirkung auftragen, daß das Anbringen nach fruchtlosem Ablauf einer gleichzeitig zu bestimmenden Frist nicht mehr berücksichtigt wird. Wird das Formgebrechen rechtzeitig behoben, so gilt die Eingabe als ursprünglich richtig eingebracht".

Dieser Bestimmung entnimmt die einschlägige Literatur eine Rechtsbelehrungspflicht der Behörde bei unklaren oder formfehlerhaften Anträgen der Partei [4]. Als Begründung wird darauf verwiesen, daß rechtsunkundige Personen durch die Nichtbeachtung formeller Rechtsvorschriften keine Nachteile erleiden sollen [5].

---

3) Und zwar einschließlich des Steuerrechts. De lege ferenda wird allerdings die Einrichtung des Instituts einer verbindlichen Steuerauskunft vereinzelt befürwortet, vgl. MELICHAR, Treu und Glauben, S. 330 f. und HARDEN, S. 89, 115 f.
4) MANNLICHER/QUELL, 7 und 8 zu § 13; HELLBLING I, S. 149, 151 und ADAMOVICH, VerwR, S. 223.
5) Vgl. vor allem MANNLICHER/QUELL, aaO. In der Zielrichtung entspricht § 13 Absatz 3 ÖAVG etwa § 25 Satz 1 VwVfG und § 16 Absatz 3 SGB. Allerdings ist deren Anwendungsbereich deutlich weiter; vgl. im einzelnen oben § 6 I 1 und § 6 III 3.

Von Interesse ist ferner § 18 Absatz 1 ÖAVG, der bestimmt, daß die Behörde Anbringen soviel als möglich mündlich oder telefonisch erledigen sollte, insbesondere bei Belehrungen oder vorläufigen informativen Verhandlungen. Hierbei handelt es sich aber ganz offensichtlich nur um eine Anweisung zur Form von Belehrungen oder vorläufigen Verhandlungen, die für die Frage einer materiellen Pflicht nichts hergibt.

Weiterhin ist hier § 26 Absatz 2 der ÖDP [6] erörterungswürdig. Nach dieser Vorschrift soll der Beamte im dienstlichen Verkehr mit dem Publikum den gebotenen Anstand wahren und innerhalb der zulässigen Grenzen den vor ihm erscheinenden Bürgern Hilfe leisten [7]. Jedoch dürfte diese Vorschrift zu unbestimmt sein, um ihr eine inhaltlich konkretisierbare Auskunftspflicht zu entnehmen. In den ohnehin sehr knappen Erläuterungen zu § 26 ÖDP fehlt demgemäß auch jede Andeutung in dieser Richtung [8]. Lediglich Morscher äußert in einem Diskussionsbeitrag anläßlich einer Fachtagung beiläufig, es bestehe vielleicht die Möglichkeit, eine Auskunftspflicht aus § 26 Absatz 2 der Dienstpragmatik abzuleiten [9].

Aus dem Petitionsrecht [10] (Art. 11 ÖStGG) ergibt sich nach einhelliger Auffassung in Österreich ebenfalls keine Auskunftspflicht [11].

---

6) Österreichische Dienstpragmatik; entspricht etwa dem Bundesbeamtengesetz.
7) Vgl. hierzu HACKL, S. 48; TEKÜLVE, S. 24 sowie die Kommentierungen zu § 26 DP bei HEINL/LOEBENSTEIN/VEROSTA und KOCIAN/SCHUBERT.
8) Vgl. die Nachweise in der vorigen Fußnote.
9) MORSCHER, Das Schuldverhältnis, S. 123 f.
10) Vgl. zur Rechtslage in der Bundesrepublik Deutschland oben § 17.
11) Vgl. KLECATSKY, S. 641 und ERMACORA, Grundfreiheiten, S. 278 (Das Petitionsrecht gebe kein Recht auf Antwort); ADAMOVICH, VerfassungsR, S. 540 und PISTOTNIK, S. 31 (Auskunftsbegehren seien keine Petitionen).

2. Die Rechtsprechung [12]

Die österreichische Rechtsprechung zur Auskunftspflicht der Verwaltung ist auffallend restriktiv. Nach ständiger Praxis des Verwaltungsgerichtshofes besteht keine Pflicht der Behörden, Parteien des Verwaltungsverfahrens von Amts wegen über ihre Rechte zu beraten oder die säumige Partei auf die zur Wahrung ihrer Rechte erforderlichen Schritte hinzuweisen [13]. Erst dann, wenn die Behörde den Wortlaut der Parteierklärungen mit deren Absicht für nicht übereinstimmend halte, sei sie verpflichtet, den wahren Willen der Partei zu klären [14].

3. Die Literatur [15]

Stellungnahmen zur behördlichen Auskunftspflicht sind in der österreichischen Verwaltungs- und Verwaltungsverfahrensrechtsliteratur nicht sehr zahlreich. In keinem der maßgeblichen Lehrbücher [16] oder Kommentare [17] wird diese Frage näher behandelt. Dennoch läßt sich aus den wenigen meist nur beiläufigen Äußerungen in der Literatur ein ungefähres Bild von dem Meinungsstand in der österreichischen Verwaltungsrechtswissenschaft gewinnen.

---

12) Zur einschlägigen Rechtsprechung der Bundesrepublik Deutschland vgl. oben § 4; zur Rechtsprechung der Schweiz unten § 37 II 2.
13) VwGH vom 21.10.1971, zitiert nach SCHOBESBERGER, S. 169; vom 17.5.1968, ÖJZ 1968, 613; vom 15.3.1967, zitiert nach SCHMELZ, ARTHUR, Der Staatsbürger 1967, Heft 11, 4; vom 11.10.1957, zitiert nach REEGER/STOLL, Kommentar, S. 402. Vgl. ferner REEGER/STOLL, Textausgabe, S. 129 und FRÜHWALD, S. 46.
14) VwGH vom 17.9.1969, ÖJZ 1970, 500.
15) Zur einschlägigen Literatur in der Bundesrepublik Deutschland vgl. oben § 5; zur Literatur in der Schweiz vgl. unten § 37 II 3.
16) WALTER/MAYER; ADAMOVICH; ANTONIOLLI; PETRIN; PFEIFER; LEDL; HERRNRITT; DEHMAL/DRESSLER.
17) MANNLICHER/QUELL; SCHMELZ, Verwaltungsverfahren; KIMMEL; HELLBLING; KOROPATNICKI; PRAUNEGGER.

Als einen Grundgedanken des rechtsstaatlichen Verfahrens bezeichnen es zwei Kommentare zur österreichischen Bundesabgabenordnung, daß die Behörde insbesondere rechtsunkundige Parteien auf Begünstigungen aufmerksam mache, die von der Partei nicht ausdrücklich wahrgenommen würden, obwohl sich dies ersichtlich anbiete [18)]. Diese Literaturstimmen sind also um einiges fortschrittlicher als die österreichische Rechtsprechungspraxis.

Aus dem Anspruch auf Gewährung rechtlichen Gehörs [19)] wird in Österreich überwiegend nur ein Recht auf Bekanntgabe der wesentlichen Tatsachen, nicht aber rechtlicher Erwägungen, abgeleitet [20)]. Anderer Ansicht sind Walter/Mayer [21)] und Schurz [22)], die eine Erörterung auch der Rechtsfragen verlangen. Schurz fordert sogar ganz allgemein eine Rechtsberatung, namentlich bei rechtsunkundigen und anwaltlich nicht vertretenen Parteien [23)].

Als einen Widerspruch zu Treu und Glauben [24)] bezeichnet es schließlich Hellbling, wenn die Behörde jemanden bewußt auf ein ihm zustehendes Recht nicht aufmerksam machen würde, in der Absicht, ihn um dieses Recht zu bringen [25)].

---

18) REEGER/STOLL, Kommentar, S. 407 f.; BECHINIE/FRITSCH, S. 72. Rechtsgedanke des § 89 Satz 1 AO 1977; vgl. oben § 6 I 1 a.
19) Vgl. zur Rechtslage in der Bundesrepublik Deutschland oben § 20; zur Rechtslage in der Schweiz unten § 37 II bei 40) bis 46).
20) FRÜHWALD, S. 46; REEGER/STOLL, Kommentar, S. 405-407; MELICHAR, VVDStRL 17 (1959), 200; ADAMOVICH, VerwR, S. 235; HELLBLING I, S. 247. Vgl. auch oben § 20 II 2 a und d; unten § 37 II bei 44) bis 46).
21) WALTER/MAYER, S. 87.
22) SCHURZ, S. 91-98.
23) SCHURZ, S. 96. Rechtsgedanke der Betreuungspflicht; vgl. oben § 24.
24) Vgl. auch oben § 23 und unten § 37 II bei 33) und bei 36) bis 39).
25) HELLBLING I, S. 248.

4. Die Verwaltungspraxis [26)]

Aussagen österreichischer Verwaltungsrechtler anläßlich einer Fachtagung ist zu entnehmen, daß die Bereitschaft zur Erteilung von Auskünften im dortigen Verwaltungsalltag, zumindest im Bereich der Sozialverwaltung, weniger dagegen im Bereich der Finanzverwaltung, durchaus gegeben ist [27)]. Allerdings empfinde man diese Auskunftserteilung nicht als gesetzliche Verpflichtung, sondern als freiwillige Leistung [28)].

II Schweiz

1. Gesetzliche Regelungen [29)]

Eine gesetzliche Regelung der behördlichen Auskunftspflicht findet sich weder im schweizer Bundesgesetz über das Verwaltungsverfahren aus dem Jahre 1968 noch in den kantonalen Verwaltungsverfahrensgesetzen. Lediglich auf dem Gebiet des besonderen Verwaltungsrechts - so im Steuerrecht [30)] - gibt es vereinzelt spezielle Auskunftsregelungen.

---

26) Zur Verwaltungspraxis in der Schweiz vgl. unten § 37 II 4.
27) WALTER, Schuldverhältnis, S. 123; GASSNER, S. 124; KREJCI, S. 69.
28) KREJCI, aaO. Vgl. auch oben § 9 bei 4) und unten § 37 II bei 48).
29) Zur Rechtslage in der Bundesrepublik Deutschland vgl. oben § 6; zur Rechtslage in Österreich oben § 37 I 1.
30) Vgl. dazu STUDER, SZBl. 1962, 418; BLUMENSTEIN, Verwaltungstätigkeit, S. 195.

2. Die Rechtsprechung [31]

Während in älteren Entscheidungen schweizer Finanzgerichte [32] eine Rechtspflicht der Finanzverwaltung zur Auskunftserteilung noch generell verneint wurde, zeichnet sich inzwischen eine Tendenz der schweizer Verwaltungsrechtsprechung ab, insbesondere aus Treu und Glauben und der Anhörungspflicht weitgehende Aufklärungs- und Beratungspflichten, etwa über die maßgeblichen rechtlichen Verhältnisse, über Antrags- und Einsprachemöglichkeiten und hinsichtlich der für das Verfahren erheblichen Tatsachenfeststellungen, anzunehmen [33].

3. Die Literatur [34]

Die schweizer Verwaltungsrechtsliteratur leitet aus verschiedenen Rechtssätzen konkrete Auskunftspflichten der Behörden im Verwaltungsverfahren [35] ab.

Mehrfach wird von Autoren auf den Grundsatz von Treu und Glauben [36] zurückgegriffen und diesem eine Beratungspflicht der

---

31) Zur einschlägigen Rechtsprechung in der Bundesrepublik Deutschland vgl. oben § 4; zur Rechtsprechung in Österreich oben § 37 I 2.
32) So ORK Zürich vom 2.7.1959 in SZBl. 1960, 255; KRK Solothurn vom 7.4.1960 in BSKRK 1960 Nr. 15 und vom 25.6.1951 in BSKRK 1951 Nr. 25.
33) Vgl. Appellationsgericht Basel-Stadt vom 24.10.1969, SJZ 1970, 41-43 (43); VG St. Gallen vom 4.9./8.10.1969, SJZ 1973, 62. Weitere Nachweise bei IMBODEN/RHINOW, S. 460.
34) Zur einschlägigen Literatur in der Bundesrepublik Deutschland vgl. oben § 5; zur Literatur in Österreich vgl. oben § 37 I 3.
35) Allgemeine Abhandlungen zum schweizer Verwaltungsverfahrensrecht: GYGI, S. 24-29; BRAUNSCHWEIGER/CAFLISCH/JUNG, ASA 39 (1971), 353-378.
36) Vgl. auch oben § 23 und § 37 I bei 24).

Verwaltung dem Bürger gegenüber entnommen [37]. Insbesondere ergebe sich eine Schutz- und Aufklärungspflicht bei Unwissenheit oder einem Irrtum des Bürgers [38]. Auf Anfrage sei ein Bürger vorab über die zu erwartende Entscheidung zu unterrichten, wenn er hieran ein schutzwürdiges Interesse habe [39].

Als Konsequenz des Anspruchs der Verfahrensbeteiligten auf Gewährung rechtlichen Gehörs [40] sehen schweizer Verwaltungsrechtler die Verpflichtung an, folgende Mitteilungen zu geben:

- daß überhaupt ein Verfahren anhängig ist (bei von Amts wegen eingeleiteten Verfahren) [41],
- über Ort und Termin von Verhandlungen, an denen ein Teilnahmerecht besteht [42],
- über den bevorstehenden Abschluß eines Verfahrens [43],
- über die wesentlichen, insbesondere ungünstigen, den Betroffenen nicht selbst bekannten Tatsachen und Beweisergebnisse [44],

---

37) Zuerst wohl BOSSHARDT, ASA 13 (1944/45), 58, 99 f.; ihm folgend dann: BAUMANN, S. 133-141; GIACOMETTI, Verwaltungsrecht, S. 290; BLUMENSTEIN, Verwaltungstätigkeit, S. 194-196.
Vgl. ferner WEIDMANN, S. 97 (Beratungspflicht aufgrund des Gesetzmäßigkeitsgrundsatzes).
38) IMBODEN/RHINOW, S. 460. Rechtsgedanke von § 25 Satz 1 VwVfG; vgl. oben § 6 I 1.
39) FLEINER, S. 168; vgl. ferner SAMELI, ZSR 96 II (1977), 367 f. Rechtsgedanke des Berechenbarkeitsgrundsatzes; vgl. oben § 10, insbesondere § 10 II bei 17) und § 10 III.
40) Vgl. auch oben § 20 und § 37 I bei 19) bis 23).
41) REINHARDT, S. 161.
42) TINNER, ZSR 1964 II, 355. Vgl. auch IMBODEN/RHINOW, S. 508 f. Zur Rechtslage in der Bundesrepublik Deutschland oben § 20 II bei 54).
43) TINNER, aaO.
44) IMBODEN/RHINOW, S. 509; FLEINER, S. 182; REINHARDT, S. 161; TINNER, aaO, S. 356; KARRER, SJZ 1944, 373; ferner VG St. Gallen vom 4.9./8.10.1969, SJZ 1973, 62. Vgl. auch oben § 20 II 2 a.

- über grundlegende Änderungen des Rechtsstandpunktes der Behörde [45]. Eine darüberhinausgehende rechtliche Beratung des Bürgers erfordere der Grundsatz des rechtlichen Gehörs jedoch nicht [46].

Dem Dienstrecht entnimmt Geering die Verpflichtung zur Erteilung von Auskünften, die zur Erfüllung der formellen und materiellen Steuerpflicht oder zur Sicherstellung der Rechte des Bürgers notwendig seien [47].

Zurückhaltend äußert sich hingegen die schweizer Steuerrechtsliteratur: Es bestehe keine rechtliche Auskunftspflicht, sondern sei dem Taktgefühl des Beamten überlassen, ob er im Einzelfall Auskunft gewähre [48].

4. Die Verwaltungspraxis [49]

Einschlägigen Äußerungen schweizer Verwaltungsrechtler zufolge bereitet die Auskunftserteilung in der Verwaltungspraxis der Schweiz kaum Schwierigkeiten. Auskunftsbegehren von Verfahrensbeteiligten wird in aller Regel stattgegeben [50].

---

45) REINHARDT, S. 162-164. Ähnlich KARRER, SJZ 1944, 373: Pflicht zur Mitteilung rechtlicher Erwägungen, die zu einem ungünstigen Verfahrensausgang führen können. Völlig ablehnend zu vorgängigen rechtlichen Mitteilungen TINNER, aaO, S. 357.

46) So ausdrücklich REINHARDT, S. 163 und TINNER, aaO, S. 357. Etwas aufgeschlossener insoweit KARRER, SJZ 1944, S. 373. Vgl. auch oben § 20 II 2 d und § 37 I bei 20) bis 22).

47) GEERING, S. 136.

48) So STUDER, SZBl. 1962, 454; vgl. auch REIMANN/ZUPPINGER/SCHÄRRER, 56 zu § 71 StG. Ähnlich einzelne Stimmen in Österreich und der Bundesrepublik Deutschland; vgl. oben bei 28) und § 9 bei 4).

49) Zur Verwaltungspraxis in Österreich vgl. oben § 37 I 4.

50) HUBER, S. 333; SAMELI, ZSR 96 II (1977), 368; GUENG, SZBl. 1070, 450; GRÜNINGER/STUDER, S. XXVII; GYGAX, S. 44; STUDER, SZBl. 1962, 426; vgl. auch BUSER, Verwaltung und Bürger, S. 23 f., 38.

§ 38 Zusammenfassung

1. Eine Auskunft ist eine individuelle Wissensmitteilung (einer Verwaltungsbehörde an einen Verfahrensbeteiligten) ohne Versprechenscharakter [1].

2. Allgemeine verfahrensrechtliche Regelungen der Auskunftspflicht enthalten § 25 VwVfG und § 89 AO 1977 [2], § 68 Absatz 2 VwVfG [3] und §§ 14, 15, 16 Absatz 3 SGB [4]. Insgesamt stellen diese Bestimmungen jedoch keine vollständige und abschließende Normierung dar [5], sondern sind durch die allgemeinen ungeschriebenen Grundsätze über die Auskunftspflicht zu ergänzen [6].

3. Die Verwaltungsbehörden sind zur Auskunftserteilung berechtigt [7]. Sie sind nicht allgemein [8], sondern nur unter besonderen Voraussetzungen [9] zur Auskunftserteilung verpflichtet.

4. Ungeschriebene besondere Auskunftspflichten bestehen unter folgenden Voraussetzungen:

a) Aus dem Berechenbarkeitsgrundsatz [10]:

- Es muß für den Beteiligten eine zukünftige Verwaltungshandlung im Rahmen des Verfahrens nicht vorausberechenbar sein [11].

---

1) Vgl. oben § 2.
2) Vgl. oben § 6 I.
3) Vgl. oben § 6 II.
4) Vgl. oben § 6 III.
5) Vgl. oben § 6 I 3 und § 6 IV.
6) Vgl. oben § 6 I bei 6); § 6 IV bei 164); § 18 III bei 11) bis 15).
7) Vgl. oben § 7.
8) Vgl. oben § 8.
9) Vgl. oben § 9.
10) Vgl. oben § 10.
11) Vgl. oben § 10 III 1.

- Der Beteiligte muß ein berechtigtes Auskunftsinteresse noch vor der Verwaltungshandlung selbst haben [12]. Grundsätzlich gegeben ist die Berechtigung eines Interesses an einer Vorabauskunft zwecks Meidung belastender Verwaltungsmaßnahmen [13]. Während eines laufenden Antragsverfahrens besteht ein Interesse an einer Vorabauskunft, wenn der Beteiligte durch Veränderung der Antragsvoraussetzungen die sonst zu erwartende Ablehnung seines Antrages vermeiden will [14]. Vor Einleitung eines Antragsverfahrens sind konkrete Rechtsauskünfte zur Vorausberechnung der Entscheidung nur dann zu erteilen, wenn es dem Antragswilligen aus gewichtigen Gründen nicht zumutbar ist, bis zur Antragstellung abzuwarten [15]. Nach Verwirklichung des Sachverhalts kommen Vorabauskünfte nur ausnahmsweise in Betracht, und zwar dann, wenn von der Verwaltungsentscheidung unaufschiebbare Dispositionen abhängen, die die Gefahr nicht unerheblicher Nachteile in sich bergen [16].
- Der Beteiligte muß um die Auskunft nachsuchen [17].

b) Aus dem Verfassungsprinzip effektiven Rechtsschutzes [18]:

- Der Beteiligte muß auf die Auskunft zur Wahrnehmung seiner Rechte im Zusammenhang mit einem Verwaltungsverfahren angewiesen sein [19]. Typische Fallgruppen hierfür sind:
  - Auskünfte zur Abwendung eines drohenden Rechtsverlustes [20],

12) Vgl. oben § 10 III 2.
13) Vgl. oben § 10 III 2 a.
14) Vgl. oben § 10 III 2 b aa.
15) Vgl. oben § 10 III 2 b bb.
16) Vgl. oben § 10 III 2 c.
17) Vgl. oben § 10 III 3.
18) Vgl. oben § 11.
19) Vgl. oben § 11 III 1.
20) Vgl. oben § 11 III 1 c aa.

  - Auskünfte zur Gewährleistung der Rechtswahrnehmung überhaupt [21],
  - Auskünfte zur Gewährleistung einer effektiven Rechtswahrnehmung [22],
  - Auskünfte zur Ermöglichung einer sachgerechten Antragstellung oder Erhebung einer Einwendung [23].

- Die Information muß für den Beteiligten anderweitig überhaupt nicht oder nur unter unzumutbaren Schwierigkeiten zu beschaffen sein [24].
- Der Beteiligte muß um die Auskunft nachsuchen [25].

c) Aus den Freiheitsgrundrechten [26] - nicht jedoch der Informationsfreiheit [27] - folgt eine Pflicht zur Erteilung von Auskünften, soweit diese im Einzelfall zur Wahrnehmung des Grundrechts notwendig sind.

d) Aus der Pflicht zur ordnungsgemäßen Sacherledigung [28] ist die Behörde zur Erteilung spontaner Auskünfte verpflichtet, wenn die Auskunft zur gewissenhaften, förderlichen oder zweckdienlichen Bearbeitung der Angelegenheit notwendig ist und die Behörde dies erkennen kann [29]. Auf Anfrage hat die Behörde darüberhinaus alle sachdienlichen Auskünfte zu geben [30].

---

21) Vgl. oben § 11 III 1 c bb.
22) Vgl. oben § 11 III 1 c cc.
23) Vgl. oben § 11 III 1 c dd.
24) Vgl. oben § 11 III 2.
25) Vgl. oben § 11 III 3.
26) Vgl. oben § 16.
27) Vgl. oben § 15.
28) Vgl. oben § 18.
29) Vgl. oben § 18 III 1.
30) Vgl. oben § 18 III 2.

e) Aus der Pflicht, rechtliches Gehör zu gewähren [31]:

- Die Behörde muß verpflichtet sein, dem Beteiligten rechtliches Gehör zu gewähren [32].
- Die Auskunft muß zur sinnvollen Ausübung des Äußerungsrechts erforderlich sein [33]. Dies ist insbesondere der Fall bei
  - Bekanntgabe neuer, erheblicher Tatsachen [34],
  - Mitteilungen über Ort und Termin von Beweiserhebungen [35],
  - Auskünften zur Vorbereitung von mündlichen Verhandlungen und Erörterungsterminen [36],
  - Erteilung rechtlicher Hinweise, soweit der Beteiligte die entscheidenden rechtlichen Gesichtspunkte nicht einmal in laienhafter Weise erkennt [37].
- Die Auskunft ist zu erteilen, wenn der Beteiligte sich darum bemüht [38] oder wenn die Behörde erkennen kann, daß der Beteiligte zur sinnvollen Ausübung seines Äußerungsrechts einer Auskunft bedarf [39].

f) Aus der Begründungspflicht ist die Behörde zu Erläuterungen einer Verwaltungsentscheidung verpflichtet, wenn der Beteiligte glaubhaft macht, daß ihm die Entscheidung unverständ-

---

31) Vgl. oben § 20.
32) Vgl. oben § 20 II 1.
33) Vgl. oben § 20 II 2.
34) Vgl. oben § 20 II 2 a.
35) Vgl. oben § 20 II 2 b.
36) Vgl. oben § 20 II 2 c.
37) Vgl. oben § 20 II 2 d.
38) Vgl. oben § 20 II 3 a.
39) Vgl. oben § 20 II 3 b.

lich ist und er deshalb um eine Erläuterung nachsucht [40].

g) Aufgrund der Rechtsbehelfsbelehrungspflicht ist die Behörde nach Erlaß einer Verwaltungsentscheidung zu einer Belehrung des Beteiligten über seine Rechtsbehelfsmöglichkeiten verpflichtet, wenn dieser darum nachsucht [41].

h) Aus der allgemeinen Betreuungspflicht [42]:

- Die Behörde ist zu einer Antragsauskunft verpflichtet [43], wenn
  - der Beteiligte eine Sach- oder Rechtsfrage nicht oder nicht mit ausreichender Sicherheit klären kann und eine zumutbare anderweitige Informationsmöglichkeit für ihn nicht besteht (bewußte Auskunftsbedürftigkeit) [44],
  - die Auskunft seiner Rechtswahrnehmung im Verfahren zweckdienlich ist [45] und
  - er um die Auskunft nachsucht [46].
- Die Behörde ist zu einer spontanen Auskunft verpflichtet [47], wenn
  - der Beteiligte über Tatsachen oder Rechtsfragen in Unkenntnis ist oder einer irrigen Vorstellung unterliegt (unbewußte Auskunftsbedürftigkeit) [48],
  - ihm dadurch ein nicht ganz unbedeutender Nachteil droht [49] und

---

40) Vgl. oben § 21.
41) Vgl. oben § 22.
42) Vgl. oben § 24.
43) Vgl. oben § 24 III 3.
44) Vgl. oben § 24 III 3 a.
45) Vgl. oben § 24 III 3 b.
46) Vgl. oben § 24 III 3 c.
47) Vgl. oben § 24 III 4.
48) Vgl. oben § 24 III 4 a.
49) Vgl. oben § 24 III 4 b.

- die unbewußte Auskunftsbedürftigkeit des Beteiligten und der drohende Nachteil für die Behörde offensichtlich sind [50].

i) Aufgrund vorangegangenen Verhaltens [51]:

- Der Beteiligte muß einer falschen Vorstellung oder Erwartung in Bezug auf eine mit dem Verfahren zusammenhängende Rechts- oder Tatsachenfrage unterliegen [52].
- Die Fehlvorstellung muß durch ein Verhalten der Behörde veranlaßt sein [53].
- Dem Beteiligten muß aufgrunddessen ein Nachteil drohen [54].
- Die vorgenannten Voraussetzungen müssen für die Behörde erkennbar sein [55].

5. Zu einem Verbot, bestimmte Tatsachenauskünfte zu erteilen, können nur die besonderen Geheimhaltungspflichten im öffentlichen Interesse [56] und Privatinteresse [57] führen, nicht dagegen die allgemeine Amtsverschwiegenheit [58]. In Konfliktfällen hat die Behörde zwischen dem Auskunftsinteresse des Bürgers und dem entgegenstehenden Geheimhaltungsinteresse auszugleichen [59] oder abzuwägen [60].

---

50) Vgl. oben § 24 III 4 c.
51) Vgl. oben § 25.
52) Vgl. oben § 25 II 1.
53) Vgl. oben § 25 II 2.
54) Vgl. oben § 25 II 3.
55) Vgl. oben § 25 II 4.
56) Vgl. oben § 26 II 1.
57) Vgl. oben § 26 II 2.
58) Vgl. oben § 26 I.
59) Vgl. oben § 26 III 1.
60) Vgl. oben § 26 III 2.

6. Verweigerungsinteressen [61] geben ein Recht zur Nichterteilung einer Auskunft, wenn ein Kompromiß mit der Auskunftspflicht nicht möglich ist und das Verweigerungsinteresse überwiegt [62]. Die verschiedenen Verweigerungsinteressen lassen sich auf fünf Hauptgesichtspunkte zurückführen:

- Unzumutbarkeit [63],
- Unmöglichkeit [64],
- Mängel des Auskunftsersuchens [65],
- Gefahr der Parteilichkeit [66],
- Gefahr unerwünschter Rechtsfolgen [67].

7. In den Fällen, in denen weder die Voraussetzungen einer materiellen Auskunftspflicht noch einer Geheimhaltungspflicht vorliegen, ist über ein ausdrückliches Auskunftsbegehren eines Beteiligten nach pflichtgemäßem Ermessen zu entscheiden [68]. Für die Rechtmäßigkeit [69] und Zweckmäßigkeit [70] der Ermessensausübung gelten die allgemeinen Grundsätze.

8. Zuständig zur Auskunftserteilung ist die Behörde, bei der das Verwaltungsverfahren läuft, und innerhalb der Behörde der Sachbearbeiter und dessen Dienstvorgesetzten [71]. Grundsätzlich

---

61) Vgl. oben § 27.
62) Vgl. oben § 27 vor I.
63) Vgl. oben § 27 I.
64) Vgl. oben § 27 II.
65) Vgl. oben § 27 III.
66) Vgl. oben § 27 IV.
67) Vgl. oben § 27 V.
68) Vgl. oben vor § 28.
69) Vgl. oben § 28.
70) Vgl. oben § 29.
71) Vgl. oben § 30.

steht der Behörde die Form der Auskunft [72] frei. Einem Wunsch nach schriftlicher Auskunftserteilung bzw. Bestätigung einer mündlichen Auskunft ist nachzukommen, wenn daran ein berechtigtes Interesse besteht. Die Auskunft ist so zeitig zu erteilen, daß der die Auskunftspflicht begründende Schutzzweck nicht gefährdet wird [73]. Inhaltlich müssen Auskünfte richtig [74], klar [75] und vollständig [76] sein. Daneben hat die Behörde auch auf eine höfliche und korrekte Abfassung der Auskunft zu achten [77]. Ein Gewährsvorbehalt ist nur zulässig, wenn und soweit der Auskunftsgegenstand nicht oder noch nicht eindeutig zu klären ist [78].

9. Gegen Auskunftsverweigerungen ist neben den formlosen Rechtsbehelfen [79] die Verpflichtungsklage gegeben, da die Entscheidung, Auskunft zu geben oder zu verweigern, einen Verwaltungsakt darstellt [80]. Vor Erhebung einer Verpflichtungsklage ist - abgesehen von der Möglichkeit einer Untätigkeitsklage nach § 75 VwGO - zunächst ein Widerspruchsverfahren durchzuführen (§ 68 VwGO) [81]. Die Verpflichtungsklage ist selbständig zulässig, wenn die Auskunftsverweigerung nicht als Verfahrenshandlung anzusehen ist. Das ist der Fall, wenn das Auskunftsinteresse über den Verfahrensgegenstand hinausreicht. Ist das Auskunftsinteresse dagegen auf die Rechtswahrnehmung in dem anhängigen Verwaltungsverfahren beschränkt, ist gemäß §§ 97 Nr. 2 VwVfG, 44 a VwGO ein Rechtsbehelf gegen die Auskunftsverweigerung nur

72) Vgl. oben § 31.
73) Vgl. oben § 32.
74) Vgl. oben § 33 I.
75) Vgl. oben § 33 II.
76) Vgl. oben § 33 III.
77) Vgl. oben § 33 IV.
78) Vgl. oben § 33 V.
79) Vgl. oben § 34 I.
80) Vgl. oben § 34 II.
81) Vgl. oben § 35 bei 3) bis 5).

gleichzeitig mit einem Rechtsbehelf gegen die Sachentscheidung zulässig [82]. Die Verpflichtungsklage ist begründet, wenn die Voraussetzungen einer Auskunftspflicht vorliegen und keine höherrangige Geheimhaltungspflicht oder ein Verweigerungsrecht entgegensteht [83].

10. Rechtsvergleich mit Österreich und der Schweiz [84]: In Österreich und der Schweiz gibt es keine spezielle gesetzliche Regelung der Auskunftspflicht der Verwaltungsbehörden gegenüber Verfahrensbeteiligten [85]. Die österreichische Rechtsprechung lehnt spontane Auskunftspflichten grundsätzlich ab [86]. Die Verwaltungsgerichte in der Schweiz entnehmen dagegen Treu und Glauben und der Anhörungspflicht weitgehende Aufklärungs- und Beratungspflichten [87]. Auch die Verwaltungsrechtsliteratur der Schweiz [88] - und ähnlich die in Österreich [89] - leitet insbesondere aus Treu und Glauben und dem Anspruch auf rechtliches Gehör konkrete Auskunftspflichten der Behörden im Verwaltungsverfahren ab. Insgesamt gesehen hat das Problem jedoch sowohl in Österreich als auch der Schweiz bislang nicht annähernd die Beachtung gefunden wie in der Bundesrepublik Deutschland.

---

82) Vgl. oben § 35 bei 6) bis 9).
83) Vgl. oben § 36.
84) Vgl. oben § 37.
85) Vgl. oben § 37 I 1 und II 1.
86) Vgl. oben § 37 I 2.
87) Vgl. oben § 37 II 2.
88) Vgl. oben § 37 II 3.
89) Vgl. oben § 37 I 3.

Printed by
CPI books GmbH, Leck